근현대 중국 이상사회론

아시아총서 28

근현대 중국 이상사회론

오래된 미래, 중국식 사회주의의 기원을 찾아서

이연도 지음

산지니

서문

'이상사회론'은 현대 중국 사상계의 가장 중요한 철학적 문제 중의 하나이다. 이는 서양의 충격 속에서 새로운 사회를 건설하려 했던 청말 민초 시기부터 '중국식 사회주의'를 구호로 내세우는 현재의 중국 사회까지 관통하고 있는 논의이다. 우리는 개혁개방 이후 중국 정부가 정책슬로건으로 내걸었던 '소강사회(小康社會) 건설', '화해사회주의(和諧社會主義)'와 시진핑(習近平) 집권 이후 제기된 '중국의 꿈(中國夢)'을 지켜보며 중국의 이상사회론이 여전히 '현재진행형'으로 작동하고 있음을 확인할 수 있다. 역사의 전환 시기에 직면하여 '유토피아주의' 혹은 '이상사회론'의 흥기는 당연한 일이다. 그런 의미에서 중국은 근현대 이래 여전히 역사의 거대한 실험을 계속하고 있는 셈이다.

중국의 제5세대 지도자인 시진핑 주석이 등장하면서, 새로운 정책슬로건으로 채택된 구호가 '중국의 꿈'이다. 장쩌민(江澤民) 체제의 '소강사회(小康社會) 실현', 후진타오(胡錦濤) 체제의 '화해사회주의(和諧社會主義)' 등에서 알 수 있듯이 정책슬로건이 곧 집권 체제의 목표와 방향을 반영하는 중국 체제의 특성을 생각하면, 현 중국 정부는 그동안 이룩한 경제성장을 바탕으로 본격적으로 중국의 이상을 펼쳐나갈 것임을 대내외적으로 천명한 셈이다. 마오쩌둥 체제의 부활이라는 평가 속에서 시진핑 주석은 덩샤오핑 이래 중국 지도부가 견고하게 유지해왔던 집단 지도체제의 틀을 벗어나는 움직임을 본격화하고 있다. '중국의 꿈'이라는 강렬한 구호가 상징하듯 이상사회 건설을 향한 중국 지도부의 굳건한 의지는 주변의 우려와 기대를 동시에 받고 있다.

이상사회를 건설하려는 중국인의 열망은 고대로부터 면면히 이어져 내려왔지만, 정치적으로나 학술적으로 이러한 흐름이 현실적 의미를 갖게 된 것은 근대 이후이다. 중국의 근대를 구분하는 기준으로 흔히 '아편전쟁'을 드는데, 이는 중국의 근대가 위기로 시작되었다는 사실을 잘 말해준다. 당시 서구와 일본의 위협 속에서 중국의 지식인들이 직면한 가장 큰 문제는 어떻게 중국의 정치제도를 개혁하고 현대화하여 국가와 민족의 위기를 극복할 수 있느냐는 것이었다. 즉 '중국이 어디로 가야 할 것인가'에 대한 반성과 새로운 사회형태에 대한 고민이 가장 중요한 화두였던 셈이다. 이러한 시대적 배경에서 태동한 이상사회론은 '중국과 서양'이라는 근대적 대립 구도를 거쳐 신중국 성립 이후에는 '자본주의와 사회주의'라는 새로운 요소가 첨가되면서 더욱 복잡한 양상으로 발전하였다. 덩샤오핑의 개혁개방 정책 이후 중국은 '사회주의'와 '시장경제'라는 모순된 두 체계를 '사회주의 시장경제'로 통합하는 거대한 실험을 진행하였다. 그 결과는 오늘날 우리가 잘 알다시피 미국과 더불어 세계의 패권을 겨루는 G2라는 국제적 위치로 나타났다. 중국은 이제 '대국굴기(大國屈起)'의 꿈을 본격적으로 펼쳐 보이고 있다. 중국 정부와 학계는 정치·경제적 발전과 함께 새로운 꿈을 향한 도전에 걸맞은 이론을 확보하려는 시도 또한 거침없이 진행하고 있다.

중국이 시장경제와 자본주의를 수용하면서 나타난 사회주의 국가의 정체성 위기를 전통 사상과 문화를 통해 해결하려고 한다는 것은 이미 잘 알려진 사실이다. 2000년대 이후 중국 정부와 학계가 공동으로 추진하고 있는 『유장(儒藏)』 편찬사업, 국외에서 중국의 문화 가치를 홍보하는 '공자학원(孔子學院)' 설립과 지원 등은 그 대표적인 사례이다. 현재 중국 정부가 목표로 하는 사회주의 이상사회의 건설은 표면적으로 여전히 마르크스주의를 표방하고 있지만, 그 심층에는 중국 특유의 이상사회론의 흔적이 깊게 배어 있다. 중국의 전통적 이상사회관은 흔히 '대동(大同)·소강(小康)'으로 표현된다. '대동'이 '천하는 모든 사람의 것(天下爲公)'이라는 공공성과 '평등한 분배(均平)'라는 인류의 최고 이상을 표현하는 것이라면, 소강사회는 자기 자신과 가족의 행복, 자국의 번영을 우선적으로 추구하는 사회를 말한다. 대동사회와 소강사회는 유학의 이상성과 현실성을 반영하는 것이며, 이 양자의 간극은 소강의 정치를 현실적으로 시행하여, 궁극적으로 보편적 인류애가 실현되는 대동을 지향하는 것으로 이해할 수 있다. 따라서 중국이 조화와 균형을 강조한 '화해사회주의'에서 '중국의 꿈'으로 정책 목표를 바꾼 것은 중국이 꿈꿔왔던 이상을 현실적으로 실현하는 것에 대한 자신감이라고 할 수 있을 것이다.

이 책은 근대 이후 중국에 등장한 다양한 이상사회론에 대한 소개와 함께 그 의미를 철학적으로 분석한 것이다. 이상사회는 정치철학의 중요한 주제일 뿐만 아니라 현 중국을 이해하려는 여러 분야의 학문과 밀접한 관련성을 갖고 있다. 사회주의 국가의 특성상 중국 정부의 정책 목표는 정치 · 경제 · 문화 전반에 걸쳐 파급 효과를 미친다. 이런 의미에서 '중국의 꿈'이 내포하는 철학적 의미와 배경을 파악하는 일은 중국과 연관된 여러 학문들을 잇는 학제 간 연구의 토대가 된다고 할 수 있다. 아울러 정치 · 경제 등 객관적 현상의 분석에 치우쳐왔던 중국학의 한계를 벗어나, 현 중국의 의식형태를 검토한다는 측면에서 중요한 의미를 가지고 있다.

근현대 중국의 '이상사회론'은 중국의 정치사상이 근대 이후 어떤 발전 과정을 거쳐왔는지에 대한 파악과 함께 앞으로 중국이 나아갈 방향에 대해 짐작할 수 있게 해준다. 동서양을 막론하고 정치철학에서 이상적 정치체제에 대한 논의는 가장 중요한 영역 중 하나이다. 그런 면에서 정치 현실의 이론적 근거로서 '철학'에 대한 논의가 활발하게 이루어진 서양에 비해 중국이나 한국 학계에서 이에 대한 토론이 이루어지지 않은 것은 유감스러운 일이다. 이는 서구에서 근대가 시민의 권리 요구에 의해 시작된 반면 동양은 외부의 충격에 의해 반강제적으로 시작된 데 그 이유가 있을 것이다. 사실 중국에서 '정치철학'에 대한 논의가 본격적으로 시작된 것은 아편전쟁 이후 근대에 이르러서이다. 3천년이 넘는 긴 세월 동안 전제군주제가 안정적으로 운용되어온 중국에서 국가 제도에 대한 문제나 일반 민중의 권리에 대한 논의는 애초부터 시작하기 어려웠다. 근현대 중국은 군주제가 공화제로 바뀌고, 사회주의 혁명이 성공하는 등 정치체제의 변화와 함께 사람들의 의식이 변해간 시대였다. 대부분 유토피아 이론이 기존 사회의 패러다임이 변화하는 시기를 배경으로 한다는 점에서, 근대 중국은 '이상사회론'이 태동하고 발전할 수 있는 최적의 조건을 갖추었던 셈이다.

청나라 말기부터 신해혁명에 이르기까지 중국에서 진행된 이상사회론에 대한 연구는 이 논의가 이후 중국의 역사와 현실에 상당한 영향을 끼쳤던 중요성에 비추어 보면 그 관심과 성과가 여전히 미진한 편이다. 이는 근현대 철학사상에 대한 연구가 상대적으로 빈약한 우리나라뿐 아니라 중국도 비슷한 실정이다. 이러한 주제의 연구가 사회주의 중국의 정책 목표를 자칫 '공상적 유토피아'에서 비롯된 것이라는 인식으로 이어지기 쉽다는 우려가 작용한 결과일 것이다. 최근 중국 근현대 철학에 대한 연구가 예년에 비해 활발하게 진행되고 있는 것은 그런 점에서 상당히 고무적인 현상이다. 다만, 이상사회론이라는 주제에 대한 전면적 검토는 중국 내부에선 여전히 어려운 측면이 있으므로, 관찰자의 객관적 시각에서 그 흐름과 의미를 파악해보는 시도는 의미 있다고 생각한다. 이 책의 목적은 근현대 중국의 이상사회론에 대한 역사적 고찰과 철학적 검토를 통해 중국이 지향하는 이상사회의 모습을 구체적으로 파악하는 데 있다. 이를 통해 우리는 현대 중국의 이상사회론이 전통 사상과 어떤 연관을 지니며 '중국식 사회주의'의 연원이 어디에서 비롯되었는지 파악할 수 있을 것이다.

현대 중국은 비록 시행착오가 있었지만, 혁명이라는 과정을 통해 자신들의 이상사회를 건설하고자 시도했던 역사경험을 가지고 있다. 이는 철학이론으로서의 이상사회론이 현실에 반영된 실제 사례이며, '인민공사'나 '문화대혁명'과 같은 대규모 유토피아 실험을 현실에서 진행해본 나라 역시 인류 역사상 중국이 유일하다. 신중국 성립 이후 중국 지도부가 전면에 내세운 '중국식 사회주의'의 내용을 살펴보면 중국 고유의 이상사회론이 짙게 반영되어 있다는 사실 또한 쉽게 확인할 수 있다. 후진타오 주석 시기 등장한 '화해사회주의'는 이상과 현실의 조화라는 유가 '화(和)'사상의 현대적 응용이라고 할 수 있다. 이러한 용어와 정책의 등장은 이상과 현실의 긴장을 끊임없이 고민했던 근현대 중국 지식인의 사상적 논의가 축적되어 있었기에 가능한 일이다. 또한 인민의 대규모 희생을 초래한 현대중국의 역사는 성찰 없는 유토피아의 실험이 얼마나 참혹한 비극을 초래하는지를 여실히 보여주었다. 이러한 의미에서 유토피아적 사유가 갖는 긍정성과 함께 언제든 디스토피아로 전환될 수 있는 이론 내부의 문제점에 대한 비판적 검토 또한 반드시 수행되어야 할 과제이다.

그동안 한국 철학계의 중국철학 연구는 주로 선진(先秦) 제자백가나 송명리학, 현대신유가 등에 집중되어왔다. 그 결과 일반인들이 인식하는 동양철학은 현실과 거리가 먼 형이상학적 논의라는 인상을 주었다. 이는 '내성(內聖)'과 '외왕(外王)'의 융합을 강조한 유가 사상의 기본정신과 거리가 있을 뿐만 아니라, 실천을 강조한 동양의 학술 전통과도 정면으로 배치된 현상이다. 철학사상의 연구는 결코 현실과 떨어질 수 없으며, 그 점에서 철학은 항상 보편이론의 탐구와 함께 현실 적용을 문제 삼아야 한다. 그동안 한국 학계의 동양철학 연구가 이론적으로 상당한 성과를 거두었음에도 불구하고 현실적으로 사회에서 인정받지 못한 이유도 여기에 있을 것이다. 중국철학이나 사상에 대한 기존의 연구 성과 중에 오늘날 우리 사회와 직접적인 연관 관계를 갖고 있는 책이나 논문이 과연 얼마나 될까. 거의 대부분의 연구가 소수의 전공자들에게나 의미를 지닐 뿐 구체적인 현실과는 거리가 멀다는 비판에서 자유로울 수 없을 것이다. 이 책 역시 근현대 이상사회론의 사상적 흐름을 추적하고 그 의미를 분석한다는 점에서 어떤 구체적인 해결 방안을 제시하기는 어렵다. 다만 현 중국의 정치체제를 이해하고 그 내면의 의식형태를 파악하는 데 도움이 되는 만큼, 현 중국 문제에 관심을 갖는 사람들에게 작은 실마리를 줄 수는 있으리라 생각한다.

1992년 한중수교 이후 한국과 중국은 여러 방면에서 상호 교류가 활발해지고 있다. 양국의 무역 규모는 미국과 일본을 합친 액수를 초과한 지 오래이고, '한류(韓流)'와 '한풍(漢風)'으로 표현되는 문화 교류 역시 나날이 증가하고 있다. 한반도의 안보를 둘러싸고 진행되는 최근의 국제 정세를 보더라도 중국은 우리에게 여전히 중요한 의미를 가진 나라이다. 그런 측면에서 현 중국의 지도부나 국민들의 의식형태를 반영한 중국 현대철학에 대한 연구는 반드시 필요한 작업이다. 아쉽게도 우리나라 철학계에서 중국현대철학에 대한 관심과 성과는 이러한 요구에 한참 미치지 못하고 있다. 중국현대철학 관련 교재나 연구서는 손에 꼽을 정도이며, 이 방면의 전문 연구자 역시 매우 드물다.

필자는 지난 십여 년 동안 근현대 중국에서 대두된 이상사회론의 철학적 의미와 배경에 대한 연구를 수행하면서, 근현대 중국의 정치·문화적 지형을 이해하는 데 있어 이 주제가 상당한 의미를 가지고 있다는 사실을 확인할 수 있었다. 이는 우리가 막연하게 이해해온 중국식 사회주의가 어떤 철학적 흐름에서 발전해 왔는지 구체적으로 파악할 수 있게 하고, 현대 중국을 이끄는 사상적 지향이 무엇인지 분명하게 보여준다. 이 책이 중국현대철학의 빈 공간을 채우는 작은 디딤돌 역할을 할 수 있기를 기대한다.

부산 지역의 대표 출판사인 산지니가 중국근현대사상총서 시리즈를 내고 있는 것은 해당 분야를 전공하는 필자에겐 큰 격려가 되는 일이다. 현실적으로 이 분야의 학술 저서를 사서 읽는 독자가 많지는 않을 것이다. 적지 않은 시간과 들인 품에 비해 그 평가는 박하고, 상업적 성공 역시 기대하기 어렵다. 산지니의 도전이 신선하고 감동적인 이유이다. 서울 독점의 출판 환경에서 꿋꿋하게 지역을 지키며 제 갈 길을 가는 산지니의 기획이 성공하길 진심으로 기원한다. 아울러 이 책의 많은 부분은 중국현대철학연구회의 동료 학자들과 매월 진행한 세미나의 결과임을 밝힌다. 2005년 모임이 결성되고, 지난 13년 동안 단 한 차례의 예외도 없이 우직하게 무한토론의 전통을 지켜온 동학들께 감사드린다.

2018년 6월

이연도

차례

4장 장빙린의 부정적 유토피아론

5장 쑨원의 삼민주의

6장 량수밍의 향촌 건설 이론

7장 슝스리의 외왕학과 이상사회론

1장

근대 중국과 대동사상의 전환

근대 중국은 중국 철학사에 있어 가장 큰 변화가 있었던 시기 중의 하나이다. 중국의 대표적인 현대 철학자인 펑여우란(馮友蘭)은 근대 중국을 춘추시대에 비견되는 '백가쟁명(百家爭鳴)'의 시대라고 보았다. 이 시기 중국은 정치적으로 2천여 년을 유지해온 전제왕권체제가 무너지는 위기를 맞았지만, 사상적으로는'백화제방(百花齊放)'의 시기이기도 했다.

일반적으로 근대 중국의 기점은 아편전쟁으로 본다. 이는 중국에서 근대의 시작이 '위기'에서 비롯되었다는 사실을 반영한다. 대개 중요한 사상의 태동은 시대적 위기라는 배경에서 비롯되지만, 근대 중국은 그 위기의 성질이 이전의 역사와 전혀 달랐다. 중국 역사에서 이민족에 의한 왕조의 교체가 없었던 것은 아니지만, 근대의 위기는 문화와 사상을 달리하는 서양의 침략에 의한 위기라는 데에서 이전과는 그 차원을 달리한다. 당시 중국 지식인이 직면한 문제는 서양의 침입에 맞서 어떻게 국가를 보존할 수 있을 것인가에 있었다. 즉 어떻게 중국의 정치제도를 개혁하여 국가의 위기를 극복할 수 있느냐의 고민이었다.[1] 이는 완전히 새로운 시대성을 띤 큰 문제였다. 고대 중국의 철학자나 정치가들은 이 문제를 가지고 고민하거나 곤란을 겪지 않았다. 중국의 문화 수준은 주변 국가들과는 비교할 수 없을 정도로 높았고, 중국의 정치 · 사회 제도는 모든 국가의 규준이 되었기 때문이다. 반드시 어떤 이상적 정치모델을 이야기해야 하는 경우에도 '삼대(三代)의 정치'나 '삼황오제(三皇五帝)' 등 모호한 사례를 제시하면 되었다. 진(秦)나라 때 천하를 통일한 후 정치문제의 핵심은 어떻게 통일 왕조의 황권정치를 옹호할 것인가의 문제로 귀결되었다. 이상사회나 정치적 이상을 논의하는 문제에 있어, 고대 중국은 눈에 띄게 현실성을 중시하는 특징을 갖는다. 이는 플라톤 이래 서구 유토피아 전통과 비교하면 현실적 실현 가능성이나 전통의 일관성 측면에서 큰 차이가 있다.

19세기 중엽에 들어서 중국은 완전히 새로운 시대에 진입했다. '삼천 년 만의 대변환'이라 불릴 정도로 거대한 전환의 시점에서, 중국은 두 가지 큰 변화의 시험대에 서게 되었다. 첫째는 기존 사회제도와 가치의 해체, 국제경쟁과 문화충돌 과정에서 중국의 지위가 변화한 것이다. 이는 당시 중국인들의 눈앞에 '나라와 민족의 존망'이라는 매우 엄혹한 방식으로 나타났다. 당시 중국 사회에 주어진 시대적 과제는 20세기 중엽을 거쳐 현재에 이르기까지 계속 중국의 정치가와 지식인들에게 숙제로 남아 있다. 민족의 독립과 국가 부강은 근대 이후 중국의 지식인들이 가장 고민하는 핵심 문제이다. 이는 "천하의 흥망에 필부도 책임이 있다(天下興亡, 匹夫有責)"라는 전통과 맞물려 그 고민이 더욱 짙어질 수밖에 없었다. 이러한 시대정신은 근대 중국에서 민족주의가 발흥하는 주요 원인으로 작용하였다. 아울러 세계시민으로서 역할을 고민하는 지식인 또한 늘어났다. 캉여우웨이, 량치차오, 장빙린, 쑨원, 량수밍에서 마오쩌둥에 이르기까지 현대 중국의 사상가들의 시야와 그 사상 체계는 매우 넓고 광범위하다. 그들의 관심은 중국문제에만 국한되어 있지 않고 어떻게 세계로 나아갈 것인가라는 문제와 연결되어 중국의 장래를 설계하였다. 그 결과 "중국은 어디로 가야 할 것인가"라는 물음에 대한 대답은 서로 다른 두 가지 차원으로 전개되었다. 즉, 어떻게 망국의 위험에서 벗어나 부강한 나라로 나아갈 것인가라는 측면과 인류의 보편적 이상사회에 대한 추구라는 두 가지 상반된 방향으로 나아간 것이다.[2]

근현대 중국의 가장 큰 사상적 흐름은 '진화론'과 '민족국가론', 그리고 사회주의를 포함한 '이상사회론'이라고 할 수 있다. 역사적 전환 시기 유토피아주의에 대한 관심은 동서양을 막론하고 공통적으로 일어나는 현상이다. 여기에서 우리는 칼 만하임의 말을 상기할 수 있다. "집단적 · 무의식적 동기가 의식화되는 과정은 모든 시대에 있어서가 아니고, 다만 특수한 상황 속에서만 실현될 수 있다."[3] 중국의 근대는 바로 그런 특수 상황이었다.

이상사회를 꿈꾸는 것은 어느 시대나 가능한 것이 아니다. 지금 사는 삶이 더 이상 견디기 어려울 때 인간은 혁명을 꿈꾼다. 유토피아에 대한 희망과 열정은 현실의 삶이 더 이상 유지되기 힘들 정도로 어렵거나, 거대한 사회적 변동기에 끓어오른다. 사회적 패러다임이 뒤바뀌는 역사적 격변기엔 새로운 정치 사회 구조를 모색하는 움직임이 활발하게 전개된다. 중국의 근대는 바로 이러한 조건에 딱 들어맞는 시기였다. '이상사회론'이 근현대 중국 사상계의 가장 중요한 철학적 주제 중의 하나가 된 이유이다. 이는 21세기 '중국의 꿈'을 얘기하는 오늘날까지도 중국 사회를 관통하고 있는 주제이기도 하다.

1. 근대 중국의 '이상사회론' 대두

근대 중국의 사상계는 진한(秦漢) 이래 2천 년 동안 지속되어 온 '경학시대'[4]의 틀에서 벗어나, 사상가들이 자유롭게 자기의 정치적 구상을 표현한 시기이다. 중국 역사에 비춰볼 때, 다양한 사상이 분출되는 시기는 대개 일반 민중에게는 상당한 고통과 위기를 불러온 시기이기도 하다. 근대 중국은 그 전형적인 예이며, 그 위기의 성격이 과거의 것과는 완전히 다르다는 점에서 민중, 특히 지식인들이 느끼는 압박감은 더욱 클 수밖에 없었다. 중국의 근대는 문화와 역사가 완전히 다른 서양의 침략에서 시작되었다. 이는 물리적 힘에선 어쩔 수 없이 밀린다 하더라도, 문화적인 면에선 한족 고유의 전통을 유지하거나 오히려 이민족을 흡수했던 과거 중국의 모습과는 완전히 다른 모습이었다. 이른바 '중화'의식에 깊은 상처를 입을 수밖에 없는 현실에서 중국의 지식인들이 느낀 당혹감은 상상 이상의 것이었다. 과거 중국에서 외래 사상은 중국의 전통 사상인 유학과 도가 철학의 틀을 거쳐 흡수되었다. 인도 불교가 중국에서 화엄이나 천태, 선종으로 재탄생한 역사가 그 대표적인 예이다. 이런 '격의(格義)'식 수용 방식이 근대에선 그 모습이 완전히 다르게 나타났다. 근대 중국의 철학자들은 거꾸로 서양의 새로운 학문으로 원래 중국의 유가나 도가 사상을 재해석하였다.[5] 이는 이상사회론의 경우에도 그대로 적용되었다. '도화원기(桃花源記)'류의 문학적 이상사회론은 이제 사회의 법과 제도를 고민하는 정치·사회철학의 모습으로 나타났다. 전통 사회를 유지해온 전제체제가 무너지고 새로운 정치질서가 등장하는 시점에서 이는 어쩌면 당연한 변화일 것이다. 서양 역시 정치나 사회제도 등 현실적 의미가 담긴 유토피아론이 나타난 것은 근대 이후의 일이다. 이러한 분위기 속에서 근대 중국엔 다양한 모습의 이상사회론이 제기되었다. 이 시기 등장한 이상사회론에서는 서구 정치사상의 영향과 함께 전통에 대한 강한 집착을 확인할 수 있다. 전면적인 사회 변화의 와중에서도 '문화심리구조'로서의 유교적 사유 전통은 여전히 정치적 이상으로 이상사회론에 상당한 영향력을 행사하였다.

근현대 중국의 이상사회 논의는 캉여우웨이와 량치차오의 대동 사상, 장빙린의 불교적 유토피아, 쑨원의 삼민주의에서 출발하여 마오쩌둥 사상과 덩샤오핑 이후의 중국식 사회주의로 이어진다고 할 수 있다. 또한 현대신유가의 대표 학자로 꼽히는 량수밍의 향촌건설이론과 슝스리의 이상사회론은 비록 현실 영향력은 제한적이었지만, 전통유가의 유토피아적 사유를 엿볼 수 있다는 점에서 의미가 있다고 할 수 있다. 이들 사상들은 다양한 형태로 현대 중국의 문화적 발전에 영향을 미쳤다. 여기엔 전통 유가의 대동사상과 불교 자비사상, 서양의 사회사상 등이 복합적으로 결합되어 있었다. 인류의 보편적 이상사회에 대한 추구라는 점에서 이들은 유토피아 사상의 범주에 포함되지만, 중국의 전통과 밀접한 연관을 지니고 있다는 점에서 '중국적 특색을 지닌 유토피아 사상'이라고 할 수 있을 것이다.

2. 중국의 전통적 이상사회론: '대동(大同)'

'중국적 특색을 지닌 유토피아 사상'이란 무엇인가? 일반적으로 중국의 대동은 유토피아 사상으로 분류되고, 또 그렇게 번역되기도 한다. 일례로 천정옌(陳正炎) 등이 저술한『중국 고대 대동사상 연구(中國古代大同思想硏究)』는 우리나라에서『중국의 유토피아 사상』이란 제목으로 번역되었다.[6] '대동(大同)'은 중국 사상사에서 일종의 유토피아 사회를 표현하는 말이다.

중국 역사상, '대동'사상과 관련된 자료는 무척 풍부하다. 역대 중국의 사상에서 이상사회를 표현하는 서술들을 모두 대동사상으로 분류하는 기준에서 보면 그렇다. 실제 1959년 중국 대륙에서 출판된『중국 역대 대동이상(中國歷代大同理想)』[7]이나『중국 고대 대동사상 연구(中國古代大同思想硏究)』[8]엔 유가뿐만 아니라 도가, 법가의 사상 모두를 대동사상에 포함시키고 있다. 또한 1880년 동문관(同文館)을 졸업한 지펑자오(紀鳳藻)가 영국 학자 파스더의『부국책(富國策)』을 번역하면서 '사회주의'를 '균부론(均富論)'으로 소개하기 이전, 중국에서 사회주의 사상은 모두

'천하위공(天下爲公)'이나 '대동'으로 번역되었다. 천정옌(陳正焱)의 분류에 따르면 중국 역대 대동사상은 여섯 가지로 구분된다.

첫째, 고대에 의탁하여 원시공동체 사회를 지향하는 것이다. 도가의 '소국과민(小國寡民)'이나 '지덕지세(至德之世)', 「예운(禮運)」의 '대동' 등이 여기에 속한다. 둘째, 비인간세계의 경계를 묘사한 것으로, 대부분 종교사상이 취하는 형식이다. 불가의 '정토'나 '극락세계', 도교의 '선경(仙境)' 등이 여기에 속한다. 셋째, 소설가, 시인의 작품에서 나타나는 세계이다. 도연명(陶淵明)의 『도화원기(桃花源記)』, 강여지(康與之)의 『작몽록(昨夢錄)』에 등장한 '서산은처(西山隱處)'와 이여진(李汝珍)이 쓴 『경화록(鏡花錄)』 중 '군자국(君子國)' 등이 여기에 속한다. 넷째, 정치가나 개혁 사상가의 사회 구상 방안들이다. 맹자, 하휴, 장재 등의 정전제(井田制)나 허형의 '임금과 신하가 함께 농사를 짓는 것(君臣幷耕)', 포경언의 '임금도 신하도 없는 세상(無君無臣)' 등은 이 유형을 대표하는 것들이다. 다섯째, 서구 공상 사회주의와 같은 공동체 실험이다. 동한 장노(張魯)의 '의사(義舍)'나 명대 하심은이 창립한 '취화당(聚和黨)' 등이 여기에 속한다. 여섯째, 역대 농민기의에서 나타난 행동강령이나 구호들로, 당나라 때의 황소(黃巢)가 제창한 '균평(均平)', 송나라 때 방랍(方臘)이 내세운 '귀천의 평등(等貴賤), 빈부의 해소(均貧富)' 등을 말한다.[9] 이들을 다시 분류하면 무릉도원(世外桃園)류의 '현실 은둔형'과 정전제(井田制) 구상 같은 '현실 개혁형'으로 나눌 수 있을 것이다.

'대동'이란 단어가 최초로 사용된 중국 경전은 『장자(莊子)』[10]

이다. 그렇지만 대동이 이상사회를 나타내는 의미로 명확하게 쓰인 것은 『예기』의 「예운」편[11]이라 할 수 있다. 고대부터 지금에 이르기까지, 중국의 이상사회에 대한 묘사는 어느 정도 많고 적고의 차이는 있지만 대부분 「예운」의 대동 · 소강설을 근거로 한 것들이다. 중국 역대의 혁명과 개혁을 추구한 이들은 대부분 대동설의 영향을 받았다고 할 수 있다.

「예운」편의 대동 · 소강설은 동양의 전통적 공(公)과 사(私)의 상대적 개념을 바탕으로, 천하의 소유가 누구에게 있는가를 밝힌 것이다. 원래 「예운」편은 정치제도에 관련된 논의인 만큼 대동설은 천자의 선양(禪讓)[12]과 관련하여 언급되었다. 이 논의가 정치철학적으로 의미를 갖는 이유는 동양의 이상적 사회가 어떤 조건을 갖춰야 하는가에 대한 원초적 의식을 담고 있기 때문이다. 대동사회는 "천하는 모든 사람의 것이다. 관리는 현명한 자를 그 능력에 따라 뽑으며, 신의와 화목을 가르친다. 사람들은 자신의 어버이나 자식만을 따로 보살피지 않고, 이웃의 늙은이나 어린아이들을 두루 보살핀다. 늙은이나 어린아이, 그리고 과부와 홀아비, 병든 자는 모두 보살핌을 받는다. 남자나 여자가 모두 맡은 일이 있고, 재화가 사사로이 저장되지 않는 사회이다. 노동을 보면 역시 자신만을 위해서 일하진 않는다. 은밀히 음모하거나 도적이나 세상을 어지럽히는 자들(亂賊)이 없기 때문에 대문조차 닫을 필요가 없는" 사회이다.[13] 대동은 왕이나 황제가 권력을 독점하거나 그 자손에게 제위를 물려주지 않는 사회이다. 『예기』는 요순의 전통에 의거하여 이러한 사회가 이상적이라고 보았다. 다만, "현명한 자에게 그 능력에 따라 관직을 수여하는(選賢與能)" 일은 이후 역대 중국의 역사에서 원칙적으로 긍정되어온 원칙이다. 이 점에서 중국은 민주 전통은 없었지만, 정치(政治)의 민주적 전통은 존재했다고 할 수 있을 것이다.[14] 진한 이래 중국의 정치와 행정을 담당하는 관료는 귀족이나 제후와 같은 신분보다는 그 능력에 따라 발탁되었다. 경제적으로 대동사회가 강조하는 것은 '균평(均平: 고르게 평등한 상태)'이다. 사유 재산의 폐지와 '균등한 부유(均富)'는 대동사회에서 가장 중요하게 고려해야 할 요소이다.[15] 재화를 공유하고 사적 소유를 부정한다는 점에서 대동사회의 지향은 사회주의적 성격을 띠고 있다. 사회주의 중국이 전통의 '대동 · 소강' 사상을 정책 목표로 제시한 것도 여기에 근거했다고 볼 수 있다. 신의와 화목이라는 도덕 의식을 강조한 것은 대동사상의 또 다른 특징이다. 여기서 강조되는 것은 어떤 사회질서보다도 이상적인 삶이다. 대부분의 유교적 덕목들은 군자의 삶을 구성하는 핵심 요소로 덕(德)을 든다.

소강(小康)사회는 '큰 도(大道)'가 쇠퇴해 천하의 주인이 한 집안의 소유가 된 사회이다. 사람들은 자신의 어버이만을 봉양하고 자기 자식만을 챙긴다. 재화나 노동 역시 자기 자신을 위해 사용하고 저장한다. 대인의 지위는 세습되며 이를 예(禮)라고 부른다. 성곽과 해자로 요새를 만들고, 예(禮)를 기강으로 삼아 임금과 신하의 관계를 확립하고 부자 관계를 돈독히 하며, 형제 간 화목과 부부 화합을 권한다. 논밭의 경계를 분명히 하고, 용감하고 지혜로운 자를 현명하다고 칭송하며 자신을 위해 공을 세운다. 그러므로 음모가 생기고 병란이 발생한다. 우 임금(禹)·탕 임금(湯)·주문왕(文)·주무왕(武)·주성왕(成王)·주공(周公) 등은 모두 여기에 근거해 뽑힌 사람들이다. 이들 여섯 군자는 모두 성실하게 예를 따른 사람들이다. 그 의를 밝히고 믿음을 입증하였으며, 잘못을 밝히고 인(仁)을 본받으며 사양하는 것을 가르쳐 백성에서 변하지 않는 법칙(常則)이 있음을 보여주었다. 이를 따르지 않는 자가 있으면, 권세가 있는 자라도 제거되었고 백성들은 그것을 재앙으로 여겼다.[16]

'천하가 한 집안의 것(天下爲家)'이라는 것은 '천하를 개인이나 한 집안의 소유로 하는 것(家天下)' 혹은 '사람들이 각자 자신의 가정만을 위한다'는 두 가지 의미를 가지고 있다. 소강사회는 정권(政權)이 세습되고, '예(禮)'와 '교화(敎化)'가 중심이 된 사회이다. 여기에서 '대인'은 천자와 제후를 가리키며, 그 지위를 세습한다는 측면에서 정권(政權)의 소유가 한 집안에 있다고 한 것이다. 한대(漢代) 이후 중국의 '정권(政權)'은 한 개인 즉 황제가 독점하게 된다. 정권과 정치에 대한 논의 역시 여기에서 본격적으로 시작되었다고 할 수 있다. 우리가 「예운」편의 대동·소강설을 의미 있다고 보는 것은 그것이 예(禮)의 운용과 그 변천 과정에 대해 이야기하며, 중국 고대 사유의 맥락에서 개인적 삶의 궁극적 가치와 사회 구성원들의 이상적 삶에 대한 이론적 실마리를 제공하고 있기 때문이다. '예'의 기원과 발전에 대한 기술이 현실의 구체적 모순에 대한 직접적인 성찰을 제공하진 않지만, 그 연원과 변화 과정을 살펴보면 인간과 사회에 대한 반성을 가능하게 한다는 점에서 정치철학적 의미를 지녔다고 볼 수 있다.

여기에서 '대도(大道)가 행해지는 사회'와 '삼대의 정치'는 서로 다른 정치 단계를 상징한다. 대동의 단계는 요순에 의탁하여 정치의 최고 이상을 표현한 것으로, 이 이상(理想)은 역사적으로 실현된 적이 없다. 대동은 정치적 측면에서 '천하가 모든 사람의 것(天下爲公)'이라는 원칙과 경제적 측면에서 '균등한 평등(均平)'을 추구한다. 소강사회는 자신의 이익, 가족의 행복, 자국의 번영을 우선적으로 추구하는 사회로서 사적인 동기와 이익을 법과 제도를 통해 제어함으로써 모든 사람들이 화목하게 사는 사회이다. 대동사회와 소강사회를 이렇게 나누어 보았을 때, 유학의 이상성과 현실성을 이해할 수 있다. 이 양자의 이론적 간극은 유가 정치관에서는 자타의 구별을 인간적 조건으로 수용하여 소강의 정치를 현실적으로 시행하며, 궁극적으로 보편적 인류애가 실현되는 대동을 지향하는 것으로 이해될 수 있다.[17]

서구 유토피아 사회상의 모델들은 토머스 모어나 에드워드 벨라미의 작품에서 그러하듯이 '꾸며낸 이야기'라는 틀을 통해 표현된다. 현실 비판을 위한 매개체로서 하나의 공상적 이야기를 끌어들인다는 것이다. 독일 학자 칼 만하임은 그의 저서 『이데올로기와 유토피아』에서 유토피아적 사유개념은 정치적 갈등에서 야기되는 상반되는 사실, 즉 억압되고 있는 집단들의 현존사회 파괴와 변형에 대한 지향이 담겨 있다고 말한다.[18] 여기에서 알 수 있듯이 서구의 유토피아 사상에는 현실 비판으로서의 이상은 분명히 존재하지만, 현실세계 내부의 변화를 견인하는 요소가 결여

되어 있다. 도덕의 실현을 통해 정치 · 경제적 이상사회를 이루어 내는 중국의 대동 모델은 그들과 다른 차원의 의미를 지니고 있다고 할 것이다.

한 가지 덧붙이자면, 『예기』는 비록 육경(六經) 중의 하나이지만 삼례(三禮) 중 하나인 『예기(禮記)』(『소대례기(小戴禮記)』)는 후대에 나온 것이다. 유가 경전 중의 하나이기 때문에 숱한 경학자들의 해석이 따르고 금고문경학의 쟁점 중 하나가 되기도 했지만, 경학 내 비중이나 중요성에선 다른 경전에 미치지 못한다. 단, 정치제도나 국가 이데올로기라는 문제를 다룰 때는 예외이다. 한나라 이후 유학이 독점적 위치를 차지하면서, 오경(五經)은 줄곧 국가 기구의 의식 형태를 관장하는 정전(正典)으로 자리를 잡았다. 오경이 그 지위를 잃고 사서(四書)로 대체된 것은 주희에 이르러서이다. 송나라 이후의 역대 왕조는 주희의 『사서집주(四書集註)』를 과거 시험의 표본으로 삼았다. 주희는 『예기』의 한 편에 지나지 않던 『대학』과 『중용』을 사서의 하나로 격상시켰지만, 정작 주희 본인은 『예기』에 대해 그리 높게 평가하지 않았다.

『중용』은 한나라 때 이미 단행본이 출간되었고, 『대학』은 송대에 이르러 단독으로 간행되었다. 이에 비해 「예운」편은 그런 대접을 받지 못했다. 한대(漢代)와 당대(唐代)의 경학 전통에서 보면, 「예운」은 단지 유가의 보통 문헌에 지나지 않았다. 「예운」편이 단독으로 중요한 경전으로 취급받게 된 것은 캉여우웨이에서부터이다. 이는 캉여우웨이가 청말 금문경학을 대표하는 학자라는 사실과 깊은 연관이 있다. 캉여우웨이는 「예운」의 대동소강설과 『춘추공양(春秋公羊)』의 삼세설을 빌려 자신의 미언대의(微言大義)를 설파하였다. 그의 개혁 사상은 여기에서부터 출발하였다. 「예운」편이 20세기에 비로소 그 면모를 드러낸 것은 일종의 현대적 해석의 결과라 할 수 있다. 고대의 경전과 현대의 사회사상이 서로 결합하여 새로운 해석을 내린 결과가 오늘날 우리들이 얘기하는 대동의 이상이다. 그러므로 문헌상으로 엄밀히 말하면, 「예운」의 대동은 고대(古代)보다는 현대의 전통에 속한다고 할 수 있다.

3. 유가 사상의 유토피아적 성격

유가사상은 중국의 정치와 사회에서 주도적 역할을 해왔다. 유가는 평천하(平天下)의 목적 아래, 현실세계를 중시하며 인륜을 중심으로 강렬한 현실감각을 지니고 있다. 그렇다고 유가사상이 초월이나 이상적 성격을 지니지 않은 것은 아니다. 공자는 일찍이 자신이 지향하는 이상에 대해 이야기한 바 있다. "노인을 편안하게 하고, 벗들이 서로 믿고, 나이 어린 이는 품어준다"는 말이 그것이다.[19] 이는 공자의 이상인 동시에 유가 정치사상의 기본강령이기도 하다. 그렇지만, 얼핏 간단해 보이는 이 이상(理想)의 실현을 막상 현실에서 적용하기란 그리 쉬운 일이 아니다. 공자가 당시 사람들에게 '안 되는 일인 줄 알면서도 굳이 해보려는' 사람으로 불리어진 것도 이러한 이유에서이다.[20] 이는 유가사상의 이상적 성격을 잘 보여주는 말이기도 하다. 일반적으로 유학은 자신을 위하는 학문(爲己之學)으로 불려진다. 여기에서 자신은 자신과 그를 둘러싼 인간, 사회, 국가, 그리고 천지만물과의 모든 관계를 포괄한다. 『중용』의 다음 문장은 유가가 지향하는 '천인합일(天人合一)'의 내재적 초월정신을 잘 보여준다.

> 오직 천하에 지극히 성실한 사람이라야 자신의 성을 다할 것이니, 자신의 성을 다하면 남의 성을 다할 것이며, 남의 성을 다하면 사물의 성을 다할 것이다. 사물의 성을 다하면 천지의 화육(化育)을 도울 수 있고, 천지의 화육(化育)을 도우면 천지와 함께 할 수 있다.[21]

량치차오는 일찍이 유가의 '안 되는 줄 알면서도 해보려는' 정신의 의의에 대해 얘기한 바 있다. 그는 이를 서양의 공리주의와 비교하면서 양자는 근본적인 차이가 있다고 말한다. 공리주의는 어떤 일을 할 때 매번 '어떤 결과가 나오는가'를 묻는다. 이에 비해 유가는 '어떤 결과나 효과가 있든 간에'라는 것이다. 이 점에서 유가의 '안 되는 줄 알면서도 해보려는' 정신은 인간의 잠재적 생명 충동을 고무시킨다. 이는 인류 정신생활의 발전에 있어 중요한 가치를 지니고 있다.[22] 유가의 이러한 현실 초월정신은 중국 대동사상의 형성과정에 그대로 반영되어 있다.

유토피아적 사유형태의 특징은 이상(理想)의 실현을 낙관하고 현실의 제한을 고려하지 않는다는 것이다. 전통유학의 내면에서도 이러한 요소가 확인된다. 유학의 시각에서 볼 때, 왕도(王道)의 이상세계를 건설하는 일은 별반 어렵지 않은 일이다. 성인(聖人)

의 통치는 "덕에 따라 등급 질서를 정하며, 그 재능에 따라 관직을 수여하고, 백성들에게 일을 부여하는 데 있어 합당하게" 하면 된다.[23] 유학에서 정치 영도자는 정치규범과 방법에서 완전한 존재로 상정된다. 그들은 삼대(三代)[24]의 교훈에 비추어 완벽한 형태의 정치가 실현 가능하다고 믿는다. 미국 학자 메츠거(Thomas A. Metzger)는 바로 이런 점이 유가의 유토피아적 성향을 반영한다고 말한다. 정치의 목적은 가능성의 진보를 추구하는 데 있지, 근원적 변혁을 추구하는 것이 아니다. 유학에서 추구하는, 인간심성의 교화를 통해 최고의 이상을 실현하는 일은 정치현실을 전혀 고려하지 않는 것이다.[25] 유가의 최고이상인 내성외왕(內聖外王)의 통일은 자신의 수양을 중시하고, 이를 바탕으로 세계를 바꾸고자 한다. 이 점에서 메츠거는 공자의 사상이 현실성을 결여한 이상적 경향을 지닌다고 본다. 두웨이밍(杜維明)은 이를 유가 전통 내부의 팽팽한 긴장감으로 설명한다. 유가 전통이 만든 인간은 현실과 타협하지 않고, 현실을 변화시키려고 한다. 그 변화는 단순한 현실의 변화뿐만 아니라, 영원히 완성될 수 없는 이념에 근거한 현실 변화 의지이다. 그들이 여기에서 느끼는 책임감은 천하의 흥망을 자신의 책임으로 여기는 유가의 전통과 깊이 맞물려 있다.[26]

유가 사상은 세계를 이해하려고 할 뿐만 아니라, 전면적으로 세계를 변화시키고자 한다. 유학이 실현시키고자 하는 것은 일종의 내재적이면서 동시에 초월적인 정신 가치이다. 이런 유학의 모습은 현실문명 속에서 독특한 것이다. 기독교와 불교는 피안(彼

岸)과 현실을 구분하며 성속(聖俗)의 경계를 명확하게 나눈다. 이에 비해 유가는 현실세계를 떠나지 않고, 초월의 추구 또한 인간이 살고 있는 세계에서 진행시킨다. 어떠한 현실적인 어려움에도 자신의 이상을 놓지 않는 '안 되는 줄 알면서도 해보려는' 정신은 유가 대동사상의 중요한 특징 중 하나이다.

개혁개방 이후 중국 정부가 표방했던 정책 목표는 '소강사회 실현'이었다. 그 근원은 『예기』의 대동 · 소강설이다. 대동이 이상을 추구하는 사람들의 희망을 반영한 것이라면, 소강은 현실 정치를 의미한다. 대동과 소강은 공과 사의 대립적 개념이며, 양자를 비교해보면 그 개념 차이가 명확하게 드러난다.

역대 중국 정부의 '소강사회 실현'이란 정책 목표는 그들이 추진했던 개혁의 방향과 목표를 명확히 보여준다. 마오쩌둥식의 이상주의가 실패로 확인된 상황에서 경제와 정치 개혁은 생존을 위한 불가피한 선택이었다. 그렇다고 사회주의 이상을 실현한다는 원래의 목적을 포기할 수도 없었다. 이런 상황에서 소강사회를 거친 대동의 실현이라는 단계론적 발전이론을 내놓은 것은 어쩌면 당연한 논리적 귀결일 것이다. 이 점에서 우리가 주목해야 할 것은 그들이 현실정치의 위기를 해결하는 실마리를 전통 사상에서 찾았다는 점이다. 이 점에서 그들이 목표로 하는 소강사회와 대동사상이 근대 이후 어떻게 발전되어왔는지 분석하는 것은 현실적으로 중요한 의미를 갖는다.

4. 대동사상의 확산

근대 중국에서 대동사상의 논의에 물꼬를 튼 사람은 캉여우웨이(康有爲)이다. 캉여우웨이 자신이 쓴 연보에 따르면, 그가 대동사상의 대략적 윤곽을 완성한 것은 1840년대 중반이었다. 이 시기 그는 『내외강자편(內外康子篇)』과 『인류공리(人類公理)』 등의 책을 저술하며, 『대동서(大同書)』를 쓰기 위한 준비 작업에 착수했다. 『인류공리(人類公理)』는 아직 발견되지 않았지만, 그 외 중요한 저작인 『실리공법전서(實理公法全書)』, 『공자개제고(孔子改制考)』, 『신학위경고(新學僞經考)』 등에서 그는 이미 실질적으로 '대동'을 미래사회의 이상으로 제시하고 있다. 동시에 그의 제자 량치차오(梁啓超), 천치엔치우(陳千秋) 등은 『대동서』 수고본(手稿本)을 통해 캉여우웨이의 대동사상에 대해 알고 있었다. 단 캉여우웨이는 『대동서』의 정식 출판은 단호히 거절하였다. 량치차오는 이에 대해 다음과 같은 진술을 남겼다.

> 비록 이 책을 저술하였지만, 사람들에게 감춰 보여주지 않았으며, 그 내용 또한 가르친 바가 없다. 선생님께서 말씀하시길 오늘날은 난세(據亂)이니 오직 소강만을 얘기할 수 있을 뿐, 대동을 얘기할 순 없다고 하였다.[27]

량치차오가 기이하게 여긴 사실들은 캉여우웨이가 보기엔 어쩌면 지극히 당연한 일이었다. 캉여우웨이의 대동사상은 새로운 사회이상에 대한 이야기로 초월적 내용을 담고 있으며, 본질적으로 매우 급진적인 것이었다. 당시 중국은 아직 전근대 상황(난세)에 처해 있었기 때문에 대동 이상과 현실 중국 간에는 상당한 긴장이 존재하고 있었다. 초월적 대동 이상은 현실세계에 대한 철저한 부정을 의미한다.[28] 역사는 캉여우웨이의 이러한 예감이 정확했음을 말해준다.

그렇지만 당시 중국의 현실 상황은 캉여우웨이의 생각과는 전혀 다르게 전개되었다. 캉여우웨이는 시기적으로 아직 대동을 말할 수 없다고 하였지만, 오래지 않아 중국 전역에서 대동을 얘기하는 사람들이 걷잡을 수 없이 많아졌다. 20세기 초부터 각 정파와 학파들은 경쟁적으로 '대동'의 기치를 들고 나왔다. 쑨원, 장빙린 등 급진적인 혁명파뿐만 아니라 무정부주의와 기타 정파, 사회주의자들 모두 '대동'을 자신들 이념의 깃발로 삼았다. 온건한 자유주의와 5·4운동 후기에 등장한 신유가 등 문화보수주의자들 또한 마찬가지였다. 대동은 그들에게도 추구해야 할 정치적 이상이었다. 이러한 현상은 20세기 들어 중국 사회의 가치관 상실과 깊은 관계가 있다. 수천 년을 유지해온 기존의 정치제도와 규범이 부정된 후, 가치관의 혼란은 사람들이 자연스럽게 새로운 사회이상을 추구하게 만드는 배경이 되었다. 민족 존망에 대한 위기감, 보수와 진보 간의 이념 충돌, 무술변법으로 대표되었던 사회개량 운동의 실패는 사람들을 자연스럽게 급진적 개혁의 길로 나서게 하였다. 양무운동 이래 수십 년 동안 중국은 서구를 스승으로 생각해왔다. 순진했던 그 꿈은 서구 제국주의의 침략으로 무참히 깨져버렸다. 오히려 서양에 대한 이해가 커지면서 중국인은 서양이 결코 이상적인 사회가 아니며, 중국보다 심한 자기모순과 위기를 겪고 있음을 발견했다. 모순이 가장 명확하게 드러난 부분은 서구 사회의 극심한 빈부(貧富) 양극화였다. 부자와 가난한 사람 간의 심각한 격차와 차별은 평등을 기초로 하는 사회정의 시스템과는 괴리된 극도의 모순을 보여주었다. 이러한 자각은 중국 지식인이나 정치가들이 자신들의 이상사회를 고민할 때, 서구를 초월한 새로운 모습을 생각하게 만드는 중요한 요인이 되었다.

때마침 사회주의 사조가 중국에 전해졌다. 서구에서 사회주의는 19세기에 시작된 것은 아니었지만, 19세기 중엽 이후 사회주의는 이전과는 다른 큰 발전을 보였다. 자본주의 역시 세기의 교차기를 맞아 엄중한 도전을 받고 있었다. 수많은 사회주의자들은 20세기가 완전히 새로운 세기가 될 것이라 공언하였다. 사회혁명의 진행과 함께 사회주의가 자본주의를 대체하게 될 것이란 얘기가 공공연히 돌아다녔다. 역사가 진보한다는 사회주의 신념은 쑨원과 같은 급진적 혁명가들에게 신속히 전염되었다. 사회주의는 이상사회론에도 큰 영향을 끼쳤는데, 전통의 대동사상이 새로 등장한 사회주의 사조와 결합하여 새로운 전통을 만들어내게 되었다. 근대 중국의 대동사상과 연관된 사회사조의 특징을 살펴보면 다음과 같다.[29]

1) 진보주의

진보주의는 20세기 대동사상의 전제라 할 수 있다. 량치차오의 대동설과 역사진화론은 말할 것도 없고, 쑨원의 '천하위공(天下爲公)'을 중심으로 한 삼민주의 또한 진보주의의 틀 안에서 이루어졌다. 쑨원은 우주의 발전 과정을 물질 진화기, 물종(物種) 진화기, 인류 진화기로 나누어 설명하고, 인류 진화에 대해 아무것도 모르고 행동하였던 원시시대, 행동하고 난 이후에 알게 된 문명시대, 알고서 행동한 과학시대로 구분하였다. 이를 다시 인간과 동물 간의 투쟁, 인간과 자연과의 투쟁, 인간과 인간 간의 투쟁, 인민과 군주와의 투쟁시기 등 4단계로 구분하였다. 역사는 이상적인 경계를 향해 끊임없이 발전해간다는 얘기이다. 그는 장강의 흐름이 어떤 굽이가 있어 때로 남쪽이나 서쪽으로 흐른다 하더라도 그 최종 방향은 동쪽이듯, 역사의 흐름은 신권에서 군권으로, 군권에서 민권으로 나아간다고 보았다. 현재 세계사의 조류는 민권에 다다랐으니 이 흐름을 거스르는 방법은 없다는 것이다.

마르크스주의자들 또한 역사의 진보를 굳게 믿었으며, 무정부주의파도 마찬가지의 전제 아래 그들의 논의를 전개하였다. 현대신유가인 슝스리(熊十力) 역시 역사관에 있어선 캉여우웨이와 비슷한 입장을 취했다. 그는 주역의 순환설과 진화론을 결합한 '부정의 부정' 형식의 진보주의 이론을 내놓았으며, 몇 차례 비약 단계를 거쳐 대동에 이르는 것을 목표하였다. 중국 사회를 개조해야 한다는 당시 중국 지식인의 욕망은 주관적 목적에서 시작하여 진보주의의 틀을 거쳐 객관적 목적으로 변화하였다. 20세기 중국인의 눈에 역사 진보의 최종 목표는 '대동'이었다.

2) 공동의 이상: 평등

근대 중국의 각 정파가 내린 대동에 대한 함의는 서로 다른 이해를 배경으로 삼지만, 20세기 중국에서 모두가 동의하는 대동 이상의 핵심 요소는 '평등'이었다.

삼민주의를 주창한 쑨원에게 있어 민생주의는 곧 평등을 의미했다. 이 용어는 그의 민족주의 운동과 민주혁명, 나아가 사회 개혁을 꿰뚫는 핵심 키워드라 할 수 있다.

> 우리가 품고 있는 유일한 종지(宗旨)는 불평등한 사회를 평등하게 만드는 일이다. 만주족 청나라가 우리 다수의 한인들을 억압하였으므로 종족혁명이 일어났으며, 전제정치로 제왕이 다수의 인민을 억압하였으므로 정치혁명이 발발하였다.[30]

쑨원은 나쁜 일이 싹트는 일은 반드시 미리 막아야 한다고 보았다. 이는 이후 어쩔 수 없이 사회혁명이 진행되는 일을 방지하기 위해 필요한 조치였다.

> 나는 새로운 국가를 건설하기 위해 삼민주의를 실행하려고 한다. 무엇이 삼민주의인가? 민족, 민권, 민생주의이다. 민족주의는 세계인류 각 민족의 평등으로 어떤 한 종족이 다른 종족을 억압

하는 것을 반대한다. 만주족이 중국에 들어온 지 삼백육십여 년이 지난 후 우리 한족은 봉기하여 이를 뒤집었다. 이것이 민족혁명주의이다. 민권주의는 즉 만민평등으로, 민족과 마찬가지로 어떤 소수가 다수의 사람을 억압하는 것을 반대한다. 인간은 누구나 천부인권을 갖고 있기 때문에 군주가 인민을 노예로 삼는 일은 있어선 안 된다. 민생주의는 빈부평등으로 부자가 가난한 사람을 억압하는 것을 반대하는 일이다."[31]

신해혁명은 자유, 평등, 박애의 세 기치 아래 진행되었지만, 자유보다는 '평등'이 삼민주의의 핵심 가치였다. 여기에서 평등은 인간과 인간 간 정치, 경제 각 방면에서의 불평등을 제거하거나 피하기 위한 의미였다.

무정부주의가 고취한 대동이상은 당연히 절대자유의 유토피아 성분을 가장 많이 가지고 있었지만, 사람들에게 주목을 받은 것은 역시 평등에 관한 내용이다.

무정부혁명은 사회에 존재하는 모든 계급을 없애는 것이다. 무정부혁명 이후 사회엔 오직 인간만이 존재할 뿐이다.[32]

무정부주의자가 묘사한 대동세계의 풍경에서 가장 중요한 부분은 인간과 인간 간에 존재하는 일체의 차별을 소멸하는 것이다. 다른 정파와 구별되는 점은, 무정부주의자들은 사회적 차별뿐만 아니라 인간의 선천적 차별, 가령 체질이나 지적 능력의 차별마저 제거한 절대 평등을 요구한다는 점이다. 역시 무정부주의 다운 강한 유토피아적 색채가 느껴진다.

현대신유가의 대부 격인 슝스리는 주역의 "여러 용 가운데 우두머리가 없다(群龍無首)"는 문구를 빌려 대동사회의 평등을 강조하였다.

> 세계가 태평세에 접어드니 대지의 인류는 모두 성인이다. 천자의 지위와 권력은 한 사람에 속하지 않으며 천하 만민의 것이다. 그러므로 여러 용 가운데 우두머리가 없다고 하는 것이다. 머리가 없다는 것은 수령이 따로 없다는 말이다.[33]

이상에서 확인한 대로 '평등'은 여러 다양한 대동설 가운데 가장 뚜렷이 나타나는 공동의 이상이라 할 수 있다.

3) 공리주의적 윤리관

'공리(功利)'는 평등과 함께 근대중국의 대동사상에서 가장 눈에 띄는 요소이다. 캉여우웨이의 대동설은 공리주의의 이상을 잘 표현하고 있으며, 거의 대부분의 대동설은 각각 정도의 차이는 있을 뿐 쾌락주의 색채를 짙게 띠고 있다.

쑨원은 다음과 같이 말한다.

> 교통, 광산과 공업 등 세 종류의 실업(實業)이 크게 발달하게 되면, 그 수입은 엄청날 것이다. 국가 경영으로 획득한 이익을 모두

가 공유하게 되면 전국 인민은 자본의 이익을 더욱 얻게 될 것이며, 자본의 해를 받지 않는다면 현재 외국에서 벌어지는 형상과는 다른 모습을 갖게 될 것이다.[34]

무정부주의 또한 모든 사람들이 행복해지는 사회를 꿈꾸었다. 그들이 상정한 이상사회는 사람들이 모두 사회를 위하고, 모든 사람이 공동으로 행복을 향유하는 사회였다. 다만 그들은 이러한 사회를 뒷받침하는 요소로 인간의 도덕심을 강조하였다. 인간의 도덕심이 충분히 발전하게 되면, 집단과 개인 간의 이익이 완전히 일치하게 된다는 것이다. 그들은 대동사회가 도래하면 모든 생산의 기계화가 실현되고, 그렇게 되면 일체의 더럽고 고생스런 작업은 자연스럽게 사라질 것이라고 예측하였다.

유일하게 공리주의에 비판적 태도를 취한 유파는 현대신유가였지만, 그들 또한 행복의 가치 자체를 거부하진 않았다. 거기에는 정주학(程朱學)과 같은 금욕주의 색채가 발견되지 않는다. 슝스리의 대동 이상은 캉여우웨이나 쑨원과 같이 노골적으로 물질적 풍요를 얘기하진 않지만, 세속 생활의 즐거움과 행복을 추구하는 것에 대해 아무런 거부감도 없다. 다만 공리의 기준을 정할 때 그 정도가 낮고 절제하는 부분이 뚜렷하다고 할 수 있다.

4) 사회주의 요소의 증가

각 사회 정파의 대동설에 사회주의 성분이 크게 증가한 것은 20세기 대동 이상의 또 다른 특징이며 추세이다. 어떻게 '대동'에 이를 것인가. 사회 진보와 평등의 이상, 그리고 인류의 보편적 행복을 어떻게 실현할 것인가. 이에 대한 답으로 제시된 것이 사회주의이다. 사회주의를 정의하는 내용은 학파마다 제각각이지만, 공통적으로 동의한 점은 생산수단이 사회에 귀속되어 있다는 것이다. 생산수단의 공유와 모든 사람이 평등하게 함께 노동한다는 것은 당시 중국 지식인들이 가장 중시하는 조건이었다. 사회는 전체 노동자들에게 생산수단과 교육, 기타 복리를 제공한다. 캉여우웨이가 묘사한 대동 이상이 그러했으며, 20세기 수많은 대동설 또한 마찬가지이다. 그들 대다수는 대동과 사회주의를 직접 연결시켜 이야기하였다.

쑨원의 민생주의는 사회주의와 별반 다를 게 없었다. 민생주의의 가장 중요한 원칙은 평균지권과 자본의 절제이다. 소극적으로 말하면 그 의미는 빈부의 양극화를 방지하는 것이며, 적극적으로 적용하면 각종 생산물의 집중과 이익의 공유, 교육의 제공, 노인 부양, 적성에 맞는 직업 분배 등이 해당된다. 단지 인민의 기본 생활을 보장할 뿐만 아니라 무상교육, 의료보장, 양로, 신체장애에 대한 보호 등 모든 복지는 사회가 책임지게 된다. 이렇게 되면 빈부 간의 격차는 자연스럽게 해소되고 이상적인 사회를 실현하게 된다.

> 인민의 평등, 비록 정신노동과 육체노동이 다르긴 하지만, 노동한다는 점에서 일치한다. 즉 관리와 노동자는 업무의 관계가 서로 다를 뿐이며 각각의 직업에 있어 어떤 차별도 존재하지 않는

다. 사회주의 국가의 인민은 귀천의 차이나 계급이 존재하지 않는다. 그러한 차별은 점차 사라져 결국 소멸될 것이다. 농민은 생산하고, 노동자는 만들고, 상인은 유통하고, 지식인은 다스린다. 각각 그 일을 성실하게 수행하고 그 직업에 집중한다. 행복의 불평등은 평등으로, 권리의 불평등 또한 평등으로 전환된다. 이러한 진화를 통해 대동의 세계에 이르게 된다.[35]

무정부주의파의 최종목적 역시 사회주의적 성격을 강하게 띤다. 생산수단의 공유화, 계급차별의 폐지, 공동 노동, 노동 성과의 공유는 무정부주의가 지향하는 목표이다. 사람들은 모두 필요에 따라 자유롭게 취하고, 일체 행복은 모든 사람이 공동으로 누린다. 정부, 군대, 경찰, 감옥 등 국가 권력 기관은 폐지되고, 법률이나 혼인제도 역시 폐지된다. 모든 아이들은 유아기부터 사회에 의해 양육되며, 노인과 장애인은 사회에 의해 부양되는 완전한 복지제도가 실시될 뿐만 아니라, 교육의 무상 공급과 '만국공용어'가 사용된다. 모든 사람은 매일 2시간에서 4시간의 노동만 하면 되기 때문에, 충분한 휴식을 취하고 나머지 시간은 과학기술의 연구와 예술 활동에 힘쓰게 된다. 캉여우웨이가 『대동서』에서 진술한 바와 같이 구체적인 모습이 상세하게 묘사되진 않았지만, 그 요지는 대부분 일치한다. 이러한 사회를 무정부주의자들은 대동이라 불렀는데, 이는 고대 원시 공산체 사회가 현대에서 다시 부활한 모습이었다.

오늘날 인민의 진화, 농공상 제산업의 부흥과 그 생산력은 고대와 비교하면 수백 배에 이른다. 사회의 모든 생산은 일반 인민에게 분배되며 결코 부족하지 않다. 그러므로 오늘날 시행하는 공산제는 고대의 공산제와 비교할 때 우월한 것이다.[36]

실제로 중국은 초기에 무정부주의와 사회주의를 혼동하여 생각하였고, 상당수의 중국 초기 마르크스주의자들은 무정부주의에서 입장을 바꾼 사람들이었다. 양자는 여러 부분에서 서로 통하는 부분이 있다.

사회주의 사조는 현대신유가에도 깊은 영향을 미쳤다. 슝스리는 다음과 같이 말한다.

계급평등, 사유제의 폐지, 산업, 재화, 용도의 공유, 공공 양로원과 유치원은 사람들이 자신의 부모만을 부모로 여기지 않고 자신의 자식만을 자식으로 여기지 않게 만든다. 천하의 부모는 모든 사람들이 모시며, 그 자식 역시 마찬가지이다.[37]

이처럼 각 정파들의 대동설은 사회주의적 성격을 강하게 띠는데, 이들의 사상과 캉여우웨이의 대동설이 다른 점은 크게 두 가지 사항을 들 수 있다. 첫째, 캉여우웨이의 삼세설(三世說)은 엄격한 진보 단계가 있다. 대동은 반드시 소강 이후에 온다. 그러므로 캉여우웨이에게 있어 대동은 순수한 이상세계에 속한다. 대동과 소강은 비록 어느 정도 긴장 관계에 있다 하더라도 그다지 강렬하진 않다. 그 둘은 서로 다른 단계에 속하기 때문이다. 다른 정파들의 입장은 그와 전혀 다르다. 혁명의 기운이 충만한 당시 중국 사회에서 대동 세계는 결코 요원한 미래의 일이거나, 현실과 동떨어진 다른 세계에 존재하지 않았다. 그러므로 대부분의 정파에서 내세운 대동사상은 현실 정치 방안의 일부가 되었다. 일단 소수 사상가의 서재나 책에서 나온 대동 이상은 현실과 거대한 긴장 관계를 가지며 중국사회를 변혁할 구체적 역량으로 변화한 것이다. 20세기 초 중국의 각 정파들은 크든 작든 대동의 청사진으로 중국을 재건하고자 하였다. 이는 급진주의가 20세기 중국에 유행하게 된 중요한 원인이기도 하다.

둘째, 캉여우웨이의 대동 사상과 비교할 때 20세기 여러 유형의 대동설은 쾌락주의적 색채가 대폭 약해졌으며, 사회주의적 성격이 대폭 증가하였다. 쑨원이나 무정부주의자들, 현대신유가에서 마르크스주의자들은 캉여우웨이처럼 이상세계의 구체적 장면을 상상력을 발휘하여 세세하게 묘사하지 않았다. 그들이 강조한 것은 사회화의 방식에 따라 생산과 분배를 조직한 것으로, 사람들이 보편적으로 평등한 사회복지를 누릴 수 있도록 하였다. 그들은 집단과 나의 관계에서 사회를 항상 우위에 두었다. 그 결과 사회의 평등과 복지가 곧 정의가 되었다. '의'와 '이익'의 구분에서 보면, 비록 공리를 배척하진 않았지만 그 중점이 결코 개인의 이익에 있지 않았다는 것이다. 근대 중국의 이상사회론에서 쾌락주의가 점차 사라진 이유이다.

현대 중국 이상사회론을 둘러싸고 진행된 논의 중에서 가장 쟁점이 된 부분은 국가주의와 세계주의를 둘러싼 논쟁이었다. 이는 민족국가론과 맞물려 진행된 논의로 캉여우웨이나 류스페이 등이 세계주의를 지향했다면, 쑨원, 장빙린 등 혁명파는 민족국가 건설을 무엇보다 우선 순위로 두었다. 캉여우웨이는 '국계를 없애고 세계를 하나로 만든다(去國界合大地)'를 대동사회의 제일 목표로 제시하였다. 국가 경계는 인류 상호 간의 살육과 전쟁을 유발하며 윤리체계마저 통제한다. 애국심은 아무리 어진 사람이라 하더라도 자신의 국가 이익을 우선 고려하게 만든다. 류스페이, 우치훼이 등 무정부주의파 또한 인종, 민족, 문화 및 국가 간 차별이 극복된 사회를 지향한다는 점에서 이와 비슷한 입장을 가진다고 할 수 있다. 이에 비해 쑨원의 삼민주의를 중심 사상으로 하는 혁명파는 새로운 중국의 건설을 목표로 하며, 명확히 민족국가 우선의 입장을 견지한다. 이는 세계, 즉 인류 전체를 최대의 공적 영역으로 보는 입장과 국가 이상의 공적 영역을 인정하지 않는 입장 간의 대립으로 이해할 수 있다. 이는 이후 중국 사회주의의 독자성과 특수성을 설명하는 이론 근거가 된다는 점에서 중요한 의미를 갖는다.

5. 근대 중국에서 대동 이상의 역할

대동은 근현대 중국의 중요한 전통이 되었으며, 그 자신의 근거가 있었다. 이는 고대 중국의 사회사상 전통과는 완전히 다른 뚜렷한 현실적 근거를 갖고 있었다.

넓은 의미에서 인류는 의식적으로 자신의 생활을 창조하려고 하였으며, 자신이 창조한 가치에 의해 생활세계를 변화시키기 위해 끊임없이 노력해왔다. 인간의 사회활동은 가치를 떠나 존재할 수 없으며, 이상에서 벗어날 수 없다. 구체적 이상사회의 풍경은 사람들이 추구하는 여러 가치와 이상의 종합이다. 그것은 인류의 이상세계를 집중적으로 대표하고 있다. 이 이상세계가 오래 전 사라진 고대에 속하든 아니면 먼 미래에 속하든 그건 중요치 않다. 동서 문화사에 다양한 유토피아가 존재했던 이유이다.

플라톤이 얘기했던 이상국가, 유대교와 기독교에서 제기한 천년왕국 등은 초월적 형식으로 건립된 서양의 궁극적 이상세계관을 반영한다. 사회이상의 건립에 있어 중국 역시 분명한 민족적 특성을 가진다. 서양의 궁극적 염원이 피안의 천국에 있는 데 반해, 중국인은 현세와 피안이 분리될 수 없는 관계라고 생각한다. 중국의 유가, 도가는 모두 현실세계와 별개로 존재하는 피안의 천국을 부인한다. 그들은 현실과 이상세계를 분리해서 생각하지 않는다. 유가는 마땅히 현실의 도덕실천을 통해 궁극적으로 하늘과 땅과 덕이 합일되는 성인경계를 지향한다. 도가는 유가의 도덕이 오히려 인간이 자연으로 돌아가는 것을 방해한다고 생각한다. 도가에서 말하는 도는 날마다 덜어내는 것으로 인의와 예악을 벗어나 자연과 합일되는 경지이다. 양자의 관점은 다르지만 인생의 궁극적 경계가 이 세상에 있으며 현실세계에서 이상을 실현하고 자유를 획득해야 한다는 점에선 완전히 일치한다. 이런 측면에서 근대의 대동 전통은 그 사유에서 매우 두터운 전통적 사고를 보여준다. 거기엔 중국 특유의 강한 현세의식이 있으며, 출세간(出世間)의 사유 모델과는 거리가 멀다.

물론 근대의 대동사상과 고대의 사회이상은 여러 차이가 있다. 무엇보다도 근대의 대동사상은 진보주의의 토대에서 건립되었다는 게 가장 중요한 특징일 것이다. 거기엔 당시 중국이 세계적 범위의 현대화 과정과 깊게 맞물려 있었다는 시대적 배경이 큰 작용을 하였다. 근대 대동사상은 중국의 험난한 현대화 과정을 배경으로 탄생하였다. 서양 선진국가의 현대화는 시민사회의 자연스러운 발전의 결과라 할 수 있다. 막스 베버가 말한 대로 서양의 현대화는 자본주의의 노동 조직과 이성, 법률 그리고 기독교 윤리가 제공한 자본주의 정신이 결합한 결과이다. 그렇지만 중국과 같은 후발 주자의 현대화 과정은 그 시작부터 중앙정부의 조직과 자원의 분배하에서 진행된 것이었다. 비록 어떤 개인이 설계한 결과라고 말할 수는 없지만, 그 인위적 구도를 벗어나기란 매우 힘들다. 간단히 말해, 아편전쟁 이후 중국은 점차 원래의 자연스러운 발전 궤도를 벗어났다. '오랑캐의 장점을 배워 오랑캐를 제압한다(師夷制夷)'는 구호의 등장부터 시작하여 중국은 끊임없이 서양 모식을 흉내 내며 그들을 따라 배우려 했다. 여기에는 미리 설정된 목표나 모형이 없다면 효과적으로 인력과 자원을 배치하기 어려울 것이며, 민족의 응집된 중심을 형성하기도 어려울 것이란 현실적 고려가 작용했다. 국가의 현대화 역시 마찬가지이다. 그러므로 전 사회가 공인하는 사회이상은 곧 현대화 과정이 요구하는 과제이기도 했다.[38]

진보의 관념과 진보주의는 중국인이 현대성의 사회이상을 건립하는 데 있어 필요한 이론적 틀을 제공하였다. 진보 관념의 확립은 역사목적론의 전제가 짙게 깔려 있었다. 사람들이 역사가 진보한다고 말할 때 그 실질적인 의미는 우리는 최종적으로 완벽한 이상사회로 나아갈 수 있다는 전제를 담고 있다. 궁극의 이상은 번잡한 현실세계에 질서를 제시할 뿐만 아니라 현실생활을 바꿔나갈 투쟁에 깊은 의미를 부여한다.

근대 중국에서 대동의 이상을 믿었던 사람들은 일상 속에서 중국의 현실을 바꾸려 함과 동시에 중국의 미래, 나아가 인류의 나아갈 길에 대해 생각하였다. 현대 중국의 사상가들은 그 시각의 범주에 중국뿐만 아니라 세계 전체를 담았다. 그들은 중국문제의 해결과 더불어 세계의 새로운 질서를 건설하려 한 것이다. 대동의 이상은 현실세계에 대한 비판이며, 동시에 현실에 대한 강한 개조 의지를 담고 있다. 근현대 중국에서 대동사상은 그 내용이 이상적이면 이상적일수록 현실과의 대비가 더욱 극명하게 나타나며, 이는 매우 강한 전복성으로 귀결되었다. 중국의 현대 혁명에서 대동 이상은 일종의 나침반 역할을 하였다. 대동의 이상이 없었다면 오늘날 중국의 모습은 완전히 다른 형태였을 것이다. 대동사상은 그 안에 진보와 평등, 민주, 자유라는 현대적 가치와 함께 사해일가(四海一家), 세계화평(世界和平)과 같은 전통적 이상을 포함하고 있었다. 전통과 현대의 결합이란 측면에서 이들의 의미는 당시 중국의 현실에 큰 영향을 끼쳤다.

6. 대동 이상의 한계와 문제

근대 중국의 이상사회론은 그 긍정적 효과와 함께 매우 강한 유토피아적 성격을 담고 있었다. 토머스 모어의 유토피아론에서 확인할 수 있듯이 이 개념은 이상적 혹은 상상적, 더 심하게 얘기하면 공상적 세계를 지향한다. 현실세계에 비하면 유토피아세계는 가능세계에 불과하다. 현실세계는 오직 하나밖에 존재하지 않으며, 가능세계는 멀고 모호한 영역에 존재한다. 우리가 역사는 진보한다고 얘기할 때, 이는 단지 역사의 진보를 희망한다는 의미만을 담고 있지 않으며 역사 발전에 여러 다양한 가능성을 부여한다. 이러한 사고엔 인류의 꿈이라는 상상력이 중요한 작용을 한다. 인간의 진보는 상상을 포함한 사고력이 활발히 작용할 때 다양한 발전 가능성을 기대할 수 있다. 상상력이 결여된 사회는 더 이상 창조적인 활동이나 발전을 해나가기 어렵다. 플라톤의 이상국가, 캉여우웨이의 대동사상 등이 모두 여기에 포함된다. 유토피아를 실현 가능성 여부를 기준으로 판단하면 곤란하다. 역사상 어떤 사회의 청사진도 완전하고 영원히 현실화된 적은 없었다. 일단 이상이 현실화되면 그 꿈은 시간의 냉정한 흐름 속에서 금세 사라진다. 그렇다고 유토피아적 사회이상은 결코 실현될 수 없는 이상에 불과하다고 할 순 없다. 우리가 눈앞의 현실에 매몰되지 않고, 인간의 이상에 대해 사유하면 유토피아적 사유는 반드시 나타날 수밖에 없다. 일반적으로 유토피아에 대한 비판은 그 현실성 결여에 초점이 맞춰져 있지만, 철학적 관점에서 보면 그 비판이 온전히 정당한 것은 아니다. 철학은 근본적으로 사회 이상이 구체적으로 얼마만큼 현실화될 수 있는가에 대해 판단하지 않는다. 철학적 분석은 단지 모든 사회의 청사진이 어느 정도 유토피아적 요소를 갖고 있으며, 인류의 진보는 모두 유토피아의 역사와 긴밀하게 연결되어 있다는 점을 말해줄 뿐이다.

물론 유토피아적 사유가 긍정적인 요소만 갖고 있는 것은 아니다. 먼저 유토피아론은 그 체계에 강한 도식성과 경직성을 갖고 있다. 유토피아주의자들은 하나의 세밀한 계획에 따라 전체 사회를 설계한다. 이 계획은 미래에 대한 설계이기 때문에 과거엔 경험해보지 못한 것들이다. 그들은 하나의 완전한 사회를 목표로 한다. 그들이 묘사한 사회가 정지되어 있고 매우 엄격한 이유이다. 그 사회엔 어떤 개혁의 기회나 발전의 희망이 존재하기 어렵다. 이 사회에 사는 사람들은 자기 스스로 새로운 사회유형을 선택할 기회를 갖지 못한다. 둘째, 유토피아주의자들은 그들이 설계한 사회가 그 운용 과정에서 어떤 문제를 발생할 수 있다는 사실을 인정하지 않는다. 사회기구나 제도가 그들이 예견한 대로 작동한다면 이는 사람들이 어떤 동기나 이익을 위해 행동하지 않는다는 사실을 의미하는데, 그들은 이러한 문제를 너무 가볍게 여기거나 회피한다.[39] 인류 역사의 경험에 비춰보면, 유토피아에 대한 이러한 우려는 충분히 합리적이다. 미국의 정치철학자 노직(R. Nozick)은 유토피아의 목적론적 전제와 그 난점에 대한 문제를 지속적으로 제기했는데, 이는 유토피아주의자들의 낙관주의적 태도에 대한 비판이었다. 유토피아주의자들은 그들이 인류사회의 궁극적 원칙을 완전히 인식했다고 믿으며, 모든 선량한 사람들은 이에 동의하고 찬성할 것이라 굳게 믿는다. 인류의 역사는 그러한 믿음이 전혀 근거가 없음을 여러 차례 보여주었다.

중국의 유토피아 사상인 대동 전통은 한 가지 분명한 특징을 가지고 있다. 그 용어에서 분명하게 표현된 대로, 대동의 의의는 무엇보다도 '같음(同)'에 있다. 이는 인간과 인간 간의 차별이 장차 소멸될 것이란 것을 가리키며, 사회 평등을 충분히 실현할 수 있다는 의미이다. 중국에서 대동을 꿈꾸는 이들은 대체적으로 세계주의자들이다. 그들이 꿈꾸는 이상사회는 단지 중국에만 적용되는 것이 아니라 전 세계를 대상으로 한다. 대동의 이상에 비춰볼 때 전 세계는 장차 공통의 제도를 적용하며 차별 없는 정책을 실행하게 된다. 서양의 유토피아가 단지 고립된 섬이나 성(城)에서 진행되는 것과는 많은 차이가 있다. 근대의 결과로 나타난 세계 일체화 가능성은 대동의 세계주의 이상에 현실적 의미를 부여하게 만든 계기가 되었다. 여기에서 우리는 대동사상에 중국 문화의 유래 깊은 대일통 심리가 작동하고 있음을 확인할 수 있다. 정치적으로 대동 시대엔 국가의 경계가 사라지고 하나의 통일된 세계정부가 형성된다. 세계정부는 모든 생산수단과 사회적 부의 분배권을 갖고 있으며, 사회의 구성원은 강한 도덕심을 보유하고 있다. 대동사상은 기본적으로 문화적 차이나 민족적 배경을 별로 고려하지 않는다. 대동 세계의 모습은 문화 일체화의 전체주의 사회에 가까울 것이며, 다원화된 문화 세계는 결코 아닐 것이라는 예측은 충분히 가능하다. 문화 다양성이 존재하지 않는 세계는 어떤 모습일까. 그 사회가 매우 단조롭고 삭막할 것임은 별반 어렵지 않게 상상할 수 있다.

캉여우웨이는 대동과 소강을 명확하게 구분하고, 이상과 현실을 매우 엄격하게 나누었다. 그에 비해 근대 시기 기타 학파들은 대동을 정치개혁의 구체적인 추동력으로 삼았다. 이상과 현실의 긴장과 충돌이 분명히 드러날 수밖에 없는 이유이다. 대동이 급진주의적 전통과 맞닿아 있는 지점이다. 유토피아의 원리에 비춰보면, 대동은 모든 사람이 스스로 원해서 수락한 원칙이다. 단 이 이상은 일단 실제로 작동하면 권력으로 전화되기 쉬우며 강압적 성격을 띠게 된다. 이상이 유일한 진리이며 역사의 객관 규율을 반영하기 때문에 그 사회의 구성원들은 달리 선택의 여지가 없다. 강압적 방식을 사용하여 완전하고 이상적인 사회의 청사진을 추진하게 되면, 그 사회는 전제체제로 나아갈 수밖에 없다. 현대 중국의 비극적인 역사는 이러한 우려가 현실화되었음을 증명한다.

근대 중국의 대동 전통은 중국인 특히 20세기 중국인의 사회 발전에 대한 열의와 열망을 반영한다. 중국과 같은 후발 국가는 뚜렷한 자기 청사진이 있어야만 급속한 발전을 기대할 수 있었다. 대동이 비판의 여지가 많은 이론임에도 근대 이후 중국 역사의 흐름을 추동하고 중국 문화 전통의 일부로 자리 잡은 이유이다. 미래에 대한 꿈이 오늘의 우리를 이끌어간다는 점에서, 근현대 중국을 추동하는 힘은 바로 대동의 이상이었다. 그 이상은 오늘날에도 여전히 중국인의 마음을 움직이며, 현실에서 살아 숨쉬는 생명력을 갖고 있다.

2장

캉여우웨이의 대동사상

캉여우웨이

(康有爲, 1858~1927)

캉여우웨이는 1858년(함풍제 8년)에 광둥성(廣東省) 난하이(南海)에서 태어났다. 본명은 조이(祖詒), 자(字)는 광하(廣廈), 호는 장소(長素)이다. 관료 집안 출신으로 유년에는 유교 전통교육을 받았다. 청년기에는 서방으로부터 들어온 자연과학 지식과 사회, 정치학설을 공부하였다. 1888년 청불전쟁 패배의 자극 속에서 초급 과거 합격자 '수재(秀才)'의 자격으로 황제에게 글을 올려 변법(變法)을 주장하였다. 1888년부터 1898년까지 일곱 차례 상소를 올려 정치체제의 개혁을 건의하였다. 1895년 청일전쟁 패배로 일본과 맺은 시모노세키 조약의 폐지를 주장하며 회시(會試)에 모인 거인(擧人) 1,300여 명과 연명으로 올린 '공거상서(公車上書)'를 주도하였다. 청나라 말기 금문경학(今文經學) 부흥운동의 대표적인 학자로, 1891년 고문경학이 모두 후한(後漢)의 유흠(劉歆)에 의해 위조된 것이라는 주장을 담은 『신학위경고(新學僞經考)』를 출간하였다. 1898년 무술변법(戊戌變法)을 주도하였으며, 이를 전후하여 강학회(强學會)와 성학회(聖學會), 보국회(保國會) 등을 조직하였다. 무술변법이 실패로 끝난 후에는 해외로 망명, 보황회(保皇會)를 조직 '입헌군주제'를 주창하였다. 1902년 망명지에서 집필한 『대동서(大同書)』는 중국의 대동사상과 서양 유토피아 이론을 결합한 것으로, 중국의 유토피아 사상을 대표하는 저작이다. 1911년 신해혁명이 발발하자 공교회(孔教會)를 조직하여 초대회장을 역임하였다. 1913년 잡지 「불인(不忍)」을 창간하였으며 1917년 장훈의 복벽(復辟)에 참가하였다. 1927년 청도에서 병사하였다. 주요 저작으로는 『신학위경고(新學僞經考)』, 『대동서(大同書)』 이외에 『공자개제고(孔子改制考)』, 『춘추동씨학(春秋董氏學)』, 『예운주(禮運注)』, 『중용주(中庸注)』, 『논어주(論語注)』, 『맹자미(孟子微)』 등이 있다.

캉여우웨이(康有爲, 1858~1927)는 근현대 중국의 이상사회론을 이야기할 때 가장 먼저 언급되는 인물이며 그 영향력 또한 크다. 그는 청나라 말 금문경학의 대표적 인물로 유학의 현대적 전환, 특히 그 정치적 성격을 부활시킨 인물로 평가된다. 역사적으로 캉여우웨이는 무술변법을 주도한 인물로 정치인으로서도 역할이 컸는데, 이는 그의 사상이 단지 책갈피에 머물지 않고 현실정치에서 직접적으로 발휘되었다는 의미이다. 캉여우웨이는 전통유학의 성격에 근본적인 문제 제기를 던진 인물이다. 그는 전통적 경전 해석 방식에 대해 도전적으로 문제를 제기하며, 공자에 가탁하는 '탁고개제(託古改制)'의 방식을 통해 자신의 의견을 전개하였다. 한대의 유가들이 공자의 말에 가탁하여 정치 · 사회제도를 제정했듯, 캉여우웨이 또한 공자를 내세워 변법의 이상을 이루려 한 것이다. 전통적 대동사상이 근대에서 현실적 의미를 가지게 된 것은 캉여우웨이에 의해서이다.

1. 정치유학의 복원

캉여우웨이의 3대 주저인 『신학위경고(新學僞經考)』, 『공자개제고(孔子改制考)』, 『대동서(大同書)』는 송대(宋代) 이후 심성유학(心性儒學)의 그늘에 가려 무시되어온 정치유학의 역할을 되살리려는 시도라고 할 수 있다. 캉여우웨이는 고전을 읽을 땐 장구(章句)에 치우치지 말고, 그 안에 담긴 뜻(義理)을 탐구하는 데 힘쓸 것을 강조하였다. 여기서 그가 말한 '의리'는 마음(心)이나 인성(性) 등의 전통적인 의미를 가리키지 않는다. 여기에서 의리는 옛 사람이 법을 만들고 제도를 세운 뜻, 즉 구체적 정치 행위와 그 실천을 의미한다.[1] 그의 이러한 학적 태도는 한학(漢學)과 송학(宋學)의 가치를 회의하게 만들고, 나아가 새로운 영역의 학문을 모색하게 한 결정적인 계기가 되었다. 이는 캉유웨이가 유가의 근본 사상인 '인(仁)'에 대해 이전 유학자들과는 다른 이해를 가진 데서 비롯된 것이다.

캉여우웨이는 인(仁)의 가장 큰 목적은 세상을 구제하는 데 있다고 보았다.[2] 그러므로 '자신을 지키기만(克己自守)' 하는 유학자는 공자의 본뜻을 제대로 행한다고 할 수 없다고 보았다. 그가 송대 유학자(宋儒)를 비판하고, 주자를 비난한 이유 또한 그들이 심성 수양에 치우쳐 정치나 제도 개혁에 대해선 관심을 갖지 않은 데 있었다.[3] 유학의 이상(理想)이 '내성외왕(內聖外王)'에 있다면, 내성에 치우쳐 외왕을 소홀히 한 송대 이래의 전통은 공자가 세운 유학의 본래 모습을 제대로 담아내지 못한 것이라는 것이다. 캉여우웨이는 공자의 열국 주유가 오직 백성을 구하고자 하는 일념에서 비롯된 것으로, 이것이 곧 '다른 사람의 고통을 차마 견디지 못하는 마음(不忍之心)'의 구체적 모습이라고 말한다.[4]

캉여우웨이가 자신의 대동사상을 정립하는 데 있어 가장 큰 이론적 기반으로 삼은 춘추공양학은 금문경학의 대표경전으로 본래 정치적 실천, 즉 외왕을 중시하였다. 공양학은 공자를 역사가나 교육가라기보다는 정치개혁가로 보았으며, 공자와 유가의 요체가 정치 제도의 개혁에 있다고 보았다. 캉여우웨이는 공자가 직접 저술한 저서 『춘추』는 거란세와 승평세, 태평세로 구분되며, 그 핵심 요지는 '대의(大義)'와 '미언(微言)'이라고 보았다.[5] 공자 역시 왕권이 없었던 만큼 그가 꿈꾸었던 제도 개혁은 오직 '은밀한 언어(微言)'을 통해서만 펼칠 수 있었다. 후대 학자가 경전을 볼 때 공자의 미언대의(微言大義)가 무엇인지에 주목해야 하는 이유이다.

공양학에 따르면, 『춘추』는 대의(大義)와 미언(微言)의 두 가지 법이 있다. 대의는 공자가 삼대 이후 군주 전제의 거란세를 위해 만든 법이며, 미언은 승평세와 태평세의 법을 가리킨다. 공자는 자신의 신분적 한계 때문에 이를 드러내어 표현하지 못하고, '미언'의 형식으로 『춘추』에 저술했다. 그러므로 후학들이 중점에 두어야 할 것은 기록된 문자보다 그 이면에 숨은 뜻이라 할 수 있다. 캉여우웨이는 유가 이론에 심오한 도리가 담겨 있으며, 이는 공개적으로 서술한 글보다는 제자에게 직접 말과 마음으로 전하는(口說心授) 방식을 통해 이어져왔다고 보았다. 성인의 뜻은 경전에 있지 않으니, 후대의 학자가 미루어 해석해야만 하는 이유이다.[6] 이것이 바로 "미묘한 말로 큰 뜻을 드러낸다(微言大義)"는 의미이다. 미언대의의 뜻은 아무나 이해할 수 있는 것은 아니다. 문자 이면에 들어 있는 속뜻, 행간의 숨은 뜻을 읽을 수 있는 극소수의 사람만이 이를 발견하고 이해할 수 있다. 캉여우웨이는 자신이 그에 해당하는 사람으로 공맹의 미언대의를 실천하고 확산시킬 역사적 임무가 있다고 생각하였다. 그가 밝힌 공자의 도는 인(仁)에 근본이 있고, 공(公)을 도리로 하는 것이었다. 그 법은 평등함(平)에 있고, 그 제도의 확립은 문화(文)에 있으며, 그 본체(體)는 명분을 밝히는 데 있었다. 또한 그 도의 작용은 시기에 맞게 진화하는 데 있다고 보았다.[7] 아울러 공양학의 삼세설(三世說)은 캉여우웨이에게 역사가 진보한다는 믿음에 그 근거를 제공해 주었다.

> 삼세는 공자의 대의로, 『춘추』를 통해 이를 밝혔다. 구전으로 전해 내려온 시기는 거란에 속하고, 선대에 들어서 안 시대는 승평에 속하며, 직접 본 시기는 태평세이다. 난세는 문명의 교육이 아직 밝지 않은 때이며, 승평은 문명과 교화(文敎)가 점차 생기기 시작하는 시기로 소강의 시대이다. 태평세는 대동의 세상이니, 멀고 가깝고 크고 작음이 모두 하나인 듯 문명의 교육이 완비된 시기이다.[8]

그러므로 캉여우웨이의 대동사상은 공자의 도를 시기에 맞게 응용하고 재해석한 결과라고 할 수 있다. 캉여우웨이는 『공자개제고(孔子改制考)』에서 공자가 세상에 태어난 목적이 백성의 환란을 구제하기 위한 것이라고 보았다.

> 하늘은 대지를 사는 사람들이 겪는 많은 곤란에 대해 슬퍼했으므로, 흑제(黑帝)는 정기(精氣, 공자)를 내려 백성의 환란을 구제하게 하였다. 그는 신령스럽고 밝은 존재이자 성왕(聖王)이며, 만세의 스승이자 백성들의 보호자이며, 천하에는 존중하는 교주(敎主)였다. 공자는 난세에 태어났기 때문에, 삼세(三世)의 법을 수립하였는데 그는 오직 태평성세를 시향하였다. 이에 자신이 태어난 나라인 노나라를 기반으로 삼아 삼세의 의미를 수립하여 대지의 원근대소(遠近大小)를 아우른 하나의 대일통(大一統)을 추구하였다. 원(元)의 원리를 정립하여 하늘의 이치를 통합하고, 하늘을 인(仁)으로 삼아 그 신비로운 원기가 만물의 형체를 이루는 것으로 모든 사물들을 가르쳤다. 차마 다른 사람의 고통을 견디지 못하는 마음(不忍人之心)으로 어진 정치를 베풀었으며, 귀신과 산천, 임금과 평민, 곤충과 초목을 모두 그 가르침 속에 통합시켰다. 인간을 가장 먼저 친애하고, 난세에 함부로 전쟁이나 무력으로 승부를 겨루는 법칙을 없앰으로써, 어진 정치를 시행하는 『춘추』 신왕(新王)의 제도를 세웠다. 그 도리는 신묘하고 밝은 이치에 근본하니 천지(天地)와 합치되며, 만물을 화육하니 만세에 그 은택이 미쳤다. 그 도리는 근본 원리를 밝히고, 구체적인 법도를 연계시킴으로써 작고 크거나 정밀하거나 거친 사물, 천

지간 사계절의 모든 시공간에 존재하지 않는 곳이 없었다. 이 제도는 하나의 원기(元氣) 가운데 하늘을 세우고, 하나의 하늘 가운데 땅을 세우며, 하나의 땅 가운데 세상을 세우고, 하나의 세상 가운데 그 시대에 맞는 법칙을 세움으로써 어진 정치를 시행하고, 백성들의 근심을 걱정하여 그들의 우환을 제거하는 데 힘쓸 뿐이다.[9]

캉여우웨이는 이어 말하길 세상의 운행이 바뀌면 정치의 도리도 그에 따라 변화하는 게 마땅하므로, 수준이 낮은 단계에서 높은 단계로 발전하는 게 당연하다고 하였다. 교화가 시행되면 백성들의 생활이 넉넉해지니, 자연스럽게 원망과 분노가 사라진다. 공자의 본뜻이 이러함에도, 그 뜻이 세상에 전해지지 않은 것은 유흠을 비롯한 한대의 학자들에게 책임이 있다. 그들은 공자의 경전을 주공(周公)의 작품으로 깎아내렸고, 성왕(聖王)으로서의 공자의 지위를 선사(先師)로 강등시켰다. 이로부터 개제(改制)의 의리가 사라지고, 삼세(三世)의 학설이 미미해졌으니, 태평의 정치와 대동의 복지는 이때부터 어둠에 가려진 채 드러나지 않게 된 것이다.

이후 '세상은 큰 암흑 속의 기나긴 밤처럼, 캄캄하고 흐릿하게 안개가 자욱하게 낀 것과 같이 되었으며, 밝은 태양은 심연 속으로 깊이 떨어져버렸다. 그 암흑 속에서 수많은 학자들과 백성들이 기를 쓰고 간절히 초롱불을 켠 채 세상을 위해 밝은 빛을 찾으려고 노력하기도 하고, 주머니 속 반딧불처럼 스스로에게 소중한 작은 빛을 찾으려고 노력하기도 하였으나, 끝내 천지와 같은 공자 학문의 전모나 태평의 정치, 대동의 복지에 대해 들어보지 못하게' 되었다.[10]

『공자개제고(孔子改制考)』에 앞서 1891년 출간한 『신학위경고(新學僞經考)』에서 캉여우웨이는 후한 이후 주도적 위치를 차지한 고문경학은 사실 왕망(王莽)이 세운 신(新) 왕조에 정통성을 부여하기 위해 유흠(劉歆)에 의해 위작된 경전이라는 과감한 주장을 펼친 바 있다.

> 유흠은 경전을 날조하여 왕망의 찬탈을 도왔고, 그 자신이 신(新) 왕조의 신하였으니, 그 경전은 신학(新學, 신나라의 학문)에 불과하다. 이것은 재론할 여지가 없는 분명한 사실이다. 후세에 한학(漢學)과 송학(宋學)이 서로 다투어 두 파벌이 서로 상극이 되었는데, 후세에 한학으로 간주된 내용들은 모두 가육(賈逵), 마융(馬融), 허신(許愼), 정현(鄭玄) 등의 학설로, 신학(新學)이지 한학(漢學)이 아니다. 송나라 학자들이 받든 경(經)은 대부분 위경(僞經)으로, 공자의 경전이라 할 수 없다.[11]

캉여우웨이가 이처럼 과감한 주장을 통해, 고문경학파를 비판한 이유는 무엇이었을까. 고문경학에 대한 그의 비판은 금문경학자로서 그의 입장도 있지만, 현실적으로는 '하늘이 변하지 않으니, 도 또한 바꿀 수 없다(天不變, 道不變)'는 수구파를 공격하기 위한 조치였을 것이다. 개혁을 반대하는 수구파를 비판하기 위해선, 그들이 이론적 근거로 삼고 있는 고문경학 자체를 위작(僞作)이라고 비판하는 것이 가장 효과적이었기 때문이다. 주자학을 비롯한 고문경학이 중심에 둔 것은 수양과 심성 문제였으니, 상대적으로 그들은 경세(經世)와 외왕(外王) 측면은 소홀히 하였다. 캉여우웨이가 고문경학을 비판한 이유는 공자진(龔自珍)이나 위원(魏源)의 입장과 마찬가지로, 중국의 국력이 쇠약해진 원인을 오직 심성에만 있고 제도 개혁에 소홀했던 유가의 관심에서 찾았기 때문이다. 이런 그의 주장은 송명 이래의 정통 유학에 대한 전면적 부정(否定)인 만큼 적지 않은 파장과 반발을 불러왔다. 『신학위경고』는 황제의 명에 의해 배포가 금지되고 그 판본마저 훼손되었다.

1897년 출간된 캉여우웨이의 저서 『공자개제고(孔子改制考)』는 공자의 본뜻이 정치개혁(改制)에 있음을 구체적으로 밝힌 책이다. 무술변법(1898년)의 이론적 근거가 되기도 한 이 책에서 캉여우웨이는 제자백가의 사상이 모두 백성을 편안케 할 방도를 모색한 정치철학이며, 공자의 최종 목표 역시 백성의 구휼과 편안에 있다고 주장하였다.[12] 유가의 최고 가치인 인(仁)은 자신의 마음을 미루어 다른 사람의 고통과 바람을 이해하는 것이니, 그 목적이 백성들과 더불어 행복한 삶을 사는 것이다.

캉여우웨이는 유가의 이상인 내성외왕(內聖外王)은 개인 수양을 통한 왕도의 정치를 실현하는 데 있는 만큼, 수양이 따르지 않은 정치도 문제지만, 제도의 개혁을 고민하지 않고 개인의 심신수양에만 힘을 쓰는 일 또한 온당치 않다고 보았다. 공자와 맹자가 교학의 전수(傳授)에 앞서 열국을 유세(遊說)하며 자신의 정치적 이상을 펼칠 기회를 가지려 애쓴 것은 유가의 목적이 본래 그러한 데서 유래한 것이다. 그런 만큼 정치제도의 개혁과 발전은 유가가 항상 염두에 두어야 할 부분으로, 공맹 정신의 핵심이라고 볼 수 있다.

2. 인(仁)과 제세(濟世)

근대 중국의 지식인들 대부분이 그러했듯이, 캉여우웨이 또한 사상의 실천성을 매우 강조하였다. 그는 유가의 근본 사상인 인(仁)의 작용은 궁극적으로 세상을 구하는 데(濟世) 있다고 보았다. 캉여우웨이는 '자신의 욕망을 극복하고 스스로를 지키기(克己自守)'만 해서는 세상에 아무 도움이 되지 못하며, 그런 류의 사람들은 인(仁)을 제대로 행한다고 볼 수 없다고 평가하였다. 캉여우웨이가 송유(宋儒)를 비판하는 가장 큰 원인은 그들이 자신의 깨끗함(潔身)에만 치중하면서 세상을 구하는 일(濟世)에는 소홀하기 때문이다. 이를 두고 캉여우웨이는 공자나 유가의 본래 모습과는 거리가 멀다고 비판한다.[13] 인(仁)이란 자신이 바라는 바를 사람들에게 베푸는 것이며, 그 최종 목표는 백성과 즐거움을 함께 하는 데 있다고 보았기 때문이다.[14] 그가 본 당시 유학자들의 가장 큰 병폐는 실질적인 공부는 소홀히 한 채, 공리공담의 늪에 빠져 있는 것이었다. 인(仁)의 최고 경계는 백성을 구하고, 널리 중생을 구제하는 데 있으며, 공자가 이십여 년 동안 여러 나라를 주유한 이유는 모두 곤경에 처한 백성을 구하고자 하는 일념에서였다. 공자의 그런 행적은 백성을 구하고자 하는 의지의 실천이며, 차마 그들의 고통을 견디지 못하는 마음의 구체적 발로였다.[15] 이 점에서 캉여우웨이는 인간의 내면적인 심성(心性) 문제에만 관심을 기울이며 '정치 제도의 개혁(改制)'이란 본래 목적을 잃어버린 당시 유학의 모습에 강한 불만을 토로한다.

송유(宋儒)에 대한 캉여우웨이의 비판은 구체적이고 신랄하다. 여기에서 그가 송유(宋儒)라 지칭한 무리가 단지 송나라 때의 유학자만을 가리키진 않을 것이다. 여기엔 송대 이후부터 당시에 이르기까지 보수 입장을 굽히지 않은 완고한 학자들과 기득권층이 모두 포함되어 있다. 그는 전통의 도리만을 중시하고 일의 실질을 가벼이 여기는 보수파나 학자들의 태도에 큰 문제가 있다고 보았다. 캉여우웨이의 이러한 생각이 잘 드러난 예 중의 하나가 바로 관중에 대한 그의 평가이다.

관중은 맹자 이래 전통 유가에서 비판의 대상이 되어왔던 인물이다. 제환공을 도와 패업을 이룬 그의 공(功)은 인정하지만, 그의 공리적 태도에 대해서는 부정적으로 평가해왔다. 이에 반해 캉여우웨이는 관중의 공을 높이 보는데, 그 이유는 그가 제환공의 패업을 도와 전쟁을 막았다는 데 있었다. 세상에서 가장 큰 불행은 전쟁이다. 전쟁은 백성의 생명을 위태롭게 하고, 모든 생산활동을 불가능하게 만든다. 그러므로 전쟁을 막는 일은 무엇보다도 큰 인(仁)을 실천하는 행위이다. 제후국 간의 전쟁을 그치게 하고 열국의 백성들이 무사히 생명을 보존할 수 있게 된 것은 모두 관중의 공이었다. 관중을 비난한 송명 유가가 결국엔 나라를 이민족에게 빼앗기고, 백성을 도탄을 빠뜨린 이유는 그들이 공자의 본래 가르침을 잃고, 일의 실질을 가볍게 여긴 태도에서 초래된 것이었다.[16] 캉여우웨이가 이런 사고방식을 가지게 된 데에는 서구 열강에 의해 나라의 존망이 경각에 달린 당시의 시대 상황이 반영되어 있다. 캉여우웨이도 힘에 의한 패도를 긍정적으로 평가하진 않았지만, 경세와 평화는 그 무엇과도 바꿀 수 없는 중요한 가치로 유가의 본래 뜻도 그러했다고 보았다.

캉여우웨이가 꿈꾸는 이상사회는 현실세계의 개혁과 더불어 백성의 생명과 평안을 현실세계에서 이루는 것이었다. 이 점에서 그는 개인적 해탈과 양생을 중시하는 도가나 불가와는 전혀 다른 유가적 이상사회의 전형을 보여준다.[17] 성인(聖人)은 백성과 더불어 괴로움과 아픔을 겪는 사람이다. 여기에서 캉여우웨이는 천하의 흥망을 자신의 임무로 삼는 유가 지식인의 모습을 그대로 보여준다.

3. 대동서: 대동 이상의 구체적 표현

중국의 대동사상을 이야기할 때 가장 중요한 전거로 사용되는 경전은 『예기(禮記)』「예운(禮運)」편의 대동 · 소강설이다. 그렇지만 「예운(禮運)」의 대동 · 소강설이 본격적으로 부각된 것은 모두 캉여우웨이에 의해서이다. 캉여우웨이는 별다른 주목을 받지 못했던 대동설을 춘추공양학의 삼세설과 결합시켜 서양의 유토피아 사상에 비견되는 중국적 이상사회론으로 재탄생시켰다. 아울러 캉여우웨이는 자신의 정치 구상을 대동의 이상에 대입하여 서술하였는데, 『대동서』가 바로 그 책이다.

『대동서』는 비교적 완전한 형태의 유토피아적 사유 형태와 체계를 갖고 있다. 여기에는 전통유가의 대동사상과 불교의 자비사상이 바탕을 이루며, 당시 유입된 서양의 사회사상과 진화론이 포함되어 있다. 캉여우웨이의 대동사상이 인류의 보편적인 유토피아에 대한 추구와 함께 중국적 특색이 강하게 반영된 이유이다. 그의 대동사상은 유가 대동사상의 특징을 강하게 갖고 있는데, 여기에서 일반적 유토피아 사상과 강한 차별성을 갖는다.

『대동서』의 내용은 크게 13가지로 나눌 수 있다. 각 장은 국가의 폐지, 세계 공정부(公政府) 구성, 가족 폐지, 공동 양육과 교육 등 인간 생활 전반에 걸쳐 서술되어 있다. 그 내용을 간략하게 요약하면 국가, 가족, 사유, 차별의 폐지로 정리된다.[18] 『대동서』의 내용과 형식은 벨라미(E. Bellamy)의 『백년 만의 깨어남(百年一覺)』[19]에서 적지 않은 영향을 받았으며, 본문엔 프랑스 공상사회주의자 푸리에의 이름과 '유토피아'가 중국어 음역 표기인 '오투어방(烏託邦)'으로 직접 표기되어 있다.[20] 캉여우웨이가 당시 중국에 전래된 서양의 유토피아 사상에 대한 접촉과 학습이 있었음을 증명하는 증거들이다. 『대동서(大同書)』는 사유제와 가족제, 국가의 폐지를 주장하는데, 이는 서양의 유토피아 서적에서 얘기하는 내용과 흡사하다. 또한 이 책은 미래 대동사회의 과학기술 발전에 대해 상세하게 묘사하고 있는데, 이는 대부분 유토피아 사상이 공통적으로 갖고 있는 특징이다. 그럼에도 불구하고, 캉여우웨이의 대동사상은 서구 유토피아 사상과는 확연히 구분되는 중국적 특징을 갖고 있다. 바로 유학의 근본 사상인 '인(仁)'을 대동 사회 실현의 근본으로 본다는 점이다. 이는 제도 개선이나 과학기술을 기반으로 한 서구 유토피아 사상에선 발견하기 어려운 특징이다.

『대동서』의 서론 격에 해당하는 갑부(甲部)「세상에 들어가 온갖 고통을 본다(入世界觀衆苦)」의 서문은 '사람은 모두 다른 사람의 고통을 차마 견디지 못하는 마음을 가지고 있다(人有不忍之心)'라는 부제를 달고 있다. 여기에서 캉여우웨이는 그가 생각하는 이상사회가 도덕과 교화를 기반으로 하고 있음을 명확하게 밝히고 있다. 캉여우웨이는『대동서』를 쓰게 된 동기가 전쟁과 차별로 인한 고통에 신음하는 백성의 고통을 차마 견딜 수 없었던 마음에 있었다고 말한다.

> 만약 내 몸이 없다면 어찌 내게 지각이 있고 사랑이 있겠는가? 내게 이미 몸이 있으니, 이 몸이 하늘과 기를 통하고 땅은 질을 통한다. 부모에게 목숨을 받았으니, 이를 어찌 끊을 수 있겠는가. 만약 끊을 수 있다면 칼로 물을 벨 수 있을 것이며, 끊을 수 없다면 공기가 허공에 가득 차 있고 번개가 가지 못하는 곳이 없는 것과 마찬가지이다. …… 크고 큰 원기가 천지를 만들었으니 하늘은 하나의 혼질이며 사람 또한 하나의 혼질이다. 비록 형체에 크고 작은 차이는 있더라도 큰 원기(太元)에서 기가 나뉘어 만들

어졌다는 점은 큰 바다에서 물방울을 떠내는 것과 같다. …… 사물이 없으면 감응도 없고 사물이 없으면 신(神)도 없다. 신이란 지기 · 혼지 · 정상 · 영명 · 명덕 등 명칭은 다르나 그 실제는 모두 한 가지다. 지각이 있으면 끌어당기는 성질이 있으니, 하물며 자석도 그러한데 인간에게 끌어당기는 힘이 어찌 없겠는가? 불인지심이 바로 끌어당기는 힘이다. 인과 지(知)가 모두 인간에게 있으니 지가 우선하며, 인과 지가 모두 작용이 있으니 인이 귀한 것이다.[21]

캉여우웨이는 난세의 괴로움을 구제하기 위해선 오직 대동의 도를 행하는 것만이 유일한 방법이라고 생각하였다. 대동은 어질고 균등하며, 가장 공적인 것이기 때문이다. 인간이 살면서 겪는 괴로움은 무수히 많지만, 대략 쉽게 볼 수 있는 것만 들어보아도 다음과 같다. 먼저, 인생은 태어나면서부터 일곱 가지 고통이 있으니, 수태의 차이(부자나 가난한 집안에 태어나는 것), 요절(夭折), 폐질(廢疾), 야만상태, 변경에 거주하는 것, 노비나 부녀로 태어나는 것 등이다. 살면서 겪는 고통으론 홀아비나 과부로 사는 것, 부모나 자식이 없는 것, 의사의 치료를 받지 못하는 것, 가난, 비천함을 들 수 있다. 통치에 따른 고통이 있으니, 형벌과 감옥, 가혹한 세금, 병역, 국가, 가정이 그들이다. 인간의 감정과 관련한 고통으로는, 우둔함, 원한, 사랑과 그리움, 집착, 힘듦, 욕망, 억압, 차별 등이 있다. 인간은 태어나면서부터 고통 속에 있으며, 살아가는 과정 속에서 무수한 차별과 욕망 속에서 시달린다. 대동사회는 이러한 고통과 차별을 소멸하고, 공자가 꿈꾸었던 태평세의 이상이 실현된 세상이다. 거기에선 강자의 독재가 엄격히 금지되고, 약자를 배려하며 모든 구성원이 평등과 평화, 도덕의 수양을 통해 조화로운 삶을 영위해나간다. 그러기 위해 무엇보다 먼저 갖추어야 할 덕목이 인(仁)이다.

인(仁)은 유학의 가장 중요한 개념이며, 대동사회가 성립될 수 있는 이론 근거이다. 캉여우웨이는 사람에 대한 사랑(愛人)을 바탕으로 하는 유가의 인간주의를 이상사회의 근본으로 삼는다. 즐거움을 구하고 괴로움에서 벗어나려 한다(去苦求樂)는 인간의 본성에 공감하면서, 『대동서』는 인간에 대한 연민과 애정을 그 전편에 걸쳐 담고 있다. 국가의 경계(國界), 계급의 경계(級界), 인종 경계(種界), 남녀의 경계(形界), 가족의 경계(家界), 산업의 경계(業界), 난세의 경계(亂界), 생물학적 구별에 따른 경계(類界), 괴로운 세상의 경계(苦界)를 해소하자는 주장은 모두 차별로 인해 고통받는 사람과 뭇 생명들을 구하고자 하는 인(仁)의 구체적 발로라 할 수 있다.

캉여우웨이는 『춘추』의 전체 요지가 인(仁)에 있다고 말한다. 공자가 『춘추』를 지은 목적은 세상이 인(仁)하지 못한 데서 비롯된다. 왕도의 실현은 결국 인(仁)하느냐 못하느냐에 달려 있다. 그의 제자 량치차오는 일찍이 캉여우웨이의 사상을 한마디로 박애파(博愛派) 철학이라 말한 적이 있는데, 이는 그의 사상적 근본이 인(仁)에 있으며, 가정과 국가, 예의의 출발을 모두 인(仁)에서 찾고 있기 때문이다.[22]

중국 철학사에 인(仁)에 대한 언급은 무수히 많다. 그 정의 또한 여러 가지이다. 공자는 인(仁)을 "사람을 사랑함(愛人)", "자신을 이기고 예로 돌아감(克己復禮)", "자기가 하기 싫은 일을 남에게 시키지 않음(己所不欲, 勿施于人)", "자신이 바라는 대로 다른 사람의 바람을 이뤄주는 것(己欲達而達人)"으로 표현했고, 맹자는 인(仁)을 곧 '사람다움(人)'으로 보았다. 동중서(董仲舒) 역시 맹자와 마찬가지로 해석하였다. 고대 유가에서 인간관계와 도덕의식의 근본이었던 인(仁)은, 송명이학의 발전을 거치면서 천지만물과 인간의 총화를 이루는 개념으로 발전하였다.

캉여우웨이가 강렬한 구세(救世) 의식을 갖게 된 데에는 그가 동시대의 동족과 나아가 인류의 불행에 대해 '차마 견딜 수 없는 마음'을 가졌기 때문이다. 공자는 일찍이 제자들에게 "새와 짐승과는 어울려 살아갈 수는 없으니 내가 사람들과 더불어 살지 않는다면 누구와 함께 하겠는가? 천하에 도가 있다면, 내가 너희와 함께 세상을 바꾸려 하지 않았을 것이다"라 말한 적이 있다.[23] 캉여우웨이는 공자의 가르침에 따라 일생을 인류와 세상을 구한다는 강렬한 유가의 책임의식 속에 살았다. 그는 인(仁)이야말로 인류의 절대 사라지지 않을 공리(公理)이며, 서양 인도주의의 박애나 불교의 중생구제(普度)와도 통한다고 보았다.

캉여우웨이가 인(仁)을 설명하는 방식에 있어 한 가지 흥미로운 부분은 그가 당시 유입된 서양의 자연과학적 지식을 이용하여 인(仁)의 속성을 설명한다는 점이다. 자연과학적 용어나 개념으로 중국 전통의 본체론이나 인성 등을 설명하는 방식은 근대중국의 철학에서 독특하게 나타나는 특징이다.

> 타인의 고통을 차마 견디지 못하는 마음은 인(仁)이며, 전기(電氣)이며, 에테르(以太)이다. 사람들은 모두 이러한 마음를 가지고 있기에 사람의 성(性)이 선하다고 하는 것이다.[24]

에테르나 전기 등으로 인(仁)을 묘사한 것은 얼핏 낯선 모습이지만, 인(仁)의 모습을 좀 더 구체적으로 생동감 있게 설명해 보려는 시도는 근대 중국의 지식인에게서 흔히 발견된다.[25] 캉여우웨이는 종종 인(仁)의 생명력을 강조하여 '애력(愛力)', '흡력(吸力)' 등의 용어를 사용하기도 한다. 그가 말하는 '애력(愛力)'이란 자신의 생명 활력을 기본으로 한 개념이다. 캉여우웨이가 '에테르'를 사용하여 인(仁)을 설명한 것은 '애력(愛力)'과 마찬가지로 '어느 곳에나 존재하는' 인(仁)을 드러내기 위한 한 방편이라고 볼 수 있을 것이다.

『대동서(大同書)』는 비록 학술성이나 경학사에 있어선 그 지위가 『신학위경고』나 『공자개제고』에 비할 바 아니지만, 캉여우웨이가 꿈꾸었던 이상적 정치제도와 사회 모습이 그려져 있다. 그가 꿈꾸었던 대동 사회의 가장 큰 특징은 국가와 가족의 폐지, 그리고 사적 소유의 철폐였다.

정치철학적 측면에서 볼 때 『대동서』에서 가장 두드러진 주장은 국가 제도의 부정이다. 캉여우웨이는 국가를 초월하여 인류가 공통적으로 인정할 수 있는 '세계공정부(世界公政府)'를 건설할 것을 제안한다. 그가 제시한 세계공정부는 어떤 강제성을 띤 국가 기구라기보다는, 사회 · 경제 · 문화 전반을 관리하는 기구로 크게 공정부(公政府), 도정부(度政府), 지방자치국으로 나뉘어 있다. 세계공정부 산하에는 지구를 100도(度)로 나누어 각 도별로 설립된 도정부와 그 아래 지방자치국이 있다. 캉여우웨이는 가족이나 민족, 지방, 국가 등 전통개념을 폐기하고 도(度)를 새로운 분리기준으로 삼았다. 이 도(度)의 구분은 공평성 확보를 위해 지역적, 역사적 배경을 배격하고 오직 위도상의 도(度)를 기준으로 한다. 공정부의 최고 통치자는 총통인데, 그 임기는 1년으로 오직 상징적 권력만을 갖게 되어 있다. 모든 실무와 실무적 통치 행위는 자치와 전문가에 맡겨져 있다. 캉여우웨이가 세계공정부를 제안한 이유는 무엇보다도 국가가 인간사회의 비극을 불러온 가장 대표적인 원인이라고 생각했기 때문이다. 『대동서』의 본론 첫 장에 해당하는 을부(乙部) "국가의 경계를 없애고 대지에 합한다(去國界合大地)"는 국가가 있음으로 해서 생기는 해악을 열거하며 시작한다.

인류의 역사는 집안의 역사로 시작하여, 부락, 국가와 같은 경계가 형성되면서 정쟁(政爭)과 살육의 화근이 시작되었다.[26] 비록 세상이 문명화되고 개화되었다 하나 인류의 살육과 전쟁은 그치지 않고 있다. 이는 모두 국가의 존재로 인해 발생된 불행이며 국가가 존속하는 한 피할 수 없는 비극이다. 인류의 가장 큰 비극인 전쟁 역시 마찬가지이다. 국가는 사람들의 일상생활뿐만 아니라 윤리체계마저도 통제한다. 가령 애국의식은 아무리 어진 사람이라 하더라도 각자의 국가 이익을 먼저 생각하게 만든다. 인류 역사상 전쟁을 피하고 화평을 추구하는 노력은 끊이지 않고 계속되어왔으며, 각국의 화평조약이나 군비감축은 모두 그러한 노력의 일환들이다. 그렇지만 국가가 사라지지 않는 한 각국의 군축은 마치 호랑이에게 채식을 요구하는 것과 마찬가지이다. 그러므로 백성을 편안하게 하려면 군비의 감축이 불가피하고, 군비의 감축은 국가의 폐지가 선행되어야 한다.[27]

세계공정부에서 부정된 국가나 민족, 인종에 따른 차별을 비판하는 내용은, 캉여우웨이가 『공자개제고』에서 일통(一統)을 강조하며 각 성(省)의 독립을 반대한 것과 내용적으로 서로 통하는 부분이다. 그의 정치적 지향은 천하일통의 세계에 있으며, 춘추전국과 마찬가지로 열국이 경쟁하는 근대세계를 극복할 수 있는 유일한 방안은 일통(一統)에 있었다. 캉여우웨이는 중국이 역사적 문화동질성을 기반으로 제국의 정치적 전환을 평화롭게 이루기를 희망하였으며, 이는 이후 현대 중국이 소수민족과 다문화를 아우르는 통합적 정치체제을 형성하는 데 어느 정도 영향을 미쳤다고 할 수 있다.

『대동서』에서 발견할 수 있는 또 하나의 특징은 세계공정부의 시민들, 즉 세계시민들의 인권에 관한 사항이다. 그들은 말 그대로 삶의 모든 것을 스스로 결정하는 자주지권(自主之權)을 행사한다. 캉여우웨이는 그의 초기 저서인 『실리공법전서』에서 당시 번역된 헨리 휘튼의 『만국공법(萬國公法)』의 영향을 받아 모든 사람은 자율권을 가지고 있다(人人有自主之權)고 얘기했으며, 이는 대동사회의 세계시민들의 모습에서 구체적으로 나타난다. 대동사회의 구성원은 누구나 자신의 의사에 따라 행동하며, 이러한 자기결정권은 국가기구나 부모, 가족 등에 의해 훼손당하지 않는다. 캉여우웨이는 자주지권을 그의 정치적 이상에서 제일원리로 삼았으며, 이 원리는 정치 영역뿐만 아니라 법률, 사회 전반에 해당되었다. 그의 주장 중에서 가장 과격한 것으로 평가되는 가족의 해체 또한 이러한 논리를 바탕으로 나온 것이다. 공법(公法)에 의하면 부모는 아이들에게 효도를 요구할 수 없으며, 어린이들 또한 부모에게 자애를 요구할 수 없다. 이는 유가의 가장 중요한 규범인 오륜(五倫)에 대한 도전일 뿐만 아니라, 유가의 도덕적 출발에 대한 부정이기도 했다. 이러한 그의 주장은 보수파뿐만 아니라 그의 변법에 동의하는 사람들마저도 받아들이기 어려웠다. 그만큼 세계시민론은 이상적 성격을 갖고 있다. 캉여우웨이는 부모와 자식 또한 여타 사회구성원 간의 관계와 동일한 것으로, 자주지권은 가족이라 하더라도 예외가 될 순 없었다.

4. 대동의 공리: 평등

『대동서』의 주장을 간단히 요약하면, 그 내용은 '평등'과 '평화'이다.[28] 평등은 인류의 공리(公理)이다. 『대동서』 을부(乙部) "국계를 타파하고 하나로 합한다(去國界合大地)"는 캉여우웨이가 생각하는 대동 사회의 모습을 상징적으로 보여준다. 국가의 경계를 폐지해야 하는 이유는 국가와 국가 간의 불평등이 초래한 고통에서 벗어나기 위함이다. 계급과 인종의 경계를 철폐해야 하는 이유는 인류의 평등에 해악을 끼치기 때문이다. 남녀 불평등에 대한 캉여우웨이의 신랄한 비판과 경쟁에 대한 비판은 이들이 평등한 사회를 방해하기 때문이다. 대동 사회는 인류의 보편평등이라는 원칙에 바탕을 둔 사회로, 현실의 불평등 상황을 극복하기 위해선 대규모의 사회개혁이 필요하다.

우선, 국가 간 경계를 없애 각 나라가 경쟁으로 인한 불평등을 해소해야 한다. 열강의 중국 침탈이 시작된 시대에 태어난 캉여우웨이에게 국가 간 불평등은 골수에 사무친 고통이었다. 『대동서』에서 묘사된 영웅의 모습들은 모두 국가주의나 민족주의에 함몰된 인물이 아니라 세계주의를 표방한 이들이다. 캉여우웨이는 세계에 공통적으로 적용할 수 있는 합리적 제도와 질서가 확립된 이후에야 비로소 인간과 인간 간에 진정한 평등이 실현될 수 있다고 믿었다.

둘째, 계급과 인종 간의 불평등을 해소하는 일이다. 캉여우웨이는 인종 간 차이로 인해 발생한 노예를 석방하고, 나아가 서로 다른 인종의 통혼 등을 통해 인류가 궁극적으로 하나의 인종으로 동화하는 정책을 실시해야 한다고 주장하였다. 그의 주장 중에서 가장 황당하게 느껴지는 이 제안은 대동서의 유토피아적 이상을 한눈에 보여주는 대목이기도 하고, 그의 주장을 공상으로 비판하게 만드는 근거가 되기도 한다.

셋째, 남녀평등을 실행하는 것이다.

모든 인간은 하늘이 낳은 것이다. 남녀를 막론하고 사람들은 누구나 하늘이 부여한 몸을 가지고 있으니 자주의 권리를 가지고 있다. 사람은 모두 하늘과 연결되어 있으며, 지극히 평등하다. 사람을 형체의 차이로 차별해선 안 된다.[29]

캉여우웨이는 근대 중국에서 가장 선구적으로 남녀평등을 주장한 인물이다. 그는 남녀평등이야말로 대동사회의 전제라고 말하며, 남녀 간 복식 차별의 철폐에서 시작하여 궁극적으로는 혼인 제도의 폐지와 계약결혼까지 나아간다. 남녀차별 철폐의 최후 단계는 가족의 경계를 없애는 것이다. 남녀 간 혼인관계가 사라지면, 부부관계나 가족관계는 자연스럽게 사라진다. 남녀 간 합의에 의해 태어난 자녀들은 모두 사회에서 양육을 책임진다. 부자(父子)의 윤리가 더 이상 존재하지 않게 되면, 가족 윤리에 기초한 사회의 불평등한 제도 또한 자연스럽게 와해된다. 무엇보다도 가족의 소멸은 사유재산제의 자연스러운 철폐로 이어진다. 캉여우웨이는 그의 제자 탄스퉁(譚嗣同)과 마찬가지로 오륜 중 붕우관계만 남기고 나머지 윤리관계는 모두 철폐되길 원했다. 일단 개인의 선택 여지가 없는 무조건적인 윤리관계가 폐지되고 나면, 사람들은 진정으로 모두가 평등한 천민(天民)으로 거듭나게 된다.

캉여우웨이가 구상한 세계공정부는 불평등한 사회의 모순을 해소하고, 평등한 시민공동체를 꿈꾼 것이다. 대동 사회에서 모든 사람은 각기 자기 분야의 전문 영역을 개발하며, 이를 뒷받침하기 위해 전 구성원들에게 평등한 교육 기회가 제공된다. 태어나면서부터 대학 졸업에 이르기까지 우수한 교육 환경을 무상으로 제공하는 제도는 평등한 인간 사회를 실현하기 위한 전제 조건이라 할 수 있다. 가족 제도의 폐지는 궁극적으로 인간의 평등을 이루기 위해서이다. 캉여우웨이는 이를 위해 남녀의 완전한 평등을 전제조건으로 얘기한다. 20세기 초 중국이라는 시대 상황을 고려하면, 이러한 주장은 믿기 어려울 만큼 급진적이다. 당시 『대동서』가 출판되지 못했다는 사실을 고려하더라도, 그러한 사고를 했다는 자체만으로도 큰 의미가 있을 것이다.[30]

대동 사회의 시민들은 누릴 수 있는 자유의 폭이 넓었다. 정치적 자유, 거주와 여행의 자유, 휴가와 창조활동의 자유뿐만 아니라 인간관계, 애정관계(性愛)에 있어서도 충분한 자유를 누렸다. 다만 이러한 내용을 포함한 자유가 강조되었음에도 불구하고, 역시 평등에 비해선 그 중요도가 상대적으로 떨어진다. 다른 무엇보다도 자유주의 사회에서 자유란 곧 기회와 경쟁을 전제로 한다는 사실을 떠올릴 때, 대동 사회에선 경쟁 자체를 금기시하였다. 자유주의와 평균주의 중 하나를 선택해야 한다면 캉여우웨이는 당연히 평균주의을 선택했을 것이다. 대동사회에서 경쟁은 오직 예술, 과학기술, 공익상의 창조활동 영역에서만 존재한다.

캉여우웨이가 꿈꾸었던 대동 사회에서 가장 중요하게 고려된 가치가 평등인 이유는 중국 대동사상의 기원인 『예기』「예운」편의 전통에서 그 이유를 확인할 수 있다. 「예운」은 평등을 정의로 삼는 이상사회의 모습을 전형적으로 보여주었다. 인간은 본능적으로 물질에 대한 욕구를 가지고 있다. 토지와 자원은 한정적인

데 인간의 물욕은 한계가 없다. 그러므로 인간 사회가 경쟁을 그치고 안락한 생활을 영위하기 위해선 각자의 욕망을 적절하게 통제하고, 자신의 이익(利)보다 공공의 의리(義)를 우선하는 습관을 길러야만 한다. 여기에서 우리는 중국의 전통 철학이 왜 그토록 덕성을 강조했는지 알 수 있다. 평등 사회에 대한 캉여우웨이의 강조는 이후 마오쩌둥을 비롯한 중국의 사회주의자들에게 적지 않은 영향을 주었다.

5. 시중(時中)과 개량(改良)

개량주의는 캉여우웨이를 얘기할 때 항상 따라다니는 용어이다. 최근까지도 중국에서 캉여우웨이를 부정적으로 평가한 데는 개량(改良)이라는 용어가 주는 한계성 때문이다. 그는 대동의 이상을 구상했으면서도 그 생각을 공개적으로 표현하지 않았으며, 『대동서』의 출간을 끝까지 거부하였다. 이러한 그의 태도는 비판받을 여지가 분명하지만, 캉여우웨이에 있어 이는 모두 '시기에 맞게 행한다(時中)'[31]는 입장을 지킨 것일 뿐이다. 이는 그의 사상체계 전반을 관통하는 전제이며, 그가 주창한 대동사상의 핵심이기도 하다.

캉여우웨이는 공자의 도가 근본으로 삼는 것은 인(仁)이며, 그 작용은 오직 시대에 맞게 발전한다고 보았다.[32] 캉여우웨이는 역사의 발전과 진화를 믿었지만, 그 과정은 반드시 일정한 질서와 단계를 거친다고 보았다. 단계를 뛰어넘는 역사의 발전은 엄청난 희생과 대가를 요구한다는 점에서 그는 혁명을 주장하는 이들의 주장에 끝까지 동조하지 않았다. 무술변법이 실패한 후 십여 년에 이르는 망명생활에서 경험한 서구사회의 폐해는 그의 이러한 생각을 더욱 공고하게 하였다. 그에게 '때에 들어맞는 행동(時中)'은 그 무엇보다 중요한 덕목이다. 시중(時中)은 모든 일이 순조롭게 진행되기를 희망하는 것으로, 일은 반드시 시기에 맞아야 한다는 의미이다. 여기서 시중은 두 가지 함의를 지닌다. 시의에 부합해야 한다는 점, 시기에 맞게 변해야 한다는 의미이다.

캉여우웨이는 인간의 역사발전은 일정한 궤도가 있으며, 낮은 단계에서 높은 단계로 일정하게 나아간다고 보았다. 인(仁)의 실행에도 여러 단계가 있으며, 이는 모두 역사적 발전 과정과 긴밀하게 연관되어 있다. 삼세의 거란세(據亂世)는 자신과 가까운 사람에게만 인(仁)을 베푸는 친친(親親)의 단계이며, 승평세(昇平世)는 인류가 서로를 아끼는 인민(仁民)의 단계이다. 태평세에 이르면 모든 중생이 일체가 되는 애물(愛物)의 경지에 도달하게 된다. 태평세의 사람들은 모두 평등하고, 국가의 경계마저 없어지기 때문에 하늘의 자식이란 뜻의 천민(天民)이라 불린다. 사람들은 서로 형제와 같이 친하며, 천지만물과 하나가 되는 지극히 선하고 어진 시대에 도달한다. 인간의 역사는 이와 같이 일정한 순서와 단계를 거쳐야만 한다.

량치차오가 직접적으로 비판했듯이 캉여우웨이는 자신의 대동사상을 유포하는 행위를 엄격히 금지하였다. "자신이 새로운 이상(理想)을 발명하고, 또 이를 완전하다고 여기면서도 그를 실현시키는 일을 하지 않는"[33] 태도는 혁명파 인사뿐만 아니라 제자들조차 캉여우웨이를 비판하게 만들었다. 리쩌허우(李澤厚)는 이러한 캉여우웨이의 태도를 초기와 후기 간의 사상 모순이 빚어낸 결과라고 보았다. 즉 초기엔 진보적이지만, 후기에 이르러선 보수로 기울어졌다는 것이다.[34] 이는 대표적인 캉여우웨이 연구자인 탕즈쥔(湯志均) 역시 동의하는 관점이다. 실상 이러한 모습은 캉여우웨이의 외면적 모습의 변화에 불과하다. 그의 사상을 면밀히 검토해보면 초기와 후기가 구분될 정도의 명백한 모순은 존재하지 않는다. 캉여우웨이는 일관되게 시중을 강조하며 때에 맞는 변화를 주장해왔기 때문이다. 이러한 문제는 어쩌면 그가 현실 정치인과 사상가의 면모를 동시에 가지고 있었던 데에서 빚어진 결과일 수 있다.

캉여우웨이는 대동이 결코 실현 불가능한 공상은 아니라는 사실을 여러 차례 강조하였다.[35] 동시에 이를 당시 사회에 그대로 적용하는 것은 문제가 있다는 입장 또한 끝까지 고수하였다. 대동은 아주 먼 미래에 실현 가능한 이상(理想)이라는 것이다. 이상과 현실의 구분은 캉여우웨이의 대동사상을 이해하는 중요한 핵심이다. 현대중국의 혁명과정에서 확인된 숱한 비극은 미래의 이상을 현실에 바로 적용했을 때 어떤 결과를 초래하는지를 보여주는 증거이다. 도덕 이상과 개혁의 실현은 모두 일정한 시기가 있으며, 때가 이르지 않았을 땐 결코 성공할 수 없다. 시중 개념은 역사가 일정한 단계를 거쳐 발전한다는 내용을 함축하고 있으며, 캉여우웨이의 사상이 개량에 속할 수밖에 없는 이유 또한 여기에 있다. 다만 개량이라는 말로 캉여우웨이가 지녔던 진보적 의의나 합리성마저 폄하해선 곤란하다. 현대 중국의 역사는 우리에게 혁명과 개량의 의미에 대해 진지하게 생각해볼 수 있는 계기를 준다.

6. 캉여우웨이 대동사상의 의의

캉여우웨이의 사상체계는 유가 대동사상의 특색을 잘 보여준다. 전통 유학을 현실에 맞게 재해석하고, 이를 개혁의 근거로 삼는 것은 캉여우웨이뿐만 아니라 중국의 사상가들이나 정치가들이 즐겨 사용했던 방법이다. 이는 전환기인 근대 중국의 시대적 배경과 사상적 흐름을 반영하는 것이기도 하다. 전통을 중시하면서도 유학을 시대적 요구에 맞춰 재해석하는 그의 태도는 유학의 근대적 전환을 이루고, 새로운 생명력을 가져왔다는 점에서 중요한 의의를 지닌다. 더구나 전면적으로 서구를 본받자는 풍조가 만연한 가운데 동서사상의 융합을 꾀하고 전통의 복원을 도모한 그의 태도는 오늘날 재평가할 여지가 있다고 본다.

캉여우웨이 대동사상은 인(仁)을 근본으로 하는 중국적 특색을 지니며, 서양의 유토피아, 천년왕국 이론과는 명확히 다른 모습을 갖고 있다. 서양의 유토피아 사상은 대부분 현실세계와 독립되어 있는 작은 천국을 상정하며, 세상을 피하는 성격이 짙다. 천년왕국을 주장하는 이들은 이 세계에 이상사회를 건설하는 것을 목적으로 한다. 그들에게 있어서 무엇보다 중요한 것은 현실의 변혁이다. 이에 비해 유가의 대동사상은 세상을 구제하는 것을 목적으로 하지만, 인간과 인간 사회의 생명(生命)을 무엇보다 중시한다. 현실세계와 인생을 떠나지 않고, 도덕 교화를 통해 대동을 이루려는 것이 유가 대동사상의 전통이라 할 수 있다. 대동의 건설은 어떤 초자연이나 신적인 힘을 빌려 이루어지는 것이 아니다. 그 주요한 힘은 도덕이며, 인간의 노력과 자각을 통해 실현된다. 유토피아가 현실 이데올로기에 대립적으로 존재하며 끝내 실현될 수 없는 이상향을 상징한다면, 대동의 이상은 현실세계의 변혁과 깊이 맞물려 있다. 그의 실현은 인간의 내외적 수양과 노력을 바탕으로 한다. 이러한 점에서 대동사상은 유가 인생철학의 산물이라고 할 수 있을 것이다. 그런 점에서 캉여우웨이의 대동사상은 전통과 근대라는 격랑에 처한 중국 근대 이상사회론의 특징을 잘 보여준다.

3장

량치차오의 이상국가

량치차오

(梁啓超, 1873~1929)

량치차오는 1873년 광둥성 신후이현에서 태어났다. 자는 탁여(卓如), 호는 임공(任公), 별호는 애시객(愛時客), 음빙실주인(飮氷室主人) 등이다. 15세에 과거에 합격하여 거인(擧人)이 되었다. 캉여우웨이가 설립한 '만목초당(萬木草堂)'에 들어가 그의 수제자가 되었으며, 1891년 청일전쟁의 배상 책임이 쟁점이 된 시모노세키 조약에 반대하는 '공거상서(公車上書)'를 캉여우웨이와 함께 주도하였다. 회시(會試)에 응시하기 위해 베이징에 모인 거인 1000여 명에게 서명을 받아 조약 파기를 건의하는 집단 상소를 황제에게 올린 것이다. 1896년 상하이에서 『시무보(時務報)』를 발행하며 변법을 주장하였다. 1898년 캉여우웨이와 함께 개혁을 주도한 무술변법이 실패로 끝난 후 일본으로 망명하였다. 이후 14년 동안 일본, 미국 등 외국에서 망명 생활을 해야 했다. 일본에서 『청의보(淸議報)』와 『신문총보(新民叢報)』를 발행하였으며, 「신민설(新民說)」 등 중요한 논설과 기사의 필자로도 활약하였다. 1912년 신해혁명이 성공한 후 귀국하였으며, 이후 1917년까지 원세개, 단기서 정부에서 사법총장, 재정총장 등을 지냈다. 1918년 1차 세계대전이 끝난 후 후속조치를 논의한 파리강화회의에 중국대표단의 일원으로 참석하였다. 회의가 끝난 후 1920년까지 구미의 여러 나라를 방문하며 당대의 석학 등과 교류하였다. 이때의 체험과 소감을 정리한 기록이 『구유심영록(歐遊心影錄)』이다. 1925년부터 1928년까지 청화대학 국학연구원에서 학생들을 가르쳤다. 1929년 1월 신장병으로 세상을 떠났다. 『음빙실문집(飮氷室文集)』, 『구유심영록(歐遊心影錄)』, 『선진정치사상사(先秦政治思想史)』, 『청대학술개론(淸代學術槪論)』, 『묵자학안(墨子學案)』 등의 저서가 있다.

1. 제국에서 국가로의 전환

량치차오는 캉여우웨이의 수제자로 중국에서 '강양(康梁)'이라 불릴 정도로 양자의 관계는 밀접하다. 그렇다고 량치차오가 캉여우웨이의 사상을 그대로 물려받은 것은 아니다. 두 사람은 분명한 사상적 차이를 보이며, 량치차오의 이상사회론 역시 스승과는 독립적인 내용을 갖고 있다. 두 사람의 관계가 결정적인 전기를 맞게 된 것은 청나라 정부가 마지막으로 시도한 개혁 운동인 무술변법이 실패한 이후이다.

무술변법은 제국으로서 중국이 자아전환을 이룰 수 있었던 마지막 기회였다. 그 시도가 비극으로 끝나면서, 제국 중국의 역사는 최후의 단계에 이르렀다. 량치차오는 무술변법이 실패하고 일본에 망명한 이후, 전제체제에 대한 미련을 접고 새로운 정치체제를 모색하기 시작했다.

량치차오의 사상은 중요한 사건들을 계기로 다양한 변화를 보이는데, 시기적으로 크게 3단계로 나누어 볼 수 있다. 첫 번째 시기는 무술변법 이전 금문경학의 제창자로서 캉여우웨이와 함께 변법을 주도한 시기이다. 이때 량치차오는 캉여우웨이의 수제자로 청말 금문경학파의 맥을 잇는 경학자의 모습이었다. 둘째 시기는 일본 망명 후 1900년대 초반 「신민설(新民說)」을 발표하고, 민족국가의 건립을 주창하고 계몽적 국민의 탄생을 강조하던 시기이다.[1] 이러한 그의 태도는 1910년대 후반까지 지속되었다. 세 번째 단계는 1919년에서 20년까지 1차 세계대전이 종결된 후 전후 처리를 위한 파리강화회의에 중국 대표단의 일원으로 참가하고 돌아온 이후이다. 이 시찰을 계기로 량치차오는 「신민설」에서 시작된 국가주의적 태도를 수정하고 중국의 전통문화와 철학을 중시하는 태도를 보인다. 량치차오의 이상사회론 체계에서 가장 중요한 의미를 갖는 부분은 두 번째 단계인 「신민설」 발표 이후 민족국가의 수립과 부흥을 주창하던 1900년대 시기이다. 이때 중국은 정치적 측면에서 민족국가로의 근대적 전환을 이루었고, 이와 관련된 학술, 문화적 영역에서 량치차오의 역할이 가장 중요하게 부각되었다. 그의 논설과 글은 중국뿐만 아니라 한국, 베트남 등의 식민지 지식인들이 민족국가 건설을 논의하는 데에도 큰 영향을 미쳤다.

량치차오는 일본에 망명한 이후 중국의 쇠퇴 이유에 대해 그 근본적인 문제가 무엇인지 검토하고, 그 근본 원인이 중국이 전통의 제국 체제에서 벗어나지 못했기 때문이라고 판단하였다. 그렇다면 문제의 해결 여부는 전통의 제국 체제인 중국을 어떻게 국가로 변화시키는가 하는 데 있었다. 그는 중국이 쇠약해진 근본적인 원인이 중국에는 서양과 같은 국가 개념이 존재하지 않은 데 있다고 보았다. 중국이 서양과의 경쟁에서 패배할 수밖에 없는 이유는 크게 세 가지이다.

중국은 첫째 국가와 천하를 구분하는 의식이 없었다. 중국인은 그 나라(國)가 한 나라 또는 국가라는 것을 깨닫지 못했다. 중국은 고대부터 통일된 상태였고, 문명 혹은 정부를 가지고 있지 못한, 한 나라라고 볼 수 없는 작은 오랑캐들로 둘러싸여 있었기 때문이다. 중국인들은 그들을 동등하게 보지 않았다. 이러한 상태의 중국은 몇천 년 동안 고립된 것과 같다. 우리는 중국을 천하라고 부르지 하나의 국가라고 하지 않았다. …… 둘째, 국가와 왕조를 구분하는 의식이 없었다. 중국인의 가장 큰 문제는 국가가 어떤 것인지 알지 못하고 국가와 왕조를 혼동하여 국가를 한 왕조의 소유물로 잘못 알고 있다는 것이다. …… 셋째, 국가와 국민의 관계를 깨닫지 못하였다. 한 국가는 국민으로 구성되어 있다. 누가 국가의 주인인가? 그 나라의 백성이다. …… 서양 사람들은 국가를 국왕과 백성이 공유하는 것으로 본다. …… 중국의 실정은 그와 같지 않다. 하나의 집안이 국가를 소유하고 나머지 모든 백성은 그 집안의 노예이다. 이것이 중국에 4억의 인구가 있음에도 불구하고 사실상 인간은 몇십 명만 있는 이유이다. 몇십 명의 인간뿐인 국가가 수백만 명의 국가들과 만났을 때, 어떻게 패배하지 않을 수 있겠는가?[2]

량치차오에게 있어 가장 중요한 문제는 중국과 중국인의 독립이었으며, 타국과의 경쟁에서 살아남는 것이었다. 그는 중국이 서구 열강에게 패배한 이유는, 서양이 경쟁을 전제로 한 국가 체제를 갖추고, 국민들로 이루어져 있기 때문이라고 보았다. 중국에는 없고, 서양에는 있는 국가와 국민이, 중국이 서양의 열강을 당해낼 수 없는 근본적인 이유인 것이다. 민족의 존망이란 위기 앞에서 이상사회의 모습은 현실의 경쟁 속에서 살아남을 수 있는 힘 있는 국가 그 자체였다.

량치차오가 생각하기에 국가의 제일 요건은 국민이었다. 강한 국가는 의식이 깬 국민의 조합으로 이루어진다. 그런 측면에서 국민의 독립된 권리는 무엇보다도 중요한 의미를 가지고 있다. 량치차오는 국권과 민권은 밀접한 관계를 가지고 있으며, 양자는 민족국가의 핵심 요소라 보았다. 국민의 권리를 확립하고, 구성원들의 평등을 인정하는 것이 민족국가 수립의 첫 걸음이다. 량치차오는 「신민설」 서문에서 다음과 같이 말한다.

> 16세기 이래 유럽이 흥기하고 세계가 발전한 것은 모두 '민족주의(nationalism)'의 떠오르는 힘 때문이었다. 민족주의란 무엇인가? 같은 종족, 언어, 종교와 관습을 가진 다양한 지역의 사람들이 서로가 서로를 동료로 보면서 독립적인 가치를 추구하고, 공동의 선을 추구하거나 다른 종족을 정복하기 위해 정부를 조직하는 것이다. 19세기 말까지 이 '주의'는 극도로 발달하였으며, 나아가 '민족제국주의(national imperialism)'가 되었다.[3]

량치차오가 일부러 영문 'nationalism'을 병기할 정도로 강조하였던 '민족주의'는 그가 서양의 번영을 가능하게 한 토대로 이해한 사상이었다. 여기에는 중국 역시 민족국가 건설을 토대로 힘 있는 국가로 나아가야 한다는 의미가 담겨 있었다.

> 그들이 감당할 수 없는 민족의 기세로 밀고 들어온다면 우리 민족 전체가 힘을 합치지 않고는 도저히 대항하거나 제어할 수 없다. …… 오늘날 열강의 민족 제국주의에 대항하여 그 재난에서 인민을 구제하려 한다면 민족주의를 실행할 수밖에 없다. 중국에 민족주의를 실행하려면 신민(新民)의 방법밖에 없다.[4]

신민(新民)은 민족과 민족이 서로 패권을 다투는 세계에서 중국을 보존하고 위기를 구할 주체이다. 량치차오는 '신(新)'에는 두 가지 의미가 담겼다고 말한다. 즉, 없던 것을 새로 들여오는 일이 그 하나이고, 있던 것을 새롭게 진작시키는 것이 다른 하나이다.[5] 중국이 강력한 정치 공동체로 새로 거듭나기 위해서는 없던 것, 즉 국민의 자격을 새로 들여와야 한다. 국민의 자격은 열국이 병립한 약육강식의 시대에 살아남기 위해 반드시 필요한 자격이다. 중국인이 하나의 민족임을 확인하고 민족의식을 북돋는 것이 하나의 새로움이며, 그를 바탕으로 우승열패 시대의 강한 경쟁 주체가 되도록 하는 것이 또 다른 새로움의 의미였다.

량치차오가 제창하는 민족주의는 쑨원 등 혁명파가 내세웠던 한족 중심의 민족주의와는 성격이 다르다. 그가 주장하는 민족주의는 서구 제국주의의 침략에 위기에 처한 중국을 구하기 위한 '구망(求亡)'의식에서 나온 만큼, 중국 내의 모든 민족을 포함한 개념이었다. 중국의 민족주의는 서구 제국주의에 대항하여 탄생하였으며, 중국이 서구와 맞설 수 있는 힘을 갖기 위해 반드시 필요한 조건이었다.[6] 여기에 당시 유행한 '사회진화론'은 그들의 국가주의적 의식에 결정적 요인으로 작용하였다. 경쟁이 생물 발전의 근원이라고 파악한 진화론을 자연계뿐만 아니라 인류사회에도 적용한 것이 곧 사회진화론(社會進化論)이다. 서구 열강과의 연속되는 전쟁으로 만신창이가 된 제국의 모습에서 량치차오가 자연도태의 불길한 조짐을 느낀 것은 어쩌면 당연한 일인지도 모른다.

2. 사회진화론의 영향

사회진화론이 처음 중국에 소개된 것은 20세기 초 옌푸(嚴復)에 의해서이다. 옌푸는 토머스 헉슬리(Thomas Huxley)의 저서 『진화와 윤리 Evolution & Ethics』를 『천연론(天演論)』(1897년)이라는 제목으로 번역하였다. 헉슬리는 이 책에서 인간 사회의 원리마저 진화론에 근거하여 설명한 스펜서(H. Spencer)를 비판하고, 자연과 인간의 진화 원리는 다르다는 사실을 말하였다. 인간사회의 진보는 자연의 진화법칙에 대한 투쟁에 의해 이루어진다는 것이 그의 요지로, 헉슬리는 자연 법칙과 인간의 윤리 원칙은 별개라고 보았다. 옌푸는 이 책에서 헉슬리의 이러한 입장을 비판하고 오히려 스펜서의 사회진화론을 옹호하는 내용의 자기 의견을 전통적인 학안(學案)의 형식으로 첨부하여 번역하였다. 그가 『천연론』을 번역한 이유는 당시 중국인들에게 민족적 위기의식을 고취하고 진화의 원리가 국제 관계에도 엄혹하게 적용된다는 사실을 환기시키기 위한 것이었다. 그의 입장에서 보면 헉슬리의 윤리적 태도보다는 사회진화론을 주창한 스펜서의 입장이 훨씬 유용한 부분이었을 것이다. 다만 사회진화론에 대한 입장에선 스펜서를 지지하지만, 국가의 역할에 대해선 그와는 명확하게 다른 의견을 취하였다.[7] 스펜서는 본래 사회진화론을 주창하며 개인의 자유를 무엇보다 중요한 가치로 생각했지만, 옌푸는 사회나 국가의 역할이 그보다 훨씬 중요하다고 생각하였다. 그는 개인과 집단 관계에 있어, 개인은 집단의 한 요소로 전체 사회의 목적을 달성하는 데 있어 수단이 된다고 보았다. 그런 점에서 옌푸는 군주제의 존속을 주창하고, 개인보다는 국가를 우선에 두었다.

량치차오는 이 같은 옌푸의 입장에 동의하면서 국가의 역할에 있어서는 옌푸보다도 훨씬 더 나아간 주장을 하였다. 이는 그가 처한 상황이 옌푸가 『천연론』을 출간한 때보다 더 어려워졌다는 환경적 변화와 함께 량치차오의 민족국가 수립에 대한 욕망이 첨가되었기 때문이었다. 량치차오는 중국의 위기는 중국인의 분열 상황에서 초래되었다고 보고, 중국민족 전체를 아우를 수 있는 통일된 힘과 강력한 질서가 필요하다고 생각하였다. 그런 측면에서 캉여우웨이가 강조했던 평등이나 자유와 같은 가치는 그에게 있어 우선 현실에 닥친 민족적 위기를 극복하고 난 이후에 논의할 사항이었다. 무엇보다 우선되어야 할 일은 중국민족을 유기적으로 통일할 수 있는 국가와 그에 적합한 국민의 창출이었다. 중국의 혼란을 수습하기 위해선 우선 중국 인민 전체를 강력하게 통제할 수 있는 힘이 필요했다.

량치차오는 당시 중국이 해결해야 할 가장 중요한 문제를 민족국가의 수립이라고 보았다. 우리는 흔히 민족주의의 역사가 아주 오래된 것으로 생각하지만, 사실 민족주의는 근대 이후에 생성된 것이다. 기든스(A. Giddens)는 근대사회의 가장 중요한 특징으로 민족국가를 들었는데, 절대주의 체제가 와해되고 민족국가가 대두된 데는 급속한 산업화의 진전과 함께 이를 뒷받침할 행정권의 요구, 그리고 이와 연계된 주권개념이 복합적으로 작용하였다고 보았다.[8] 중국에선 청나라가 서구 열강과의 충돌에 의해 위기를 맞게 되면서 근대적 의미의 민족 개념이 등장하게 된다. 청조라는 절대왕조의 멸망과 함께 민족의 소멸이라는 현실적 위기가 닥쳐왔고, 여기에 사회진화론은 그 흐름을 더욱 가속화시켰다.

량치차오에게 있어 민족국가는 변화하는 역사에 대응하기 위한 가장 현실적인 대안이었다. 그에게 있어 국가와 민족은 시작이 있는 것처럼 일정한 시기가 지나면 사라지는 것이었다. 그러므로 영원한 중화(中華) 제국보다는 하나의 국가로 재구성된 중국이 필요했다. 국가는 근대의 자연스러운 산물로, 다른 종족에 의해 멸망의 길을 가지 않기 위해선 반드시 구성되어야 할 역사적 정체였던 셈이다.[9] 민족국가의 기본 전제는 국토의 범위와 국민의 범주를 확정하는 것이었다. 민족국가로서 중국 혹은 중국 민족이라는 개념은 '천하'라는 광범위한 의식 속에 민족이나 국가 개념을 형성하지 못한 당시 중국인들에게 국가와 국민이라는 의식형태를 형성시키는 어려운 작업이었다. 량치차오는 이 작업의 입안자로서 학술, 문화적으로 최초의 국가주의를 주창한 인물이라 할 수 있다.

량치차오는 개인과 국가의 관계에서 국가를 우선시한다. 국가는 개인이 항상 고려해야 할 존재이며, 개인보다 우위에 있다.

> 국가사상이란 무엇인가? 첫째, 일신보다 국가를 앞세우고, 둘째, 조정보다 국가를 앞세우고, 셋째, 외족으로부터 국가를 지키고, 넷째, 세계에 대하여 국가를 내세우는 것이다. …… 사람이 다른 부류에 비해 존귀한 이유는 사회(群)를 이룬다는 점이다. 인간이 홀로 외롭게 대지에 고립되었다면, 새처럼 날지도 못하고 짐승처럼 뛰지도 못하니 전멸하였을 것이다. 안으로 말하면 평화로울 땐 공적을 소통하고 일과 업무를 나누어 서로 도왔다. 홀로는 여러 사람의 일을 다 할 수 없기 때문이다. 밖으로 말하면 위급할 때엔 꾀와 힘을 모아 성곽을 지켜 붕괴를 막는다. 혼자서는 스스로를 보존할 수 없기 때문이다. 거기에서 국가가 발생한다. 국가가 설립되는 것은 부득이한 일이다. 사람마다 일신을 믿을 수 없다는 사실을 잘 안다. 그러므로 서로가 단결하고 도와 위험을 막고 모두에게 이익이 되는 길을 구한다. 오래도록 그렇게 하려면 어떻게 해야 하는가. 사람마다 내 일신보다 더 중요한 것이 있음

을 알게 해야 한다.[10]

국가가 필요한 이유이다. 사람은 홀로 살 수 없고, 혼자서는 외부의 침입을 막을 수도 없다. 사람이 다른 생물에 비해 나은 장점은 사회를 이룰 수 있다는 것이니, 국가가 설립되는 것은 역사의 필연적 과정이다. 국가가 구성되었다 하더라도 저절로 보존되고 유지되는 것은 아니다. 국가가 오래도록 유지되기 위해선 구성원들이 서로 돕고 외부의 위협에 대응할 수 있는 힘을 길러야 한다. 그 전제로 구성원들 스스로 자기 자신보다 국가가 더 중요하다는 인식을 가져야 하는데, 그것이 바로 국가사상이다. 아울러 국가와 정부의 관계에 대해 제대로 이해하는 것이 필요하다.

국가가 하나의 회사라면 조정은 회사의 사무실이고, 정부의 권력을 장악한 자는 사무실의 총책임자이다. 국가가 하나의 마을이라면 정부는 마을의 회관이고, 정부 권력을 장악한 자는 회관의 관리인이다. 사무실이 회사를 위해 설립된 것인가. 아니면 회사가 사무실을 위해 설립된 것인가. 회관이 마을을 위해 설치된 것인가. 아니면 마을이 회관을 위해 설치된 것인가. 이는 따질 필요도 없을 것이다. 두 가지는 서로 성질이 다르니 그 대소와 경중이 바뀔 수 없다. …… 비유하자면 한 회사의 총책이 '내가 곧 회사이다'라고 하고, 한 마을의 관리인이 '내가 곧 마을이다'라고 한다고 하자. 회사 성원이나 마을 주민들이 이를 받아들일 수 있겠는가? …… 국가사상을 가진 자는 정부를 사랑하지 않음이 없지만, 정부를 사랑하는 자가 반드시 국가사상을 가진 것은 아니다. 정부가 제대로 되었다면 그 정부는 국가의 대표이다. 그러므로 그 정부를 사랑하는 것이 곧 국가를 사랑하는 것이다. 만약 정부가 제대로 되지 못했다면 정부는 국가의 '좀도둑'이다. 그럴 때는 정부를 바로 잡는 것이 국가를 사랑하는 것이 된다.[11]

국가와 정부의 관계에 대한 량치차오의 정의이다. 당시 중국인의 사고 속에 조정과 국가의 관계는 서로 분리되지 않고 하나로 인식되었다. 정부와 국가 간 관계에 대해 제대로 인식하게 된 것은 근대 이후의 일로, 이는 서양도 마친가지이다. 현재도 우리나라나 아시아 국가들에선 정부와 국가 간의 관계를 제대로 이해하지 못하는 사람들이 상당수이다. 그런 측면에서 아시아의 정치 현실은 여전히 전근대적 형태를 벗어나지 못하고 할 수 있다. 제대로 된 정부가 아니라면, 그를 전복하고 새로운 정부를 조직하는 것이 국가를 사랑하는 올바른 길이라는 량치차오의 지적은 여전히 의미 있는 말이다.

량치차오에게 있어 사회진화론은 인간사회를 설명하는 법칙이며, 동시에 인간의 발전을 추동하는 긍정적인 역할을 하고 있다. 인류 역사를 살펴보면, 개인의 경쟁을 통해 가족이 생기고, 가족과 향족(鄕族)의 경쟁을 통해 국가가 발생하였으니, 국가 간 경쟁이 가장 치열하다. 국가가 사라지면 경쟁뿐만 아니라 문명 또한 끊기게 된다. 국가는 적자만이 살아남는 냉혹한 현실에서 타국과의 경쟁에서 살아남을 수 있는 유일한 존재이다. 량치차오에게 있어 국가는 인류사회에서 이룰 수 있는 최고 단계의 집단이다. 그는 국가와 국가 간의 경쟁은 경쟁의 최고 단계이며, 그러므로 이를 해소하려는 세계주의는 사실상 현실성 없는 언어유희에 불과하다고 생각하였다.

량치차오가 민족주의 국가를 전면에 들고 나오면서 중국의 새로운 정체는 구체적 현실성을 띠게 된다. 량치차오가 염두에 둔 가장 큰 문제는 민족주의와 서양 국가의 번영 사이의 관계이다. 이는 그가 위기에 빠진 중국을 구해내는 해법이었으며, 그가 꿈꾸는 이상 사회의 전제였던 셈이다. 또한 이러한 사고는 중국을 천하라고 생각했던 전통적 사고관의 붕괴를 의미하며, 이상적 정치체계로 국가를 상정했다는 측면에서 전근대의 대동사상과는 근본적인 차이를 보인다.

3. '천하'와 '국가'

중국을 포함한 아시아 지역에서 국가 개념은 근대에 들어서야 그 의미가 비로소 현실화되었다고 할 수 있다. 이는 중국의 역사와 문화전통에서 그 원인을 찾을 수 있다. 중국에서 문화단일주의에 근거한 통일왕조의 역사는 고대부터 시작되었으며, 그 지속 시기는 근현대 서양과 접촉이 있기 전까지 거의 이천여 년에 이른다. 펑여우란(馮友蘭)은 다음과 같이 말한 바 있다.

선진(先秦) 이래 중국인은 '중국' 또는 '화하(華夏)'와 '이적(夷狄)'

을 선명하게 구분하여 왔다. 단 이 구분은 문화적인 구분이지 종족을 구분지어 말한 것은 아니다. 중국은 세상엔 세 종류의 생령(生靈)이 살고 있다고 보았다. 중국인, 야만인, 금수(禽獸) 등이 그들이다. 중국인은 교화가 잘된 존재이며, 그 다음은 야만인, 금수는 전혀 교화가 되지 않은 존재이다. 몽고족과 만주족이 중국을 정복했을 때 그들은 많은 부분에서 중국의 문화를 수용하였다. 그들은 정치적으론 중국을 지배하였지만 문화적으로는 중국이 그들을 지배하였다. 그들은 중국인들이 가장 큰 관심을 가졌던 중국문화의 연속성과 단일성에 대해 어떤 단절이나 변화를 주지 못했다. 중국에서 원나라와 청나라는 중국 역사상 존재했던 여러 교체된 왕조 중의 두 개 왕조에 불과했다. …… 사람들은 중국엔 민족감정이 결핍되어 있다고 말한다. 나는 이것이 요체라고 본다. 중국인은 세계를 '천하'로 생각하는 것이 익숙했기 때문에 민족주의적 감정은 존재하지 않았다.[12]

중국인들은 자신들이 천하의 중심에 있으며, 종족 개념으로 민족을 사유한 경험이 없었다. 아편전쟁으로 시작한 서구 열강과의 전쟁은 이러한 중국의 전통적 민족관에 깊은 충격을 주었고, 민족의 구망(求亡)이라는 현실적인 문제가 닥치고서야 민족국가 논의가 비로소 본격적으로 시작되었다.

오랜 통일왕조의 경험은 중국인의 의식 속에 독특한 천하관(天下觀)을 형성시켰다. 한마디로 천하가 하나로 통일되어야만 태평하고 안정된 사회가 된다는 것이다. 이는 유가의 대표 경전 중의 하나인 『맹자』에서도 확인할 수 있다. “천하가 앞으로 어찌 될 것이냐”는 양혜왕의 물음에 맹자는 “하나로 합쳐질 것(定於一)”이라고 대답한다.[13] 이후 한(漢)나라의 동중서(董仲舒)와 하휴(何休)에 의해 체계화된 대일통(大一統) 사상은 수천 년 동안 중국인의 의식세계에 뿌리 깊게 자리 잡게 된다. 천하가 통일된 상태에서만 비로소 평화와 안정된 삶이 가능하다는 사유는 각국이 난립하여 패권을 다투던 전국시대나 위진 남북조의 참혹한 기억과 맞물려 있다. 여기서 우리는 중국이 왜 독립된 국가로 발전하지 못했는가에 대한 대답을 찾을 수 있다. 천하를 지향하는 중국인의 사유 구조에서 타국과 병립하는 국가 개념은 애초에 자리를 잡기 힘들었다. 중국인들의 생각 속에 국가란 전국시대의 제후국이나 삼국시기(魏蜀吳) 등 통일왕조로 가는 교체기에 나타나는 일시적 형태에 불과한 것으로 인식되어 있었다. 중국 주변에 그 크기나 힘에서 중국에 비견될 만한 혹은 경쟁할 만한 다른 나라가 없었다는 환경 요인 또한 이러한 의식형태를 굳히는 한 원인이 되었을 것이다. 량치차오가 몇천 년 동안 내재해온 사회관습이며, 마침내 모든 사람의 머리에 박혀 지워지거나 씻어지지 않은 이상으로 자리 잡았다고 본 천하관(天下觀)이 중국인에게 깊게 각인된 이유이다. 그런 측면에서 량치차오를 비롯한 당시의 지식인들이 민족국가 건설에 대해 강한 의지를 보이는 것과 대조적으로 일반 백성들은 여전히 천하관에서 벗어나지 못하고 있었다.

문화단일주의에 근거한 중국의 천하관이 변화하게 된 것은 근대 서양과의 물리적인 충돌 이후이다. 서구열강의 무력으로 위험에 처한 중국인들은 비로소 국가 간의 충돌이 무엇을 의미하는지 깨닫게 된다. '중국을 멸망의 위기에서 어떻게 구할 수 있을 것인가'는 당시 중국의 가장 큰 고민이었고, 이에 대한 해답을 추구하는 과정에서 나온 것이 바로 민족국가인 셈이다. 여기에 당시 유행한 사회진화론은 그들의 민족국가 건설 의지에 결정적 요인으로 작용하였다. 경쟁이 생존의 근본이며, 적자생존을 자연의 공리라고 본 진화론적 사고는 당시의 중국인들에게 깊은 위기감을 불러 일으켰다. 영국, 프랑스, 러시아 등 서구 열강과의 연속된 전쟁에서 연달아 패하고, 오랑캐라 무시했던 일본과의 싸움에서마저 무참하게 패배한 제국의 모습에서 자연도태의 예감을 느낀 것은 어쩌면 당연한 일이었을 것이다. 량치차오가 멸망의 위기에 처한 중국을 구해낼 방안으로 민족국가 건설을 떠올린 것은 이러한 배경에서이다. 그렇지만 중국에 국가를 수립하고 국민 의식을 불어넣는 일은 쉬운 일이 아니었다. 이는 어쩌면 외적 요인이라기 보다 더 큰 내부적 문화요인에서 비롯된 것이다.

4. '국가'와 '개인'

펑여우란은 『중국철학사』에서 중국철학의 특징으로 자신(我)과 나 아닌 것(非我)의 분리가 이루어지지 않은 점을 들었다. 중국인의 사고 속에 '나'에 대한 뚜렷한 자각이 없었다는 것은 의식된 국민을 필요로 하는 국가의 형성에 절대적 약점으로 작용한다.[14] 나에 대한 뚜렷한 자각이 없는 상태에서 자신이 국가의 주체라는 생각을 하기는 쉽지 않기 때문이다.

유럽과 미국에서 통치는 개인을 하나의 단위로 삼는다. 중국에서 통치는 가족을 단위로 삼는다. 이것이 유럽과 미국에서는 인민들이 직접 국가에 속하는 데 비해 중국에서는 간접적으로 국가에 속하는 이유이다. 유가의 성인은 국가의 근본이 가족에 있으며, 가족이 잘 다스려졌을 때 국가 또한 잘 다스려질 수 있다고 말한다. 그러한 사회에서는 가족 이외에 어떤 다른 협회가 있을 수 없다. 중국에는 가족 성원만이 있으며 시민은 없다.[15]

전통 유가에서 이상적인 정치의 기본 모식은 자신의 수양을 바탕으로 가족, 국가, 천하로 나아간다. 량치차오 역시 신민의 근본으로 수신(修身)을 강조하며, 정치적 도덕성을 강조하였다. 다만, 량치차오는 전통적 사회구조에선 존재하지 않았던 시민과 개인 개념을 새롭게 제기하였다. 량치차오는 국가와 가족 사이에 빠져있는 고리를 메꿀 수 있는 대안으로 시민협회와 기타 공동체를 든다.[16]

대부분의 중국인에게 국가란 어떤 추상화된 문화 내지 혈연의 상징에 지나지 않는다. 요컨대 가족이나 종족을 제외하면 중국에 공동체라고 말할 수 있는 사회적 유대는 존재하지 않는다. 량치차오가 민족국가를 수립하기 위해선 국민 안에 주권을 설정하고 그 구성원들 사이의 기본적인 평등을 인정하는 것이 급선무라고 역설한 이유도 여기에 있다. 「신민설(新民說)」에서 량치차오는 민권의 신장은 지성(知性)에서 비롯된다고 말하는데, 그만큼 교육의 중요성을 강조하였다. 교육되지 않은 국민은 '족속'은 알지만, '국민'은 알지 못하며, 그런 점에서 모래알처럼 뿔뿔이 흩어진 존재일 수밖에 없다. 국가사상이란 개인, 정부, 타민족, 세계와 대비되는 국가의 존재를 아는 것이며 국가의 존재를 아는 국민이라야 국가를 창출할 수 있다. 량치차오는 중국 사회가 경쟁에서 뒤처지고 낙후된 데에는 국가를 구성하는 국민이 부족민(部民)의 상태를 벗어나지 못한 데 있다고 보았다. 국가는 그 구성원인 인민의 자치 능력과 자존심, 그리고 단합된 힘(合群)에 의해 구성된다. 그런 측면에서 새로운 국가 체제에 맞는 국민이 없으면 그 국가는 소멸될 수밖에 없다.

> 국민은 개개의 사람이 결집한 것이다. 국권이라는 것은 개개인의 권리가 모여서 이루어진 것이다. 국가의 사상, 감각, 행위는 개개인에게서 구할 수밖에 없다. 그 국민이 강하면 강대국(强國)이라고 하고, 그 국민이 약하면 약소국(弱國)이라고 한다. 그 국민이 부유하면 부국(富國)이라 하고, 그 국민이 가난하면 빈곤국(貧國)이라고 한다. 그 국민이 권리를 지니면 유권국(有權國)이라 하고, 그 국민이 염치를 잃었으면 무치국(無恥國)이라고 한다. 무치국(無恥國)은 천지에 독립할 수가 없다. 환관이나 심부름꾼이 동전을 빼앗는데도 아무렇지도 않게 받아들이는 자는 외국이 한 성(城)을 빼앗아도 아무렇지도 않게 받아들일 것이다.[17]

량치차오는 비슷한 시기 『청의보(清議報)』에 「국권과 민권」이란 제목으로 글을 발표하는데, 여기에선 좀 더 구체적으로 자유로운 국민의 권리에 대해 이야기한다. 국가에 의한 자유권 제한이 불가피하다고 보는 사람에게 그는 다음과 같이 답변한다. "만약 우리 인민이 자신의 자유권을 방기하지 않으면, 포악한 군주(民賊)가 어찌 침범할 것인가? 만약 우리나라가 그 자유권을 방기하지 않으면, 포악한 나라가 어찌 침범할 것인가? 다른 사람들이 능히 우리를 침범하는 것으로써 우리 국민이 스스로 방기하는 죄가 있음을 알겠거늘, 스스로를 탓하지 않고 남을 탓한다."[18] 결국 국민에게 권리가 있고 없고는 모두 인민 스스로 권리를 지킬 수 있는가에 달려 있다. 자신의 고유한 권리를 확충해서 타인에게 침략할 틈을 주지 않도록 해야지, 그렇게 하지 않고선 외국의 침략에 대응하는 국가의 권리 또한 제대로 지킬 수 없다는 얘기이다.

량치차오가 이 시기 신문과 잡지 등의 글을 모아 발표한 책 제목을 『음빙실자유서(飮氷室自由書)』라고 붙인 것은 시사하는 바가 적지 않다. 서문에서 량치차오는 이 책의 제목을 '자유서'라 붙인 이유를 "사상과 언론, 출판의 자유보다 더 중요한 것은 없다"는 밀(J. S. Mill)의 발언에 동감하기 때문이라고 밝히고 있다. 그 만큼 국민의 자유에 대해 량치차오가 중시한다는 의미이고, 이와 관련된 글 또한 적지 않다. 그중에서 교육과 관련된 부분은 앞서 언급한 지성과 연관해서 깊이 생각해볼 대목이다.

천하가 망한 것이 어찌 팔고(八股), 해법(楷法), 고거(考據), 사장(詞章) 때문이겠는가? 만약 정신이 없다면 날마다 서양 책을 들고, 서양의 학술을 말한다 하더라도 천하가 부패하는 것을 막을 수 없고 결국 멸망할 수밖에 없다. 지난 몇 년 동안 중국에는 관립이니 민립이니 하는 학교들이 수없이 설립되었다. 나는 그들 학교를 설립한 취지가 학생들을 지혜롭게 하려는 것인지, 어리석게 하려는 것인지 알 수 없다. 과연 국가의 치욕을 막기 위해 쓰일 사람을 기르려는 것인지, 아니면 훗날의 부귀를 도모하게 하려는 것인지 도무지 모르겠다.[19]

량치차오는 당시 시국을 마치 '만 마리 말이 날뛰고 만류가 소용돌이치며 힘과 지혜를 겨루는' 상황이라 보고, 이에 임하는 중국의 교육이 여전히 복종과 훈육에 머물러 있음을 한탄한다. 온 나라의 힘을 끌어올리지 않으면 안 되는 위기 속에서, 이를 구제할 수 있는 유일한 방안은 오직 자유로운 인간밖에 없다는 인식에서 비롯된 것이다. 자유가 정신 발생의 원동력이기 때문이다. 이 글의 원래 제목은 '정신 교육은 곧 자유 교육(精神教育者自由教育也)'으로, 『청의보(清議報)』에 실렸었다. 교육이 정부에 복종하는 것을 그 정신으로 삼게 되면, 젊은이들이 독립과 자존의 기질을 갖추지 못하고 비천한 사람이 될 수밖에 없다는 말이다.

량치차오는 국가와 민족 간 경쟁이 격화되는 상황에서 공덕(公德)을 강조하였는데, 공덕이 제대로 발휘되기 위해선 개인 덕성(私德)의 확보가 필요하다고 보았다. 개인 덕성의 가장 중요한 전제가 자기 스스로 문제를 판단할 수 있는 능력이라는 점에서 자유는 가장 중요한 전제가 된다. 량치차오는 세상에서 가장 큰 죄악은 자신의 자유를 방기하는 것이라고 보았다. 흔히 자유를 논할 때, 타인의 자유를 경계로 삼는다고 하더라도 각자의 자유권을 확충하여 만족할 줄 모르면, 그 힘은 서로 만날 수밖에 없다. 만약 두 사람 중 하나가 약하면 강한 자가 뻗어내는 힘의 선이 반드시 약자의 경계를 침입하니, 이는 필연적으로 발생할 수밖에 없는 현상이다. 우주 속 생물은 모두 생존을 다투는데 이를 죄라고 할 수는 없다. 죄의 근원은 스스로 자신의 자유를 방기하는 데 있으니, 타인의 침범은 형세에 따라 이익을 취하다 보면 어쩔 수 없다.[20] 개인이 자신에게 주어진 자유를 지키지 못하면, 타인의 지배를 받을 수밖에 없고, 이는 국가 역시 마찬가지이다.

동양에서 '국민'은 서양에서 쓰는 'nation'처럼 근대국가 형성과정의 역사적 주체로 쉽게 설명할 수 없다. 량치차오가 자유로운 인민을 강조하면서도, 일정한 단계 동안 훈육이 불가피하다고 얘기할 때 우리는 유가의 교화(教化)를 떠올리게 된다. 량치차오는 국권과 민권이 충돌하게 될 땐, 개인의 권리보다는 국가 존재를 우선순위에 두었다. 그가 무엇보다 염두에 둔 권리는 타국과의 경쟁 속에서 살아남기 위해 필요한 국가의 권리였기 때문이다. 량치차오가 생존의 제일대상으로 삼은 것은 개인이 아닌 국가였으며, 경쟁의 주체 또한 개인이 아니라 국가였다. 그렇기 때문에 국가의 권리가 중요하며, 국민의 권리는 국가 권리를 위하여 존재했다. 개인의 권리를 주장한다는 점에서는 량치차오는 분명히 근대적이지만, 개인의 권리가 주장되는 이유가 국가의 권리를 위한 것이라는 점에서 그의 사상은 전근대적이었다.[21]

개인의 권리보다는 가족윤리를 강조하는 문화적 전통, 그리고 국민국가의 출발 배경이 사회진화론이라는 사실은 아시아에서 국가주의가 맹위를 떨치게 된 배경이 된다. 이는 근대 이후 오늘날까지 국가주의가 중국을 비롯한 동아시아에서 가장 강력한 이데올로기로 작용한 이유이기도 하다.

5. 공자에 대한 입장의 변화

량치차오가 스승 캉여우웨이의 입장과 정면으로 대치되는 부분은 공자에 대한 평가이다. 캉여우웨이가 공자에 가탁하여 변법을 주장한 데 비해, 량치차오는 공자마저도 진화하는 과정에서 극복해야 할 대상으로 생각한다. 그는 중국이 진보할 수 없었던 큰 이유 중의 하나가 공자에 대한 지나친 존중에 있다고 보았다.

> 국가의 진보는 반드시 학술과 사상을 모체로 한다. 풍속과 정치는 모두 그 자손이다. 중국에서는 전국시대에 아홉 유파(九流)가 섞여 일어났으니 도술(道術)이 가장 넓게 펴졌다. 유사 이래 황족의 명예가 그때 가장 번성했다. 진 · 한 이후로는 공교(孔教)가 이를 통일했다. 공교가 훌륭하다는 것은 분명하다. 그렇지만 국가 사상을 억지로 하나로 만든 것은 진화에 막대한 해를 끼치게 된다. …… 유럽의 역사를 서술하는 자들은 모두 중세사를 암흑시

대라고 말한다. 중세사에서 로마의 교황권은 무소불위였다. 유럽 인민들의 현세는 전제군주의 포악한 위세에, 내세는 전제교황의 속박에 묶였다. 그 결과 인민들의 사기가 진작되지 못했을 뿐 아니라 그리스 · 로마의 번성기에 비해 현격하게 쇠락했다. 진 · 한 이후의 중국을 유럽의 중세와 비교하면 어떤가? 나는 공교(孔教)를 원망하지는 않으나, 부득불 깊이 미워하고 끊지 않을 수 없다. 공교를 가장하고, 공교를 이용하고, 공교를 속인 자들 때문이다. 그들은 자기를 해칠 뿐 아니라 국민들까지 해쳤다.[22]

캉여우웨이는 시대의 변화에 따른 진화를 주장했지만, 공자를 존중하는 태도에는 변화가 없었다. 그의 이러한 태도는 공교(孔教)에 대한 지지와 찬성으로까지 이어졌다. 공교는 공자를 교주로 하여 유교를 종교로 전환시키고자 한 일종의 종교운동이었다. 캉여우웨이는 이에 대해 호의적인 반응을 보였는데, 량치차오가 공공연히 공교를 비판한 것은 스승에 대해 반기를 든 것이었다. 캉여우웨이가 국가 경계를 철폐하고, 세계공정부를 이야기한 것에 대해서도 량치차오는 그러한 구상은 아득한 미래에나 이루어질 허황된 생각이라 비판하였는데, 이 또한 마찬가지이다. 량치차오는 자신이 신민(新民)을 이야기하는 것은 그것이 바로 강력한 국가 건설의 기본이기 때문이라고 말한다.

국가는 인민이 모여 이루어지는 것이다. 국가에 인민이 있는 것은 몸에 사지, 오장, 근육, 혈류가 있는 것과 같다. 사지가 단절되고, 오장이 병들고, 근육이 찢어지고, 혈맥이 마르고도 몸이 유지될 수는 없다. 마찬가지로 그 백성이 어리석고 비루하며, 겁약하고, 뿔뿔이 흩어지고, 혼탁하다면 국가는 더 이상 유지될 수 없다. 몸의 장수를 위해선 섭생(攝生)의 도를 밝히지 않을 수 없고, 국가의 안녕과 번영을 위해선 신민의 도를 이야기하지 않을 수 없다.[23]

량치차오는 국가로서 중국이 제대로 기능하기 위해선 그 무엇보다도 자신의 권리를 자각한 신민(新民)이 필요하다고 생각하였다.[24] 그런 면에서 전통유학이 상정한 대동사회는 천하를 상정하고 그 대상 또한 인간뿐 아니라 모든 존재를 포괄하는 측면에서 민족국가의 시대엔 맞지 않는다고 생각하였다. 그가 캉여우웨이의 세계주의를 비판적으로 바라본 것 또한 이러한 이유에서이다. 다만, 량치차오는 유가에서 중시한 인격 수양은 민족 국가의 구성원 교육에 여전히 유효하다고 보았다.

1915년을 기점으로 량치차오는 국가 차원의 계몽적 국민 교육에서 사회 차원의 개인 인격 교육으로 전환하는데, 이는 당시 『신청년(新青年)』 잡지의 창간과 함께 불어 닥친 자유주의 사조의 영향을 받은 탓이었을 것이다. 그럼에도 국민의 인격 교육을 강조하는 그의 사고 속에도 민족국가는 여전히 가장 중요한 목표로 남아 있었다. 량치차오는 처음부터 끝까지 공자의 최종 목표가 개제(改制)에 있다고 믿었다는 점에서 일관된 금문경학의 신봉자였다. 이는 후스(胡適)가 『춘추』에 나타난 주관적 사고로 인해 중국에서 객관적 역사 서술 풍토가 약화되었다고 주장한 데 대해 『춘추』는 역사서가 아니라고 반박한 1917년 이후의 그의 태도에서 확인할 수 있다. 량치차오는 『춘추』는 공자의 정치사상이 반영된 책이며, 공자의 정치 이상은 대동이라는 캉여우웨이의 주장에 깊이 동감한다.

다만, 량치차오에게 있어 대동은 영원히 도달할 수 없는 이상경계이다.

> 유가 정치의 목적은 어느 한 시기, 어떤 한 장소에서 거둔 효과를 가지고 판단할 수 없다. 우주는 본래 미완성으로 언제나 창조와 진화가 멈춘 날이 없다. 우리가 만족할 수 있는 날이 있다면 건곤(乾坤)의 작용도 멈출 것이다. 누군가 공자를 '안 되는 줄 알면서도 하는 사람(知己不可而爲之者)'이라고 했는데, 이 '안 되는 것'이야말로 우주의 변치 않는 모습이다. 그런 줄 알면서도 '하는' 것이 인간이 인간일 수 있는 도(道)이다.[25]

대동은 인간 세계에서 실현될 수 없는 이상이다. 그 사실을 알면서도 그 목표를 향해 나아가야 하는 것이 인간의 숙명이다. 량치차오는 안 되는 줄 알면서도 하는 이 정신이야말로 유가의 본질이며, 인간이 나아가야 할 길이라고 보았다.

대동 사회를 구상하는 데 있어 캉여우웨이와 량치차오가 보이는 가장 큰 차이는 국가의 폐지와 관련된 부분이었다. 캉여우웨이는 대동 사회를 실현하기 위해선 반드시 국가가 폐지되어야 한다고 보았지만, 량치차오에게 있어 부강한 국가는 대동사회 실현에 반드시 필요한 단계였다. 여기에서 량치차오는 국가와 가족 폐지, 계약결혼 등 현실적으로 실현 불가능한 캉여우웨이의 대동사상과 분명히 구별된다. 또한, 량치차오는 자유와 평등 개념이 사회에 반드시 필요한 가치라는 입장엔 동의하지만, 캉여우웨이처럼 이 개념들을 사회 전면에 적용하는 데에는 반대하였다. 정치적으로 해결해야 할 범위와 인간적 친밀감이 바탕이 되는 사적 영역이 혼동되어서는 안 된다고 보았기 때문이다.

> 나는 자유와 평등의 기능은 정치에 적용하는 것임을 중국의 구세대들이 이해하기를 바란다. 정치영역 밖에서 우리는 자기 행동에 대한 이유로 이들을 근거 삼아선 곤란하다. 자유와 평등은 정치에 적용될 때 누구나 법에 의해 보호받을 자유를 가지고 있다. 이는 누구나 법 앞에서는 평등하다는 의미에 불과하다. 이 영역을 벗어나 자유와 평등을 해석해서는 곤란하다.[26]

량치차오가 정치 영역과 사적 영역을 명확히 구분한 이유는 양자의 혼동이 자칫 현실정치의 개혁을 목표로 하는 본래 의도를 가릴 수 있기 때문이다. 그에게 있어 학술사상은 현실의 문제를 개선하기 위한 실제적인 무기였으며, 그 목표는 새로운 정치적 토양의 형성과 그에 걸맞은 국민 교육에 있었다. 량치차오가 전제정치를 강력하게 비판한 이유는, 그것이 인민의 인격과 정치능력을 훼손했기 때문이며, 공자의 대동 이상과도 맞지 않다고 생각했기 때문이다. 수천 년 동안 유지되어온 중국의 전제 체제는 인민이 정치능력을 실현할 기회를 박탈하였고, 이를 시도한 사람은 강자에게 짓밟혀 그 씨앗마저 남길 수 없게 되었다.[27] 국민 개개인이 정치능력을 잃게 되면, 그 국가에선 올바른 정치가 실현될 수 없다. 량치차오는 유가에서 가장 중요한 개념인 인(仁)을 동정심(同情心)이나 동류의식(同類意識)으로 해석하였다. 여기에서 강조되는 가치는 평등한 인간 사이의 관계이다. 유가의 이상 정치는 성인(聖人)과 현인(賢人)를 필요로 하지만, 그 존재 유무가 전부는 아니다. 유가는 그보다 더욱 중요한 조건으로 개인의 수양을 얘기하며 이를 군주나 재상만이 아니라 일반 백성 모두에게 요구한다. 도덕적으로 잘 수양된 백성 없이는 유가의 이상 정치는 결코 구현될 수 없다. 유가의 이상 정치는 결국 구성원 한 사람 한 사람의 인격이 갖춰졌을 때 가능하다. 량치차오는 국민의 정치능력을 복돋아 그 권리를 부활시키는 것이야말로 유가의 정치이상을 실현하는 것이라고 보았다.

량치차오의 사상은 1차 세계대전이 끝난 이후 커다란 전환을 보인다. 전쟁 배상 책임 등을 처리하기 위한 협상단의 일원으로 종전 후 유럽을 찾은 량치차오는 커다란 충격에 휩싸인다. 그가 민족국가의 전형으로 생각해왔던 유럽 각국의 실제 모습은 이상적 상태와는 거리가 멀었다. 유럽인들의 비참한 현실은 그에게 새로운 인식의 전환을 요구했다. 국가주의와 제국주의의 결과는 국민들에게 깊은 고통과 상처만을 남겨 주었다. 유럽 시찰을 마치고 돌아온 량치차오는 이전과는 다른 생각과 주장을 펼치기 시작한다.

그중에서도 중국의 전통 철학과 문화에 대한 인식의 변화가 가장 두드러졌다. 귀국한 해인 1920년 딩원장(丁文江), 장쥔마이(張君勱)에 의해 촉발된 '과학과 현학 논쟁(科玄論爭)'과 '동서 문명 논쟁'에서 량치차오가 발언한 내용이나 역할을 보면 그 구체적인 변화를 확인할 수 있다. 이러한 량치차오의 변화는 그가 본래 지녔던 중국의 민족국가 수립과 발전에 정면으로 배치되진 않는다. 그의 태도는 서구의 민족국가론에서 문화보수주의자로 변화했지만 거기에 내재되어 있던 량치차오의 구망(求亡) 의식은 아무런 변화가 없었다. 그가 태도의 변화를 보인 것도 위기를 헤쳐나가기 위한 하나의 방법으로써 문화보수주의자로의 전환을 시도한 것일 수 있다.

량치차오가 염두에 둔 가장 중요한 목표는 위기에 빠진 중국을 구해내는 해법이었으며, 이것이 바로 그가 꿈꾸는 이상적 정치체제의 전제라 할 수 있다. 개인보다는 집단을 강조하는 문화 전통과 민족국가의 탄생이 사회진화론이었다는 사실은, 중국을 비롯한 동아시아에서 국가주의가 맹위를 떨치게 된 원인이 되었다. 량치차오의 국가 개념이 중요한 역사적 의미를 갖는 대목이다.

량치차오는 자신의 사상적 입장을 수시로 바꿨으며, 스스로 '어제의 나를 부정하는' 것을 꺼리지 않았다. 다만, 그 가운데 존재하는 위기의식과 유가 도덕주의에 대한 신념은 결코 변한 바가 없다. 량치차오가 생각한 이상적인 정치체제는 도덕과 자유를 갖춘 신민에 의해 구성된 국가이다. 이 점에서 개인의 인격이 완성되지 않은 일반 백성들에 대한 교화와 훈육은 어느 정도 불가피한 측면이 있다. 이는 전통 유학이 근대적 정치사상으로 전환되는 시점의 특징으로, 량치차오 사상은 그 대표적 예이다. 량치차오의 사상체계가 갖는 이러한 문제점은 이후 쑨원이 제기한 훈육 정치에서 그대로 반복되며, 사회주의혁명 이후 대륙에서 전개된 초급 사회주의론의 이론에도 상당한 영향을 미쳤다고 할 수 있다.

4장

장빙린의 부정적 유토피아론

장빙린

(章炳麟, 1869~1936)

장빙린은 1869년(동치제同治帝 7년) 1월 12일에 태어났다. 호는 태염(太炎)이다. 고향은 중국 저장성 항저우부 위항현(余杭縣)이다. 원래 이름은 학승(學乘)이었고, 나중에 빙린(炳麟)으로 바꾸었다. 자는 매숙(枚叔)이다. 명말청초 때 학자 고염무(顧炎武)를 흠모하여 호를 태염(太炎)이라 지었고, 이름 역시 고염무의 이름인 강(絳)으로 개명하였다. 9세 때부터 13세까지 외조부 주유건(朱有虔)에게 유가 경전과 역사를 배웠다. 어린 시절 읽은 『동화록(東華錄)』이나 『명계패사(明季稗史)』는 이후 그가 청조와 만주족에 대한 반감을 갖게 만들었다. 1880년 이후 부친 장준(章濬)에게 글을 배웠다. 1890년 부친 사망 이후 항저우의 고경정사(古經精舍)에 입학했다. 당시 고경정사의 학장으로 있던 유월

(兪越)에게 학문을 전수받아, 청대 고증학의 정통을 잇게 되었다. 1896년 『시무보(時務報)』 활동에 합류하였고, 1902년 차이위안페이(蔡元培), 쫑양(宗仰) 등이 상하이에 설립한 '애국학사(愛國學社)'에 참여했다. 1902년 쩌우룽(鄒容)이 쓴 『혁명군』에 서문을 써줬는데, 청 정부에 대한 강렬한 비판으로 투옥되었다. 옥중에서 장빙린은 『유가사지론(瑜伽師地論)』, 『인명론(因明論)』, 『성유식론(成唯識論)』 등을 전문적으로 읽었고, 이후 그의 사상은 불교와 깊은 관계를 갖게 되었다. 1906년 만기 출옥 후 도쿄로 건너가, 1906년 9월부터 1908년 10월까지 동맹회 기관지 『민보(民報)』의 주편으로 활동했다. 이 기간 동안 량치차오가 주도한 입헌파 기관지 『신민총보(新民叢報)』와 대립각을 세우고, 혁명파의 대표적 논객으로 이름을 날렸다. 1910년 『문시(文始)』와 『제물론석(齊物論析)』을 발표하였다. 1911년 신해혁명 성공 후 수립된 중화민국의 추밀원 고문을 맡았다. 신해혁명 이후 장빙린은 급격히 보수화의 길로 선회하였으나, 위안스카이의 황제 즉위와 관련된 조치들에 강력 반대하다 베이징 용천사(龍泉寺)에 유폐되었다. 이때 중국고전을 강의한 내용이 1917년 『도한미언(菿漢微言)』이란 제목으로 출간되었다. '도한(菿漢)'은 장빙린의 별호이다. 1922년 상하이에서 열 차례에 걸쳐 국학(國學)을 강의하였는데, 11월 이를 엮은 『국학개론(國學概論)』이 출간되었다. 대표작으로 『국고논형(國故論衡)』, 『구서(訄書)』 등이 있다.

장빙린은 청나라 말기 대표적인 고문경학자이다. 캉여우웨이가 공자진, 위원을 잇는 금문경학의 마지막 계승자라면, 장빙린은 고경정사(古經精舍)의 유월(兪越)에게 직접 경사(經史)를 학습한 고문경학의 정통이라 할 수 있다. 캉여우웨이와 장빙린은 청말 금고문경학의 부흥기를 대표하는 학자임과 동시에 무술변법부터 신해혁명에 이르기까지 다양한 정치적 활동에서 대립했다. 장빙린은 1890년대 말 캉여우웨이와 량치차오가 주도한 '강학회'에 가입하여 변법운동에 참여하였으나, 1898년 무술정변이 실패한 후엔 청조를 축출하는 민족혁명에 나서게 된다. 장빙린은 1902년 황제를 보위하고 입헌군주제를 주창한 캉여우웨이를 정면으로 반박하는 글을 발표함으로써, 입헌파와 분명한 선을 그었고 이후 그의 정치적 노선은 캉여우웨이, 량치차오와는 다른 길을 걷게 된다. 1903년 장빙린은 반만혁명을 선동한 쩌우룽(鄒容)의 『혁명군(革命軍)』에 서문을 썼으며, 『소보(蘇報)』에 발표된 이 글로 인해 3년의 옥살이를 해야 했다. 감옥에서 풀려난 후 장빙린은 일본으로 건너간다. 일본에 머무는 동안 장빙린은 동맹회의 기관지 『민보(民報)』의 주편으로 반청(反淸), 공화 혁명의 이론가로 활동하게 된다.

장빙린의 이상사회론은 근대 중국에서 가장 독특한 형태를 띤다. 그는 민족혁명론에 기반한 혁명파의 대표 이론가로 현실 정치적 측면에선 공화제를 이상적 정치체제로 상정했다. 장빙린은 캉여우웨이와 달리 역사의 점진적 진보에 기대지 않고 인간의 의지로 역사의 비약을 이룰 수 있다고 믿었다. 그는 엄격한 역사적 사실에 근거하여 민족주의를 주창하였고, 청조를 축출하고 민의에 기반한 공화제 국가를 수립하는 것을 목표로 삼았다. 장빙린의 혁명 이론은 봉건 질서를 무너뜨리고 새로운 정치체제를 세우는 것을 목표로 했던 신해혁명에 깊은 영향을 미쳤다. 아울러 장빙린의 이상사회론은 현실 목표로서 공화제 수립을 넘어 무정부, 무취락, 무인류, 무중생, 무세계를 지향하는 부정적 유토피아의 모습을 함께 지니고 있다. 장빙린이 꿈꾸는 유토피아의 최종 목적지는 정부와 민족, 나아가 인류 자체를 부정하는 '무(無)'의 세계이다. 그런 점에서 그의 유토피아론은 긍정의 체계라기보다는 부정의 체계라 할 수 있다. 근현대 중국의 대다수 사상가들이 이상사회에 대한 굳은 신념을 가지고 있었던 데 비해, 장빙린은 부정의 역설로 인간의 이상에 대한 믿음, 나아가 인간 자체를 회의함으로써 여타의 이상사회론과는 완전히 다른 차원의 유토피아적 사유를 보여준다.

1. 고문경학과 민족혁명

금문경학과 고문경학의 가장 큰 차이는 공자를 개혁가로 보느냐, 역사가로 보느냐이다. 공자가 자신의 정치개혁의 뜻을 '미언대의(微言大義)'의 형식으로 경서에 남겼다는 금문경학의 입장과는 달리 고문경학은 공자를 역사가(史家)의 종주로 본다.[1] "육경이 모두 역사(六經皆史)"라는 것이 고문경학의 기본 입장이다. 이는 '미묘한 말(微言)'의 숨은 뜻에 주목하여 후대의 상상력을 중시하는 금문경학과 달리 고문경학이 상세한 고증과 논증을 중시하는 이유이다. 금문경학이 정치개혁의 뜻을 중요하게 생각한 반면, 고문경학은 엄밀한 증거와 논거를 최우선으로 삼았다. 1900년에 출간된 장빙린의 저서 『구서(訄書)』의 모든 의제는 중국의 고대 역사와 밀접히 연계되어 있다. 여기에서 장빙린은 역사적 자료에 근거해 현재의 제도와 그 학문적 연원을 서술하고 있다.[2] 그의 민족혁명론 또한 이를 기반으로 한 것이다.

장빙린의 초기 정치사상에서 가장 뚜렷하게 나타나는 특징은 민족 관념이다. 민족에 대한 장빙린의 생각은 청대의 일반적 견해나 유가의 전통과 달랐다. 캉여우웨이를 비롯한 대부분의 청말 지식인들은 민족의 구분을 혈통보다 문화에 두었다.[3] 이에 비해, 장빙린은 민족의 가장 중요한 특징을 혈통이라고 보았다. 중국민족을 혈연관계에 근거한 종족보다 문화 수준으로 구분한 것은 공자 이래 중국의 전통이었다고 할 수 있다. 장빙린은 이를 정면으로 부인한다. 이는 장빙린의 성장 과정과 관계가 있을 것이다. 유년기 장빙린의 교육을 담당한 외조부 주유건(朱有虔)은 강건한 민족주의자로 명말청초의 고염무나 황종희 등의 행적과 한족을 박해하였던 청조의 행위 등을 강조했으며, 장빙린은 경전과 역사를 배우면서 강한 민족의식을 키웠다. 고문경학의 대표경전인 『좌전(左專)』은 "나와 같은 종족이 아니면, 그 마음은 반드시 다르다(非我族類, 其心必異)"고 하는데, 장빙린의 강한 민족의식은 그가 고문경학의 충실한 계승자라는 사실과도 깊은 연관이 있을 것이다. 또한, 장빙린의 민족 관념에는 당시 중국에서 유행한 진화론과도 연관이 있다.[4]

진화론은 모든 생명체는 '진화'의 산물이라고 생각한다. 민족 역시 마찬가지이다. 장빙린은 모든 생물들이 진화의 과정을 통해 발전해왔듯이, 민족 또한 진화를 거치면서 형성되었다고 보았다. 어떤 종족은 시대와 상황에 따라 적응을 잘 해왔으며, 어떤 종족은 그에 맞는 변화나 발전을 못 해왔다. 인간 문명의 진보와 야만의 차이는 여기에서 발생한다. 그러므로 중국 민족과 야만의 차이는 오랜 역사 과정을 통해 자연스럽게 형성된 것이다. 단지 문화나 지역적 관계에 따라 형성되었다기보다 혈통적 관계에 따라 종족 내부의 결속과 유지, 나아가 종족 간의 차이가 발생한다는 얘기이다. 중국 내부에 존재하는 종족 간의 차이는 결코 그 교육이나 문화 교류를 통해 해소될 수 있는 그런 문제가 아니다. 각 종족의 품성이나 도덕적 행위, 규범, 풍속 등은 그 정도에 따라 문명과 야만으로 분류되며, 양자의 차이 또한 엄연히 존재한다. 진화의 법칙에 따라 종족 간 구분이 있으며, 문화 역시 그 높낮이의 차이가 있다는 것이다. 장빙린은 중국뿐만 아니라 전 세계의 인종을 다섯으로 나누고 그 문명과 야만의 정도에 따라 차별을 두었다. 그가 분류한 인종은 적인종과 흑인종, 백인종, 유황(流黃) 인종을 제외한 유색 인종, 유황인(流黃人)이다. 각 종족은 피부색, 지리 환경에 따라 문명과 야만의 차이를 보인다. 장빙린은 백인을 중국인과 같은 수준의 문명인으로 평가했으며, 만주족은 적인종이나 흑인종과 같이 야만인으로 보았다. 장빙린이 종족 간, 민족 간의 차이를 나눈 기준은 인종학적 혈통의 우열과 함께 예의와 정교(政敎)의 유무, 혹은 그 수준 차이이다. 한족은 황제 이래 혈통적 계보와 주례에 바탕을 둔 정교와 예의를 갖춘 문명인이다. 이에 비해 만주족이나 몽고족은 때를 엿보아 타국을 침략하는 야만족에 불과하다. 더군다나 한족이 다른 종족의 귀화와 모계 편입을 통해 종족 간 교류를 허용한 반면, 이들 민족은 가부장제를 고집하고 종족 간 교류를 거부한다. 이 점에서 한족과 만주족의 종족적 대립은 불가피하다.

장빙린의 이러한 생각은 캉여우웨이나 량치차오가 보황회(保皇會)를 조직하여 '만주족과 한족의 동질화(滿漢同化)'를 주장한 것과 뚜렷이 대비된다. 장빙린은 캉여우웨이를 논박하는 글에서 한족과 만주족은 결코 동일한 민족이 아니며, 야만인인 만주족이 한족을 지배하는 상황에 대해 강하게 비판한다.[5] 정치적 불평등과 함께 민족적 모순이라는 근본적 문제가 존재하는 한, 중국의 위기는 결코 해결될 수 없다는 게 그의 생각이었다. 장빙린에게 있어 청조의 축출은 서구 열강의 침략으로 위기에 빠진 중국을 구하는 선결조건이기도 했다. 당시 중국의 민족적 위기는 만주족의 지배로 인해 중국이 정교와 문화의 가치를 상실하고 쇠락한 것에 기인했다. 청조의 지배가 계속되는 한 중국이 효과적으로 서구 제국주의의 침략에 대응할 수 없는 이유이다.

장빙린의 민족 이론은 혁명파가 주장하는 민족혁명의 정당성을 뒷받침하는 이론적 토대가 되었다. 쑨원과 장빙린은 반만주족(反滿洲族), 청조 축출이라는 공통의 목표로 의기투합했으며, 신해혁명에 이르기까지 민족혁명은 혁명파의 공식적 입장이었다. 장빙린은 중국인이라면 누구나 혁명의 대의에 공감하고 동참할 수 있을 것이라 믿었다. 그의 입장은 입헌파의 단계적 개혁론보다 훨씬 명료하고 분명했다. 인구 구성이나 민족적 감정에 호소한 측면이 있지만, 장빙린의 민족혁명론은 그만큼 중국인의 이해를 구하는 데 효과적이었다. 그는 혁명파의 청조 축출에 정당성을 부여하는 이론을 제시했으며, 이는 이후 중국의 민족국가 수립에 상당한 영향력을 끼친 것으로 평가된다. 다만, 그가 쑨원이나 량치차오와 뚜렷하게 구분되는 점은 공화제 실시 시기와 그 내용에 관한 부분이다. 당시 중국인의 일반적 지적 수준이 아직 공화제나 자치의 실시엔 미치지 못한다고 본 쑨원, 량치차오와는 달리 장빙린은 중국 혁명의 목표는 공화제 국가의 수립이며, 그 구상 또한 서구의 대의제 민주제보다 급진적이다. 장빙린의 권력 분립이나 직접민주주의에 관한 생각은 이후 중화민국의 정치체제 구성에 상당 부분 반영되었다. 그가 제기한 대의제에 대한 비판은 오늘날 우리 정치 현실에 비춰봐도 중요한 시사점을 던져준다.

2. 대의제 비판과 5권 분립

장빙린은 민족혁명이 완수하고 수립하게 될 정치체제의 목표로 공화제를 제시하였다. 국가 경계가 존재하는 상태에서 민족의 발전을 위해선 국가 체제가 불가피하며, 국가가 온전히 작동하기 위해선 정부가 필요하다. 장빙린은 민족주의는 감정을 기반으로 하지만, 국가는 마치 기관으로 구성된 나무인간(木人)과 같이 그 작용은 있지만 자성(自性)이 없다고 보았다.[6] 여기에서 장빙린은 국가가 인간 공동체의 최종 단위라는 량치차오의 생각에 동의하지 않는다. 량치차오는 국가가 스스로 생명력을 갖고 있다는 일종의 국가유기체론을 주장하였지만, 장빙린은 국가는 인류 역사의 한 과정으로 자성이 없는 기구일 뿐이라고 본다. 그런 측면에서 장빙린이 생각하는 국가나 정부는 그 태생부터 한계를 가질 수밖에 없다. 그가 정부 체제의 가장 바람직한 형태로 공화제를 제시한 것은 그 폐해가 가장 적고, 전제정권으로 회귀할 가능성이 비교적 낮은 체제이기 때문이었다.[7]

장빙린은 공화제란 그 구성원 모두가 주체인 정치체제로, 민권을 기반으로 법치에 의해 운영되는 최상의 정치체제라고 보았다. 그는 당시 일반 민주주의의 대표적 형식으로 인식된 대의제에 대해선 명확히 반대 입장을 취했다. 공화제의 주인은 국민이다. 국가의 최종 권력은 국민에게 있으며, 정부 기구나 정치인은 국민의 의사와 이익에 봉사해야 하는 정치 체제이다. 이 점에서 장빙린은 대의제를 반대한다. 선거에 의해 뽑힌 소수의 의원이 다수 국민을 대표해서 정책을 결정하거나 입법 활동을 하는 것은 공화제의 기본 취지에 맞지 않다는 것이다. 장빙린이 대의제를 부정적으로 보게 된 데는 일본에서 경험한 의회 문제나 서구식 정치 제도 자체에 대한 회의에서 비롯되었다고 할 수 있다. 캉여우웨이, 량치차오를 비롯한 입헌파들과의 오랜 대립 역시 그의 부정적 생각을 공고히 하는 데 어느 정도 영향을 미쳤을 것이다.

장빙린은 청조의 입헌 시도는 이를 명분으로 만주족이 한인을 지속적으로 통치하기 위한 수단에 불과하다고 비판한다. 그는 대의제가 중국의 실정에 맞지 않은 이유로, "대의란 비교 조사해 보면 봉건제도의 변형으로, 입헌군주제가 그 취지에 더욱 가깝다. 위로 귀족원을 두고 아래로는 호구(戶口)와 전토(田土), 화폐의 수량을 세세하게 조사한다. 이는 봉건의 오랜 풍속을 계승하지 않고는 불가능하다"고 말한다.[8] 봉건시대의 가장 큰 특징은 귀족과 서민의 구분이다. 대의제가 또다시 귀족과 서민의 구분을 가져온다면, 차라리 전제군주가 그 권력을 독점하는 것이 나을 수 있다.[9] 대의제 이전엔 관료와 평민 두 계급만이 존재했다. 대의제는 여기에 '의원'이라는 새로운 계급을 만들며, 그들은 봉건시대의 호민(豪民)과 같은 존재이다. 봉건시대 각 지역의 토호로 백성들을 억압하고 수탈했던 호민처럼, 의원 역시 비슷한 폐해를 가져올 것이라는 게 장빙린의 생각이었다.

선거 제도를 시행할 경우, 중국은 대략 60만 명에 1명 꼴로 의원을 선출하게 된다.(당시 중국 인구 4억 2천만 명 기준) 이는 당시 일본의 13만 명에 비해 4배가 넘는다. 더군다나 문화 수준이 낮은 백성들은 유명 인사나 지역에서 영향력을 가진 세력가들에게 투표할 수밖에 없기 때문에, 결국 지역의 토호가 선출될 수밖에 없다. 그들은 기본적으로 자신이나 소속 정당의 이익에 관심이 있을 뿐, 백성들의 권리나 이익은 생각하지 않는다. 장빙린은 당시 일본 의회 의원들의 모습에서 그 구체적인 사례를 확인한다. "(그들은) 말로는 백성을 대표한다고 하지만, 그 실체는 정당에 빌붙어 관리와 결탁하고 당파의 의견을 내세울 뿐이다. 민생의 이익과 손해는 생각하지 않고 오직 자기 당의 이익만을 위할 뿐이다. 의원이란 사실 국가가 미련한 백성을 유혹하고 그들의 입을 틀어막는 수단에 불과하다."[10] 아울러 의원의 면책 특권은 그들의 힘을 더욱 강화하고, 백성을 더욱 힘들게 한다. 장빙린은 미국의 사례를 들어 의원의 면책 특권은 마치 제국의 군주와 비슷하다고 말한다. 혁명의 목적은 황제를 없애기 위한 것인데, 수십 수백의 의원 황제를 둘 필요가 있느냐는 것이다.[11] 의회제 역사가 오래된 서양이나 오늘날 우리 사회의 정당이나 의원의 행태를 봐도 장빙린의 이러한 생각이 결코 잘못된 것이 아님을 확인할 수 있다.

정당정치와 대의제가 과연 국민의 의사와 이익을 제대로 반영할 수 있을 것인가에 대한 논의는 최근 우리 사회에서도 중요한 화두로 떠올랐다. 오늘날 대부분 국가에서 민권이 무시되고 유린되는 가장 중요한 원인은 정치와 금권의 결합이다. 지역의 유권자에 의해 선출된 의원들이 국민의 이익을 대변하기보다 정경유

착의 하수인이 되거나 기득권층의 이익을 위해 행동하는 경우가 많다. 대의제가 갖고 있는 근본적 한계는 선거를 통해 당선된 대부분의 의원들이 자본가나 명망가일 가능성이 높다는 것이다. 근대 민주주의의 출발 자체가 기득권층의 이익을 변호하기 위해서였으며, 대의제는 그 대표적인 제도이다. 선거를 통한 대의민주주의는 본질적으로 기득권층이 계속 권력을 잡을 수 있도록 도우며, 권력의 세습마저 가능하게 만든다. 근대 중국 대부분의 지식인들이 입헌과 대의제를 마치 전가의 보도처럼 신봉할 때 그 폐해를 날카롭게 지적한 장빙린의 안목은 분명 시대를 앞서간 면이 있다.

대의제에 대해 부정적 입장을 취한 만큼, 정당에 대한 장빙린의 시각은 매우 비판적이다. 장빙린은 역사학자답게 정당제의 문제를 중국 역사에 기록된 붕당의 폐해를 예로 들어 비판하였다. 한나라와 명나라가 멸망한 근본 원인은 붕당에 있었으며, 당나라와 송나라는 붕당의 폐해로 인해 국력이 쇠퇴하였다. 붕당의 특징은 당인(黨人)들이 국가나 백성의 이익보다 자신들의 사익을 먼저 생각한다는 것이다. 붕당과 근대 사회의 정당이 같다고 할 순 없지만, 이익을 같이하는 집단이 당을 구성한다는 점에선 큰 차이가 없다. 장빙린은 그 점에서 혁명당 역시 기의(起義)가 성공한 후엔 해산해야 한다고 주장한다.[12] 그가 공화제를 이상적인 정치체제로 생각한 것은, 권력의 분립과 직접민주주의를 최우선으로 고려한 정치체제이기 때문이다. 장빙린이 구상한 공화제의 독특한 특징인 5권 분립설은 이런 배경에서 나온 것이다. 장빙린은 행정, 입법, 사법의 3권에 교육권과 감찰권을 추가하여 5권 분립을 제시하였다. 교육권을 행정권에서 독립시켜 교육의 자주성과 전문성을 확보하고, 관리와 정치인의 행태를 감시하고 통제하기 위한 감찰원 설립이 그 주된 내용이다. 감찰원의 권한은 총통과 의원에서 평민까지 모든 구성원을 감찰하고 탄핵할 수 있으며, 그 관리에 대한 인사권은 총통도 간여할 수 없다.[13] 공화제에서 총통은 행정과 국방을 주관하고, 외교를 대표한다. 그 외에 입법, 사법은 물론 교육이나 감찰과 같은 일에는 일체 관여할 수 없다.[14] 장빙린은 국가권력의 중심이 되는 총통의 선출은 전 국민이 참여하는 보통 신기에 의해 결정되지만, 그 입후보자의 자격은 엄격하게 제한되어야 한다고 보았다. 총통 입후보자는 반드시 지방관이나 국무관(國務官)을 역임한 경력이 있어야 하며, 그 공적이 분명하고 재략(才略)이 있다고 검증된 인물이어야 한다.[15] 입법부의 구성원은 대의제에 의해 선출된 의원이 아닌, 법 전문가들로 구성된다. 이들은 일반 국민에 의해 선출되지도 않으며, 정부에 의해 임명되지도 않는다.

장빙린이 주장한 5권 분립의 핵심은 사법권과 교육권의 수장이 행정권을 가진 총통과 서로 견제 관계에 있도록 한 것이다. 총통은 법관과 교육부의 관리나 대학 교수에 대해 인사권을 가질 수 없다. 오히려 사법부와 교육부의 수장이 총통을 감시하고 그 권한을 감독하게 된다. 행정부의 권력을 제한하고, 교육과 사법의 독립으로 정치적 평등과 교육 자치를 보장하는 체제가 장빙린이 계획한 공화제의 핵심이라 할 수 있다. 장빙린의 5권 분립 구상은 쑨원이 중화민국의 체제를 구상하는 데 있어 중요한 영향을 미쳤다. 쑨원은 1921년 '5권 헌법'을 발표하고, 1922년 「중화민국건설의 기초(中華民國建設之基礎)」 발표를 통해 5권 분립을 공식화하였다. 쑨원이 제정한 5권 분립은 행정권 · 입법권 · 사법권 · 고시권과 감찰권이다. 고시권은 과거 제도의 결점을 보완하고, 행정 인원의 자질을 높여 정부의 능력을 보강하는 제도로, 장빙린이 얘기한 교육권 독립의 일부 내용을 강화한 제도라 할 수 있다.[16] 쑨원과 장빙린의 차이는 쑨원이 5권에서 행정권을 여전히 우위에 둔 반면, 장빙린은 사법권과 교육권을 행정권과 동등하게 두거나 최소한 행정권이 간섭하지 못하게 했다는 점이다. 장빙린이 5권 분권을 통해 도달하고자 한 목표는 총통이나 행정권에 대한 권력 집중을 견제하고, 국민들의 정치적 평등이 보장되는 공화정체의 수립이었다고 할 수 있다.

장빙린이 구상한 공화제의 또 다른 특징은 국민들이 중요한 정치적 판단이나 행정에 직접 참여하는 기회의 확대이다. 이는 대의제 비판에 대한 대안으로 장빙린이 내놓은 방책이라 할 수 있다. 평상시엔 굳이 대표자(代議士)를 뽑을 필요가 없지만, 전쟁이나 국가의 중요한 사안을 심의할 일이 발생하면 임시로 사람을 파견하여 정부와 의논할 수 있다. 이때 각 현은 각각 한 사람씩 대표를 파견한다.[17] 국가의 중요한 재정적 문제나 세금을 올려야 할 경우에도 마찬가지이다. 이럴 경우 각 현의 대표자가 중앙정부나 지방관과 동등한 자격으로 참여하여 일을 처리하게 된다. 장빙린은 이렇게 사안에 따라 국민들이 직접 정치나 중요 행정에 참여하는 방식이 자신의 권리를 일정 기간 의원에게 위임하는 대의제보다 훨씬 국민의 입장을 잘 대변해줄 수 있다고 보았다. 공화제에선 토지 소유에 있어 엄격한 제한 규정을 두었다. 토지는 경작하는 자에게 우선권이 있으며, 작물을 직접 경작하는 자가 아니면 땅을 소유할 수 없도록 하였다. 목축, 산림, 염전 역시 마찬가지이다.[18]

장빙린은 토지 개혁의 구체적 방안으로, 중국이 과거에 시행했던 제도인 '균전제'를 제시하였다. 균전제의 기본 취지는 실제 농사를 짓는 농민이 토지를 갖고, 지주나 권력자들이 토지를 소유하는 것을 금시하는 것이다. 장빙린은 균전제야말로 구미 각국이 결코 중국을 따라올 수 없는 전통으로, 이는 사회주의와 합치되는 제도라고 말한다.[19] 장빙린이 이렇듯 토지 문제에 큰 관심을 쏟은 것은 그가 구상한 사회의 경제적 토대가 농업과 농민에 있었기 때문이다. 그는 상업은 스스로 생산할 수 없으며, 오직 농업에 의해서만 증식된다고 말한다.[20] 농업이 공업이나 상업의 전제라는 이야기이다. 농업과 농민을 중시하고, 상업과 상인을 억제한 것은 중국의 오랜 전통이었다. 중국의 중농억상(重農抑商) 전통은 장빙린에 와서는 자본주의 비판의 이론적 기반으로 작용한다. 스스로 노동하지 않고, 타인의 노동에 기생하며, 자본의 소유에 따라 부가 결정되는 체제에 대한 근본적 부정인 셈이다. 이러한 조치는 모두 기득권층이 약자를 착취하는 것을 막기 위한 조치들이다. 토지 문제와 관련된 장빙린의 구상은 쑨원이나 마오쩌둥의 토지개혁과 그 맥락을 같이한다.

이처럼 혁명가로서 장빙린이 구상한 이상적 사회체제는 견제와 균형을 기본으로 한 공화제라 할 수 있다. 동시에 장빙린은 또 다른 차원의 이상사회를 꿈꾸었다. 여기에서 장빙린은 혁명가라기보다는 종교철학자로서의 모습이 훨씬 강하게 나타난다. 양자의 모순과 충돌은 장빙린 철학체계의 다차원적 모습을 분명하게 보여준다.

3. 무정부주의와 불교의 결합

장빙린의 이상사회론이 지닌 또 다른 특징은 자본주의적 근대, 나아가 정부와 인류 전체를 전면적으로 부정한 모습으로 나타난다. 장빙린은 혁명의 당면 과제는 민족주의의 실현이지만, 그 최종 목표는 민족을 초월한 '무아'의 자각이라고 주장한다. 장빙린은 이를 통해 무정부, 무취락, 무인류, 무중생, 무세계 '5무'의 이상세계를 상정한다. 인간 공동체의 기본이라 할 수 있는 정부와 취락의 부정에서 인류와 중생, 최후에는 세계마저 부정한 셈이다. 이 점에서 그의 이상사회론의 최종 종착점은 긍정적이라기보다는 부정적이라고 할 수 있다. 장빙린이 이렇듯 부정의 방식으로 이상사회를 상정하게 된 데에는 당시 일본에 유행했던 무정부주의와 그의 불교적 사유 세계가 결합된 것이라는 견해가 설득력이 있다.[21]

장빙린은 1907년부터 일본의 대표적 무정부주의자인 고토쿠 슈스이(幸德秋水, 1871~1911)와 교류하였으며, 이는 그의 대표작

중 하나인 『제물론석』에서 확인된다. 고토쿠는 무정부주의 사상이 노장 사상과 통한다고 보았는데, 장빙린은 장자를 반자본주의라는 현실 관점에서 독해했다는 점에서 고토쿠와 시각이 흡사하다고 할 수 있다. 장빙린은 『제물론석』에서 인류의 평등을 무엇보다 강조했다. 사실 민족혁명을 주장하고 공화제 수립을 주창한 장빙린에게서 무정부주의자의 모습을 떠올리기는 쉽지 않다. 장빙린 역시 이런 모순을 의식했는지, 그가 얘기하는 민족주의는 한족에 그치지 않고 약소민족 전체에 해당된다고 말한다.

> 내가 가고자 하는 길은 한족에 국한되지 않는다. 기타 약한 민족이 강한 민족에 정복당해 정부를 도둑맞고, 그 백성이 노예가 된 경우가 있다면, 온 힘을 다해 그를 바로잡고 원래 모습을 회복하도록 해야 한다. 오호! 인도와 미얀마는 영국에 의해 멸망하였고, 월남은 프랑스에 점령당했다. 어질고 선량한 종족이 모두 소멸되었다. 우리는 이를 마땅히 바로잡아야 한다. 우리가 아니면 누가 그 유민(遺民)을 노예의 구렁텅이에서 구제해낼 수 있겠는가. 민족주의를 원만하게 이루려 하는 사람은 마땅히 자신의 순수한 마음을 미루어 같은 고통을 겪고 있는 사람들을 구해야 한다. 그들이 완전히 독립될 수 있도록 도와야 할 것이다.[22]

이는 량치차오 등이 말한 국가주의와는 완전히 다른 차원의 민족주의를 의미한다. 량치차오는 제국주의에 대응할 수 있는 강력한 국가를 지향하였으며, 이는 당시 중국의 대다수 지식인이 지향한 이상이기도 했다. 미처 근대 국가를 수립하지 못한 상태에서 그들이 지향하는 이상사회는 강력한 힘을 갖춘 국가였다. 그들에게 제국주의는 국가의 가장 진화된 형태로, '이에는 이, 눈에는 눈'으로 대응할 수 있는 힘이 무엇보다도 우선되는 가치였다. 이에 비해 장빙린의 민족주의는 제국을 지향하지 않는다. 그에게 민족주의란 제국주의에 대항하는 이론으로, 종족을 출발점으로 하고 있지만 최종적으론 그를 넘어선 세계를 지향한다. 그러므로 민족 혁명은 이상사회로 나아가기 위한 과도기에 지나지 않는다. 그는 만주족 통치를 이민족 지배로 보았으며, 이는 서구열강이 강권으로 식민지를 경영하는 것과 흡사하다고 보았다. 피억압자인 한족이 민족혁명을 통해 만주족을 몰아낸다면, 이는 곧 약소민족의 민족 해방과 일치한다고 본 것이다.

장빙린의 이러한 생각은 자연스럽게 반자본주의와 반제국주의로 이어진다. 그는 근대 국가체제가 자본주의에서 비롯되었으며, 제국주의는 자본주의의 한 속성이라고 보았다. 정부나 의회는 모두 기득권층을 위해 봉사하며, 대의제에 의해 선출된 의원들은 대부분 금권을 쥐고 있거나 그와 가까운 이들이다. 장빙린은 국민국가가 해야 할 최우선 과제로 다음 조건을 제시한다. 첫째, 토지를 균등하게 분배하여 경작하는 사람이 농노로 전락하는 일이 없어야 한다. 둘째, 정부가 공장을 설립하여 노동자가 이익을 고루 나눠 가지며, 셋째, 재산의 상속을 한정하여 부가 자손에게 그대로 세습되는 것을 막아야 한다. 넷째, 국민들이 의회를 해산할 수 있도록 해야 한다. 의원이 뇌물을 받거나 부패하면, 백성들이 이를 해산할 수 있어야 한다는 것이다. 의회가 백성의 선거에 의해 구성된 만큼, 그 해산 또한 백성에 의해 이루어질 수 있다고 본 것이다.[23] 이 네 가지 사항이 확보되면, 정당은 감히 뇌물을 받을 수 없을 것이고, 호민(豪民)의 힘 또한 약화될 것이니, 점차 사회의 평등을 이룰 수 있게 된다. 반면, 이 조건이 이뤄지지 않는다면, 설령 공화제 정부가 수립된다 하더라고 기득권층은 더욱 힘을 갖고 서민들은 그들에게 착취당하는 힘든 삶을 계속 이어나갈 수밖에 없다. 그런 사회에선 민주적 헌법이 있다 하더라도, 실제 생활은 전제군주제보다도 못할 수밖에 없다.

장빙린의 여기에서 제시한 '무(無)'는 기존 체제에 대한 전면적 부정으로, 새로운 세계로 나아가기 위한 전제 조건이라 할 수 있다. 장빙린은 "지금 사람이 감히 하늘을 따르는 백성으로, 그 도리를 따르지 않을 수 없으니, 부득이 국가가 있을 수밖에 없으며, 부득이 정부가 있을 수밖에 없다"고 말한다.[24] 현 상황에서 국가나 정부가 없을 순 없으니, 그 안에서 최선의 방책이 무엇인지 찾고 그에 맞는 개혁을 진행할 수밖에 없다. 위에서 말한 4가지 조건 등은 그에 따라 제시된 것이다. 농사 짓는 사람이 토지를 갖고, 백성이 의회를 해산할 권한을 갖게 되는 사회가 되고, 또 그런 상태가 지속된다면 정부나 국가가 사라진 사회도 기대해볼 수 있을 것이다. 장빙린은 이러한 과도기적 사회가 대략 100년 정도 지속된다면, 오무(五無)의 사회가 도래할 수 있을 것이라고 보았다. 이 기간 동안 중국의 인민들은 공화제의 본래 취지에 맞는 다양한 정책들을 시행해보고, 그에 맞는 역사적 진보를 경험하게 된다. 이상사회의 실현에 어느 정도 시간이 필요하다는 생각은 캉여우웨이의 대동사상에서도 발견된다. 캉여우웨이는 당대가 거란세의 시기이기 때문에 대동을 이야기하기엔 이르다고 보았으며, 수백 년의 세월이 흐른 후에야 비로소 대동의 시대가 올 것이라고 믿었다. 캉여우웨이에 비하면 장빙린은 자신이 꿈꾸는 이상사회가 훨씬 짧은 시간 내에 실현될 수 있다고 본 셈이다. 백 년의 세월 동안 균전제와 소득의 고른 분배, 부의 세습 금지, 의원 소환 등의 개혁조치가 지속된다면, 장빙린이 꿈꾸는 이상사회의 실현도 가능해진다.

장빙린이 부정한 다섯 가지 중에서 가장 우선시되는 대상은 정부이다. 장빙린은 정부의 기원이 전쟁에서 비롯되었다고 본다. 영토와 생산물을 둘러싼 다툼으로 전쟁이 발생하며, 국가와 정부는 효과적인 전쟁 수행을 위해 출현한 기구이다. 정부는 인류의 전쟁이 지속되는 한 계속 존재할 수밖에 없다.[25] 국가란 다른 민족이나 이해를 달리하는 집단을 대적하기 위해 구성된 기구이며, 정부의 일차적인 목표는 효율적인 전쟁 수행이다. 이는 량치차오가 서구 열강에 맞서기 위해 강력한 국가를 이상으로 내세운 논리와 맥락이 같다고 할 수 있다. 이상사회의 출발이 무정부라는 것은 인류 사회에 전쟁과 국가 간 다툼이 사라졌다는 의미를 담고 있다. 장빙린은 무정부와 함께 그 전제가 되는 취락을 없애야 한다고 주장한다. 농민은 장소를 옮기면서 농사짓고, 기술자는 장소를 옮기면서 작업을 해야 하고, 여자는 한 남자에 매이지 않아야 한다.[26] 사람이 한 곳에 오래 머물게 되면, 자신의 일과 환경에 집착하게 된다. 설령 국가나 정부가 없어졌다 하더라도, 취락이 남아 있게 되면 인류는 그 속성상 다시 전쟁과 다툼의 세계로 나아갈 수밖에 없다. 무취락은 부족과 가족의 좁은 이해 관계를 넘어 인류 공동의 발전과 공존을 꿈꾸는 사회로 나아가기 위한 전제 조건이다. 여기에서 더 나아가면 인류는 인간뿐만 아니라 모든 생물들의 번영을 도모하는 무인류의 단계로 나아갈 수 있게 된다. 최종적으로는 생명체의 존재와 삶의 찰나성을 파악하고, 세계의 허상을 꿰뚫어볼 수 있는 단계에 이르게 된다. 그런 단계에 이르면, 실상 세계의 존재조차 무의미해진다.

장빙린이 여기에서 제기한 내용은 주로 불교에 그 이론 근거를 두고 있다. 그는 지식이나 권력을 가진 사람을 믿지 않았으며, 특히 대의제를 통해 선출된 의원들을 비판하였다. 장빙린은 지식이 많거나 권력과 지위가 높을수록 도덕적이지 않다고 보았다. 장빙린은 유가의 전통적 인성론인 성선설 역시 찬성하지 않았다. 장빙린은 인간의 본성을 불교 유식학의 입장에서 파악했다. 유식학은 인간의 본성을 아뢰야식으로 본다. 인간의 성은 본래 선과 악이 없으며, 선악이 출현하는 곳은 말나식이다. 말나식은 의식과 함께 번뇌를 동반하며, 아뢰야식을 집착하여 자아로 여긴다. 이 자아에 대한 집착이 선악의 마음을 발생하게 만든 근원이다. 인간은 누구나 자아에 집착하며, 이 때문에 늘 타인과 대립하고 경쟁하게 된다. 장빙린은 인간의 본성은 결코 선하지 않고, 인간이 선을 행하는 것은 실상 자신보다 약한 존재에 대한 시혜 차원에서 이루어지는 것이라고 보았다. 선과 악이 모두 자아에 집착하는 의식에서 비롯되었으니, 이를 벗어나 이상적 상태에 이르기 위해선 인간 자체를 부정하지 않을 수 없다.[27] 장빙린이 무인류의 세계를 이상으로 얘기한 이유는, 인류 스스로 윤회의 환상을 깨닫고 무아의 증득으로 나아가야 한다는 의미일 것이다.

장빙린은 인간이나 사회, 역사 속의 선과 악은 모두 함께 진화한다고 보았다. 그의 독특한 역사관인 '구분진화론(俱分進化論)'이다. 옌푸의 『천연론』이 출간되면서 촉발된 서구 진화론에 대한 관심은 근대 중국의 뚜렷한 특징 중 하나이다. 중국에서 진화론은 생물학보다 정치, 사회학적으로 더 큰 영향을 미쳤다. 실제 중국 지식인들이 관심을 가진 것은 다윈의 진화론보다 스펜서의 사회진화론이었다. '적자생존'과 '약육강식'의 원칙은 중국 지식인에게 큰 위기의식을 불러일으켰으며, 국가와 민족을 자연도태의 운명에서 구해야 한다는 강한 책임의식을 당시 대부분의 지식인들이 갖고 있었다. 아울러 서구의 발전된 자연과학적 지식은 과학과 기술에 대한 강한 신뢰를 갖게 한 계기가 되었다. 과학 기술에 대한 믿음은 자연스럽게 역사의 진보에 대한 낙관적 생각을 가지게 했다. 옌푸, 캉여우웨이, 량치차오, 쑨원 등은 모두 역사의 진보와 발전을 굳게 믿었다. 장빙린은 이러한 당시의 시대 흐름을 정면으로 부정한다. 진화의 흐름은 선뿐만 아니라 악의 측면에서도 동시에 발전한다는 것이다.

진화는 행복, 도덕, 쾌락뿐 아니라 학살과 재난, 고통의 정도도 심하게 만든다. 문명이 진화할수록 인권의 유린 정도 역시 심해진다. 도덕 이상주의의 입장에서 보면, 인류의 진화는 좋은 일보다는 불행한 결과를 초래하기 쉽다.

> 진화가 진화일 수 있는 까닭은 한 방향으로 진화하기 때문이 아니라 쌍방향으로 진화하기 때문이다. 오직 한 방향의 진화를 들라면 지식의 진화라고 말할 수밖에 없다. 도덕으로 이야기하면, 선도 진화하고 악도 진화한다. 생활로 말하면 쾌락도 진화하고 고통도 진화한다.[28]

선과 악, 고통과 쾌락, 지식과 무지는 모두 함께 진화한다. 장빙린은 인류의 진보에 대해 막연한 낙관보다는 역사에 근거한 객관적 사실에 주목하였다.

장빙린의 '오무론(五無論)'은 캉여우웨이의 『대동서』와 그 형식적 측면에서 흡사하다. 캉여우웨이는 『대동서』에서 인류의 고통은 국가와 가족, 계급 등 8가지 차별에서 비롯된다고 보고, 이들 경계를 철폐하는 것이 대동 사회를 이루는 전제라고 보았다. 그 중에서도 남녀의 차별은 나머지 경계의 출발인 만큼, 남녀의 형태에 따라 행해지는 모든 차별을 해소할 것을 주장하였다. 결혼 제도와 가족의 폐지는 그 결과로 나타나며, 이는 캉여우웨이 대동사상의 핵심 내용이다. 장빙린 역시 국가와 가족의 폐지, 궁극적으론 인류와 중생의 차별을 해소할 것을 주장했다는 점에서 두 사람의 이상사회론은 비슷한 모습을 갖고 있다. 단, 내용을 들여다보면 그 함의는 상당히 다르다고 할 수 있다. 캉여우웨이는 인간의 본성은 고통을 싫어하고 쾌락을 추구하는 것이라고 보았다. 그의 대동사상에 나타나는 쾌락주의적 경향은 이를 반영한다. 대동 사회에서 모든 인간은 좋은 집과 여행, 여가 생활을 만끽하는 모습으로 묘사된다. 이에 비해 장빙린은 인간의 근본적 해탈을 추구한다. 그가 꿈꾸는 이상사회의 모습은 물질적 풍요와 여유 속에서 쾌락을 즐기는 일반적 유토피아의 풍경과는 거리가 멀다. 거기에서 인류는 본래 가지고 있던 집착의 의식을 벗어나 모두가 해탈에 이르는 사회를 꿈꾼다. 거기엔 인류도 중생도 세계 자체도 존재하지 않는다. 그야말로 무(無)의 세계이다. 캉여우웨이가 불교를 대동사상의 한 방편으로 생각했다면, 장빙린에게는 불교의 부정적 세계가 최종 목표인 셈이다.

4. 유토피아 열기에 끼얹은 차가운 물

근대 중국에서 대다수 지식인들은 이상사회에 대한 꿈을 키웠다. 캉여우웨이나 량치차오, 쑨원, 류스페이 등 모두가 이상사회를 적극적으로 얘기하고, 현실 세계에서 이를 이루기 위해 노력했다. 장빙린 역시 자신이 꿈꾸는 세계를 실현하기 위한 노력에서 다른 사람에 뒤지지 않았다. 그의 이상사회론은 세속과 종교, 현실과 이상이라는 두 차원에서 진행되었다. 혁명파의 대표적 이론가로 장빙린은 공화제 수립을 자신의 목표로 삼았다. 그가 제기한 대의제 비판과 5권 분립은 오늘날에도 중요한 시사점을 던진다. 시간이 갈수록 드러나는 대의민주주의의 한계와 모순은 장빙린의 비판이 오늘날 더 의미를 갖도록 한다. 교육이 행정권으로부터 독립되어야 한다는 그의 5권 분립설 역시 마찬가지이다. 교육의 자치와 독립은 권력의 이데올로기 조작으로부터 자유로운 시민을 기르기 위한 전제 조건이다. 이와 함께 장빙린의 이상사회론이 중요한 의미를 갖는 것은 그의 유토피아 사상에 내재한 부정적 시각 때문이다. 장빙린은 인류의 이상적 기획, 어떤 사회 시스템이나 행위 규범의 완비를 통해 인류의 비극과 고통이 쉽게 개선되리라 믿지 않았다.[29] 장빙린에게 있어 이상사회에 대한 믿음은 일종의 환상이다. 당대의 유토피아 열기에 대해 그는 냉정하고 차가운 평가를 내린다. 그 명징한 차가움 속엔 인류가 꿈꿔왔던 어떤 유토피아의 모습도 보이지 않는다. 환상과 낙관에 느슨해진 정신에 찬물을 끼얹는 그의 언설을 통해 우리는 유토피아의 맨얼굴을 확인하게 된다. 이는 불교가 계속 인류에게 던졌던 부정의 방법론이 성취하고자 하는 목적과 일치한다. 철저한 부정(否定)을 통해 현실의 모순을 드러내고, 이를 통해 새로운 세계를 꿈꾸게 하는 힘. 이것이 장빙린의 부정적 유토피아가 추구하는 목표일 것이다. 유토피아가 현실적으로 불가능한 꿈이라면, 부정은 본래 유토피아를 구성하는 가장 근본적인 방법일 것이다. 장빙린에게 유토피아는 새로운 세계를 구성하는 꿈이며, 동시에 인류 자신에 대한 철저한 반성의 계기이다.

5장

쑨원의 삼민주의

쑨원

(孫文, 1866~1925)

쑨원은 1866년 광둥성(廣東省) 샹산현(香山縣: 현재는 中山縣)에서 태어났다. 호는 일선(逸仙), 중산(中山)이다. 원래 중산은 일본에서 사용하던 가명이었다. 어린 시절에는 서당에서 중국 고전을 배웠으며, 1879년 이올라니(Iolani) 학교에 입학하면서부터 서양식 교육을 받았다. 1886년 광저우(廣州) 박제(博濟)의원 부설 남화의학교(南華醫學校)에 입학하였으며, 이듬해 홍콩 아려(雅麗)의원 부설 서의의원(西醫醫院)으로 옮겨 의학을 공부하였다. 현재의 홍콩의대 전신이다. 1894년 호놀룰루에서 흥중회(興中會)를 조직하였다. 1896년 런던 피랍 사건으로 유명해졌으며, 이를 계기로 1898년 일본의 미야자키 도텐(宮崎滔天) 등과 교류하게 되었다. 1905년 일본 도쿄에서 중국 혁명동맹회를 결성하고,

기관지 『민보(民報)』를 창간하였다. 창간사에서 삼민주의의 강령인 민족, 민권, 민생 3대 주의를 제시했다. 이후 『민보』는 당시 중국과 일본의 중국인 사회에 큰 영향력을 행사하던 『신민총보』와 '공화혁명론' 등의 논쟁을 벌이면서 혁명파의 사상을 전파하는 핵심 기관지로 성장하였다. 1911년 신해혁명이 성공하여 중화민국이 성립된 후, 임시 대총통으로 선출되었다. 1915년 친구였던 쑹지아수(宋嘉樹)의 딸인 쑹칭링(宋慶玲)과 결혼하였다. 1923년 소련 외무부 대표 아돌프 요페와 소련과 중국 국민당 간의 협력을 선언하는 공동 성명을 발표하였는데, 이때부터 쑨원과 국민당의 정책은 '소련과 연합하고(聯蘇), 공산주의를 수용하며(容共), 노동자와 농민을 돕는다(扶助農工)'가 되었다. 1925년 북경에서 세상을 떠났다. 주요 저작으로는 『손중산선집(孫中山選集)』이 있다.

1. 이상사회의 현실화

근현대 중국에서 이상사회론의 철학적 논의를 촉발시킨 사람이 캉여우웨이라면, 이를 현실적으로 구체화시킨 사람은 쑨원(孫文)이라고 할 수 있다. 그의 삼민주의(三民主義)는 현대 중국 이상사회론이 현실화되는 기점으로, 이후 중국의 정치 지도자들에게 큰 영향을 주었다. 현대 중국에서 쑨원의 가치는 '민주'라는 단어가 그에 의해 비로소 실제적 의미를 갖게 되었다는 데 있다. 쑨원은 '민주'라는 추상적 가치 개념을 '공화제'라는 현실 정체(政體)로 연결하면서 봉건 전제에 대해 분명하고 구체적인 저항 운동을 펼쳐나갔다. 쑨원 이전의 캉여우웨이나 옌푸, 량치차오 등의 주장은 학술적 주장에 그치거나 수사적 형식을 벗어나지 못한 느낌이 있었다. 캉여우웨이가 제기한 '평등'과 '민주'는 쑨원에 의해 비로소 정치 강령으로서 현실성을 갖게 되었으며, 량치차오가 제기한 '민족국가' 역시 구체적 형태로 전환될 수 있었다. 쑨원은 근대 중국의 이상사회론을 현실 적용 가능한 정치이론으로 전환시켰으며, 중국 혁명이 지향해야 할 목표로서 '삼민주의'를 제시함으로써 이전 혁명파의 단순한 종족혁명론을 벗어났다는 점에서 그 사상적 의미가 크다고 할 수 있다.

1) 혁명가 쑨원

쑨원의 일생은 혁명을 위한 삶이라고 해도 과언이 아니다. 그는 '직업혁명가'로서 이상주의적이고 낙관적인 성격을 지녔다. 쑨원에게는 한결같은 재주가 있었으니, 늘 실패하는 재주라 할 정도로 그의 삶은 거듭된 실패와 좌절의 연속이었다. 끊임없는 실패와 희생 속에서도 쑨원은 끝내 중국 혁명에 대한 열망을 포기하지 않았다.[1] 혁명에 대한 쑨원의 바람은 그가 죽는 날까지 포기하지 않는 원칙이었다.

> 내가 국민혁명에 힘을 쏟은 지 40년이다. 내가 추구한 혁명의 목적은 오직 중국의 자유와 평등을 구하는 일이었다. 지난 40년의 경험으로 이 목적을 달성하기 위해선 반드시 대중의 관심이 있어야 하며, 연합 세계가 우리 민족을 평등하게 대하고 같이 싸워야 한다는 사실을 절실히 깨달았다. 혁명은 아직까지 미완성이다. 나의 동지들은 내가 쓴 『건국방략(建國方略)』, 『건국대강(建國大綱)』, 『삼민주의(三民主義)』와 「제1차 전국대표대회 선언」에 따라 끝까지 혁명을 완수하도록 노력해야 한다. 특히 국민회의를 개최하여 최근 제기된 불평등 조약을 폐지해야 한다는 주장은 빠른 시간 내에 실현되도록 해야 한다. 이것이 나의 마지막 부탁이다.[2]

쑨원에게 삶의 목표는 중국 혁명의 완성이었으며, 민족 독립과 자유, 평등은 그의 이상이었다. 쑨원이 정치활동을 시작한 것은 1892년 홍콩 의대를 졸업하면서부터이다. 의대를 졸업하고 마카오에서 병원을 운영했던 그가 정치의 길에 들어서게 된 것은 당시의 중국 현실이 걷잡을 수 없는 소용돌이에 처해 있었기 때문이었다. 청일전쟁을 눈앞에 둔 중국은 서구 열강과 신흥 강국으로 부상한 일본 사이에서 생존을 위협받는 제국의 마지막 숨을 몰아쉬고 있었다. 처음 쑨원의 정치적 입장은 캉여우웨이나 량치차오 등의 주장에 공감한 변법파와 크게 다르지 않았다. 입헌파의 주장대로 평화롭고 점진적인 방법으로 조정에 청원하여 입헌군주제를 수립하고자 하는 것이 그의 초기 입장이었다.

1894년 쑨원은 리훙장에게 자신의 소신을 밝힌 글을 올리는데, 여기에서 그는 유럽이 부강한 이유는 튼튼한 배나 대포에 있지 않고, 구성원들로 하여금 그 재능을 발휘할 수 있게 해주는 사회구조에 있다고 말한다. 땅은 이로움을 다하고, 물건과 재화의 유통이 활발한 것이야말로 서구 열강이 부강한 근본 이유라는 것이다. 이를 중시하지 않고, 배와 대포의 건조 기술만을 도입하는 데 힘을 쓴다면 이는 근본을 파악하지 못하고 말단만 도모하는 격이라 할 수 있다.[3] 변법파의 주장과 다를 게 없는 의견이다. 리훙장이나 장지동(張之洞)이 주도한 양무운동(洋務運動)이 '중체서용(中體西用)'을 강조하며, 서구의 과학기술 도입에 열을 올리는 데 대한 비판인 셈이다. 쑨원과 변법파가 강조한 근본은 정치와 교육 제도의 개혁으로, 이들은 과학 기술의 도입과 함께 인재 등용, 공업, 상업, 유통의 전면적인 개혁을 주장하였다.

쑨원과 캉카이스

물론 이홍장은 일개 의사에 불과한 쑨원의 상소에 아무런 반응을 보이지 않았다. 당시 청나라 제도에서 유력한 관료의 추천이 없는 일반인의 상소는 무시되기 십상이었고, 쑨원의 글 또한 마찬가지였다. 결국 쑨원은 관심을 해외로 돌릴 수밖에 없었고, 마침 친형이 자리 잡고 있있던 미국 하와이의 화교들이 그의 눈에 들어왔다. 1894년 호놀룰루에서 결성된 '흥중회(興中會)'는 그 결과라 할 것이다. 흥중회가 조직된 이후, 쑨원의 정치적 입장은 크게 변화했다. 이즈음 그는 황제에게 청원을 넣어 입헌군주제를 도입하려는 시도와 생각을 모두 버렸다. 흥중회는 그 이름에서 알 수 있듯이, 중화민족의 부활과 번영이라는 새로운 정치적 목표를 향해 나아가기 시작했다. 쑨원의 목표는 전제왕조, 청조를 엎고 새로운 정치체제인 공화제를 수립하는 것이었다.[4] 지난 이백여 년 동안 한족을 물리적으로 통치해왔던 만주족을 몰아내고, 한족의 독립과 정통 중화를 회복하는 일이야말로 혁명이 완수해야 할 제일 목표였다.

1895년 쑨원은 첫 번째 봉기를 이끌었다. 양무운동의 실패를 말해주는 중일 전쟁의 패배 이후, 청나라는 깊은 절망감에 사로잡혔고 이를 계기로 한족 지식인을 중심으로 반만(反滿) 감정은 날이 갈수록 팽배해갔다. 이러한 분위기에서 쑨원은 홍콩의 흥중회 조직과 대륙의 반청 비밀결사 조직을 연결시키고, 같은 해 광둥에서 무장의거를 일으켰다. 그의 첫 번째 봉기는 무참한 실패로 끝났다. 비록 일본에 패하긴 했지만, 청조의 물리력과 정권은 아직 탄탄한 기반을 갖고 있었다. 다만, 이 봉기를 통해 쑨원은 그가 지향해야 할 혁명의 성격을 분명하게 정립할 수 있었다. 1897년 쑨원은 한 논문을 통해 "현실의 부패한 통치를 완전히 타도하고 새로운 정부를 수립해야 한다. 중국인들이 깨끗한 정치 체제를 세우지 못하면 어떤 개량이나 진보를 실현하는 것이 불가능하다"고 말한다.[5] 그가 여기에서 말한 '중국인들'은 한족으로, 만주족에 대비되는 개념으로 사용된 것이다. 그만큼 초기 쑨원의 혁명 사상에는 종족주의적 성격이 강했다고 할 수 있다. 양무운동의 성적표라 할 수 있는 청일전쟁의 패배는 청조가 더 이상 제국으로서 자신의 생존을 담보할 수 없다는 사실을 증명했고, 쑨원을 비롯한 상당수의 중국 지식인들이 입헌파에서 혁명파로 자신의 입장을 바꾸게 된 결정적 계기가 되었다고 할 수 있다. 쑨원의 이러한 변신은 이후 중국의 흐름이 입헌군주제에서 공화제 혁명으로 방향을 바꾸게 된 전환점이 되었다.

2) '동맹회'와 삼민주의

쑨원의 흥중회 활동은 1905년 동경에서 새로운 조직 '동맹회(同盟會)'를 결성하면서 한 단계 발전된 모습을 갖게 된다. 흥중회가 느슨하게 뜻을 같이하는 동지들의 모임이었다면, '동맹회'는 혁명을 준비하는 조직으로서 성격을 분명히 하였다. 가장 눈에 띄는 첫 번째 특징은 군사적 역량에 주목하고 있다는 점이다. 쑨원은 동맹회의 결성 선언문에 각 성의 군사령관에게 협조를 구하는 요구를 담았다. 이와 함께 만주인들을 몰아내고 중화를 회복하자는 주장을 담아 청조에 정식으로 반기를 들었음을 선언한다. 쑨원은 새로운 나라의 정치 체제는 '인민'을 주인으로 한 민주공화제로, 제일 강령으론 '토지 소유의 균등(平均地權)'을 내세웠다.

동맹회의 최종 목표는 구제달로(驅除韃虜: 만주족을 몰아낸다)와 회복중화(恢復中華: 중화를 회복한다), 창립민국(創立民國: 민주공화국을 세운다)이었다. 직접 농사를 짓는 농민에게 토지를 배분하겠다는 정책은 중국의 농민들에게 가장 현실적인 조치였다. 평균지권의 이론적 기초는 미국의 경제학자 헨리 조지(Henry George, 1839~1897)의 토지 단일세에 기초한 것이다. 토지에서 발생하는 이익은 지주나 어느 개인이 독점해선 안 되며, 사회 구성원 전체가 공유해야 한다는 것이다. 사회주의 혁명이 성공한 이후 중국이 고수하고 있는 가장 중요한 정책 중의 하나가 이때 마련된 셈이다.

동맹회의 주요 정책과 의견은 대부분 기관지 『민보(民報)』를 통해 선전되었다. 쑨원은 『민보』 발간사에서 동맹회의 강령으로 삼민주의를 정식으로 제시하고, 그 내용을 자세히 설명하였다.

> 로마가 망하자 민족주의가 대두되었고, 그 결과 유럽 각 나라들이 독립하였다. 그렇지만 그 나라가 제국으로 변질되면서 전제정치를 실행하자 피지배층은 고통을 견디지 못하고 민권주의가 일어났다. 18세기 말에서 19세기 초, 마침내 전제정치가 붕괴되고 입헌정치 체제가 수립되었다. 세계는 개화되고 사람들의 지혜 또한 시간이 갈수록 늘어났다. 물질 또한 풍부해졌으니, 그 백 년의 시간 동안 천 년보다 더 큰 변화가 있었다. 이에 경제 문제가 정치 문제의 뒤를 이어 나타났고 민생주의가 활발하게 고개를 들었다. 20세기는 민생주의의 시대이다. 삼민주의는 모두 인민에 바탕을 둔 것으로 서로 번갈아 일어나니 유럽인들은 그에 따라 발전하게 되었다.[6]

『민보』의 발간사는 쑨원의 측근이었던 후한민(胡漢民)이 기초한 것으로 알려져 있는데, 여기에서 쑨원은 유럽의 발전이 민족, 민권, 민생의 삼민주의에 근거하고 있다고 보았다. 쑨원이 삼민주의를 구상한 때는 1896년 런던 피랍 사건이 발발한 당시로 알려져 있다. 당시 쑨원은 영국박물관의 도서관에 59일간 매일 나가 정치와 과학 서적을 탐독하였는데, 이때 사회주의와 민족주의, 민주주의를 통합한 삼민주의를 구상한 것으로 알려져 있다.[7] 이후 삼민주의는 중국 혁명의 강령과 목표가 되었다. 쑨원은 당시 중국의 낙후된 현실이 오히려 정치와 사회 혁명을 이루는 데 유리할 수 있다고 보았다.

> 외국의 핍박을 당하지 않기 위해선 민족주의와 민권주의는 잠시라도 늦춰선 안 된다. 민생주의에 대해 말하자면 구미는 사회문제가 오래되고 심각하여 고치기 힘들지만 중국은 아직 그 영향을 깊이 받지 않았기 때문에 쉽게 문제를 제거할 수 있다. …… 우리가 민생주의를 잘 발전시키면 서구보다 더 먼저 발달할 수 있고, 문제점을 미리 알아 그 싹을 잘라버린다면 정치혁명과 사회혁명을 한번에 처리할 수 있게 된다. 그렇게 되면 서양을 앞서 나갈 수 있을 것이다.[8]

당시 『민보』와 대립 관계에 있었던 량치차오는 사회주의 혁명이 성공하기 위해선 자본과 생산의 대립이 전제되어야 하므로 우선 자본주의를 발전시켜야 한다고 주장했다. 이를 위해선 중국의 토지소유제나 경제 질서를 당분간 그대로 유지해야 한다는 것이다. 량치차오의 혁명 불가론에 대해 쑨원은 중국이 굳이 서양의 혁명 단계론을 그대로 따를 필요는 없다고 보았다. 중국은 산업이 발전하지 않았기 때문에 자본과 임노동의 갈등 관계가 아직 발생하지 않았으며, 이러한 조건은 정치혁명과 사회혁명을 동시에 수행함으로써 그 후유증을 최소화할 수 있다는 점에서 오히려 유리할 수 있다는 것이다. 쑨원은 1920년대까지 줄곧 문명이 낙후된 지역이 오히려 현대문명화된 도시보다 사회주의 건설이 용이하다고 주장했다. 그의 이러한 생각은 이후 농촌과 농민을 중심으로 한 마오쩌둥의 혁명론에 적지 않은 영향을 미쳤다고 할 수 있다.

쑨원이 생각하는 민족주의는 이후 한족과 만주족 간의 갈등 문제를 벗어나 세계의 여러 민족과 중국 민족 사이의 관계 문제로 발전해나갔다. 그의 삼민주의는 민족 혁명뿐만 아니라 정치·사회 혁명을 포괄하는 개념으로 민권은 민주를, 민생은 사회주의를 의미했다. 쑨원은 이를 통해 중국의 혁명이 목표로 삼아야 할 청사진을 제시한 셈이다.

2. '삼민주의'의 핵심 가치

쑨원의 삼민주의, 민족·민권·민생은 정치, 경제, 민족 문제를 아우르는 광범위한 범주인데, 이 세 개념을 꿰뚫는 핵심 가치를 한마디로 표현하면 '평등(平等)'이 가장 적절한 단어일 것이다. '민족(民族)'은 세계 인류로서 각 민족이 평등한 위치를 갖고 있다는 의미이며, '민권(民權)'은 공동체 내의 모든 구성원이 평등하다는 것이다. 이 모두는 소수의 권력자와 기득권 층이 다수의 민중을 억압하는 일이 없도록 하자는 평등의 가치와 연관된 것들이다. '민생(民生)' 역시 빈부의 격차를 없애 부자가 가난한 자를 억압하는 일이 없도록 하는 것이다.[9] 쑨원은 그가 주창하는 민족주의가 여타의 민족주의와는 그 내용이 다르다고 말한다. 당시 유행한 민족주의가 내세우는 주장은 대부분 어느 한 민족이 자신의 이익을 위해 열등한 민족을 침탈하고 지배하는 것이었다. 이에 비해 쑨원의 민족주의는 오히려 열강의 강압적 침탈을 억누르고, 약소국을 도와 국가 간의 불평등한 관계를 해소하는 것이었다. 공정한 도리로 열강의 강압적 권력에 대항하는 것이야말로 진정한 민족주의라는 그의 견해는 이후 중국이 민족국가를 수립하는 데 있어 중요한 이정표가 되었다.

삼민주의의 정신은 "중국 민족이 본래 지니고 있던 도덕과 평화를 바탕으로, 세계를 통일하는 것"으로, 쑨원은 이를 실현하는 일이야말로 '치국평천하'와 '대동'이라는 중국의 전통적 이상 사회를 완성하는 길이라고 생각하였다.[10] 민권주의는 전제군주의 권력을 해체하여 모든 사람이 정치적으로 평등한 지위를 갖게 하는 것이다. 어떤 사람이 뛰어난 재능을 가지고 있더라도, 그가 타인의 고통을 느끼지 못하고 약자를 배려하지 않는다면 그 결과는 정치적 불평등으로 귀결된다. 오직 타인의 불행을 공감하고 이해하는 사람만이 전제와 독재를 물리치고 민권을 도모할 수 있다. 존 롤스의 '차등 원칙'을 떠올리게 하는 이 언술에서 쑨원은 인류의 도덕심과 평등의 관계는 결코 떨어질 수 없다고 강조하였다. 쑨원은 전제 정치가 민주 정치로 바뀌는 것은 역사의 필연적 흐름으로 이는 강물의 흐름을 거스를 수 없는 것과 마찬가지 도리라고 강조하였다.[11]

'민생(民生)'은 박애를 실현하는 것으로, 그 목표는 중국 인민의 생활이 전체적으로 풍족해지는 삶이다. 이를 위해 쑨원은 부의 공평한 분배와 사적 소유의 철폐가 무엇보다도 먼저 이루어져야 한다고 보았다. '삼민주의'의 '평등'은 이처럼 인권의 평등과 함께 정치, 경제 등 다양한 분야에서 불평등한 현실을 개선하는 것을 목표로 한다. 여기에서 우리는 삼민주의에 미친 전통 대동사상의 영향을 확인할 수 있으며, 쑨원이 평상시 즐겨 쓴 휘호가 '천하위공(天下爲公)'이었다는 사실을 자연스럽게 떠올리게 된다. 삼민주의는 '천하는 모든 사람들의 것(天下爲公)'이라는 '대동'의 이상을 근대 중국이라는 시대적 배경에 맞게 재구성한 것이라고 볼 수 있다. 그 핵심 가치는 '공공성'과 '평등'으로, 쑨원이 민생주의에서 내세운 공산(共產)의 원칙은 자연스럽게 사적 소유를 기반으로 한 자유주의 체제를 부정하는 경향성을 내포하고 있다. 신해혁명 이후 중국이 근대화 과정에서 사회주의로 나아간 데에는 삼민주의의 이러한 경향성이 어느 정도 영향을 미쳤을 것이란 생각은 충분히 가능하다. 서구에서 근대는 시민 개인의 자유에서 시작되었지만, 근대 중국에서 개인은 여전히 나와 타인과의 관계 속에서 이해된다. '자유'와 '관계' 중에서 후자를 중시하는 중국의 특징에 대해서는 관점에 따라 여러 평가가 가능하다. '자유'를 근대 정치의 가장 중요한 요소로 보는 서구에서는 이를 부정적으로 평가하는 것이 당연하지만, 중국의 문화적 배경을 고려하면 이에 대한 평가는 달라질 수 있을 것이다. 이는 서구의 자유 개념에 상대되는 것으로 그 성격은 대동의 '고른 분배(均平)'의 전통을 계승한 것이라고 보아도 무방할 것이다. 서구의 평등 개념이 권리와 기회의 평등이라는 점을 고려하면, 같은 '평등'이라는 단어를 사용하더라도 양자의 함의는 서로 다르다고 할 수 있다.

삼민주의의 핵심에 대해 쑨원은 다음과 같이 말한다.

무엇이 삼민주의인가? 민족, 민권, 민생주의가 그것이다. 민족주의는 세계인류와 각 민족이 평등한 것으로, 한 민족이 다른 민족을 억압하지 못하게 하는 것이다. 만주족이 중국에 들어온 이후, 360년 동안 우릴 핍박하였다. 이에 한족이 일어나 이를 바꾸려는 것이다. 이것이 민족혁명주의이다. 민권주의는 곧 만민평등이다. 모두가 하나의 가족으로, 소수의 사람이 다수를 억압하는 일이 없도록 하자는 것이다. 만민은 모두 하늘이 부여한 인권을 가지고 있으니, 군주가 신민을 노예로 삼을 수 없다. 민생주의는 빈부가 없도록 하는 것이니, 부자가 가난한 사람을 억압하는 일이 없도록 하자는 것이다.[12]

신해혁명은 자유 · 평등 · 박애를 기치로 하고 있다. 여기에서 평등은 사람과 사람 간의 불평등뿐만 아니라, 정치 · 경제 등 다양한 조건의 평등을 의미한다. 쑨원은 역사는 반드시 발전한다는 믿음을 가지고 있었으며, 그런 점에서 세계의 흐름은 민족, 민권, 민생이 중시되는 방향으로 나아갈 수밖에 없다고 보았다.[13] 역사는 어떤 궁극의 이상 상태를 지향하는 쪽으로 발전해간다는 것이다. 이 점에서 쑨원의 사상체계는 일반적인 유토피아의 사상체계와 별반 다르지 않다.

3. 행동은 쉽고 아는 것은 어렵다(行易知難)

쑨원은 1919년 신문화 운동 시기 삼민주의를 좀 더 현실적이고 구체화한 방안으로 풀어서 새로 발표한다. 그와 동맹화가 목표로 삼고 있는 새로운 국가의 모습이 제시되어 있는 이 문건은 『건국방략(建國方略)』으로 불리며, 세 편의 글로 이루어져 있다. 첫째는 「심리건설(心理建設)」로 다른 두 편의 글의 전제가 되는 부분이다. 이 장의 핵심 내용은 쑨원의 인식론적 특징을 보여주는 "먼저 행동한 연후에 앎이 있고(行先知後), 행동은 쉽고 아는 것은 어렵다(行易知難)"를 설명하는 것이다. 전통 유학은 지행합일을 얘기하며, 아는 것보다 행하는 일이 더 어렵다(知之非難, 行之唯難)고 본다. 이에 대해 쑨원은 실상 우리 삶에서 행동하기는 쉬워도 어떤 사실을 알기는 어렵다고 보았다. 지행 문제는 중국 철학의 핵심 문제들 중의 하나인데, 쑨원은 이 정의를 통해 중국 인민들이 혁명의 내용을 분명하게 인식할 수 있기를 바란 것이라 할 수 있다. 아는 것은 어렵고 행동은 쉽다는 인식 태도는 쑨원의 삼민주의를 현실에 실현시키는 데 있어 중요한 의미를 갖는다. 혁명을 포함한 모든 실천의 전제로 사태의 정확한 이해를 강조한 것으로, 여기에서 쑨원은 개인의 수양 측면에서 제기된 전통적 지행관계를 사회 발전의 핵심 이론으로 전환시켰다. 쑨원은 국민혁명이 성공하기 위해선 무엇보다도 인민의 의식형태가 바뀌어야 한다고 보았다.

이외에 『건국방략』은 「물질건설」과 「사회건설」에 관한 구상을 담고 있다. 물질 건설은 경제와 산업의 발전에 관한 내용으로, 사회건설과 관련된 부분에서 쑨원이 중점에 두고 있는 것은 민권과 관련된 내용이다. 쑨원은 여기에서 회의의 형식과 진행 절차에 관한 논의를 집중적으로 전개하고 있다. 회의를 진행하는 일은 비록 작은 일이지만, 여기엔 민주와 집중의 문제가 들어있다. 쑨원은 중국 민족이 우수한 두뇌와 세계에서 가장 넓고 풍요로운 땅을 가지고 있으면서도 일본에 뒤지게 된 것은 중국 인민들의 마음이 뿔뿔이 흩어져 인민의 힘이 하나로 결집되지 못했기 때문이라고 보았다.[14] 바로 하나로 집중하지 못했기 때문이다. 인민이 민권을 행사하기 위해선 먼저 조직화된 단체를 구성해야 하며, 회의엔 반드시 일정한 형식이 있어야 한다. 민권에 대한 쑨원의 구체적인 구상은 『건국대강』과 『오권헌법』에서 더욱 발전한 형태로 나타났다.

> 민권 문제에 대한 유럽과 미국의 연구는 아직 철저하지 못하다. 인민과 정부가 매일같이 서로 충돌하는 이유이다. 민권은 새로운 힘이고 정부는 낡은 기구이다. 우리가 민권 문제를 해결하기 위해선 새로운 제도를 따로 만들어야 한다. 이 새로운 제도를 만드는 원리는 권리(權)와 능력(能)의 재배정이다.[15]

쑨원이 말한 새로운 제도란 '5권 헌법'을 의미한다. 5권 분립은 입법, 행정, 사법의 3권 분립에 중국의 전통적인 정치체제에서 따 온 고시권(考試權)과 감찰권(監察權)을 더한 것이다. 쑨원은 이

5권 헌법이 민권주의를 가장 잘 실현시킬 수 있는 방안이라고 보았다. 5권 분립은 장빙린도 그의 공화정체론에서 제기했던 방안이다. 두 사람이 정치체제와 권력 분립에 대해 깊숙한 의견을 교류했음을 여기에서도 확인할 수 있다.

4. 국공합작과 사회주의 사상

1921년 중국 공산당이 창당되었다. 이에 앞서 1917년 러시아에선 볼세비키 혁명이 성공하였다. 쑨원은 이들과 함께 협력하여 농민과 노동자를 지원하는 정책을 제정하고, 국민당과 공산당의 합작을 관철시켰다. 삼민주의는 1924년 제1차 국공합작을 앞두고 새로운 모습으로 재편되는데, 삼민주의가 통일전선의 강령으로 자리매김되기 위한 조치였다. 바로 쑨원이 「중국국민당 제1차 전국대표대회선언」에서 내놓은 '신삼민주의(新三民主義)'이다.

신삼민주의와 삼민주의의 가장 큰 차이는 민족문제에 관한 사항으로, 신삼민주의는 '중국 내의 모든 민족이 똑같이 평등하다'고 얘기한다.[16] 여기에서 쑨원은 동맹회 시기 주창했던 만주족 축출을 폐기하고, '중국 경내의 모든 민족이 똑같이 평등하다'는 입장을 표명한다. 이어 발표한 「임시 대총통 취임 선언」에서 쑨원은 "한족, 만주족, 몽골족, 회족, 서장(티벳)족의 여러 지역이 합하여 한 나라가 되고, 한족과 만주족, 몽골족과, 회족, 서장족의 여러 민족을 합하여 한 인간으로 삼는다. 이는 곧 민족의 통일"이라고 말한다.[17] 한족 위주의 민족 관념이 5족 공화로 입장이 바뀐 것이다.

쑨원은 중국이 약해진 이유가 가족과 종족 의식은 있는데 국족(國族) 의식이 없기 때문이라고 말한다. 그는 다음과 같이 말한다.

> 민족주의는 국족주의이다. 중국인이 가장 숭배하는 것은 가족주의와 종족주의다. 중국에는 가족주의와 종족주의는 있지만 국족주의는 없다. 냉정하게 중국을 바라보는 외국인들은 중국인들은 '흩어진 모래알'이라고 말하는데, 그 원인은 무엇인가? 이는 중국 인민들에게 단지 가족주의와 종족주의만 있을 뿐 국족주의가 없기 때문이다.[18]

국족주의(國族主義)란 민족국가를 의미한다. 민족국가는 서구 유럽에서도 근대 이후에 나타난 개념이다. 민족주의의 출현 이후 유럽 각국은 서로 경쟁하면서 매우 크고 빠른 진보를 이루었다. 쑨원은 국족주의로 중국 내 대종족인 다섯 민족을 '중화민족'이라는 하나의 이름으로 통합하였다. 쑨원은 국가를 '수백만의 가족으로 구성된 인민대가족(大衆的一個大家庭)'으로 생각하고, 이를 민족국가의 토대로 삼으려 하였다. 량치차오가 '민족' 개념을 최초로 제기했다면, 쑨원은 이를 중국의 현실에서 구체화한 것이다.

쑨원은 민권주의에 대해 다음과 같이 설명한다. "국민당의 민권주의는 간접 민권뿐 아니라 직접 민권을 행사한다. 국민된 자는 선거권 이외에 창제(創制: 국민이 직접 헌법 개정안이나 중요한 법률안을 제출할 수 있는 제도), 복결(復決: 헌법개정안이나 국가의 중요한 일 등을 국민의 표결에 붙여 최종적으로 결정하는 제도), 파관(罷官: 선거에 의해 선출된 대표 중에서 유권자들이 부적격하다고 생각하는 자를 임기가 끝나기 전에 국민투표에 의하여 파면시키는 제도) 등 여러 권리를 함께 가지고 있다."[19] 민권주의의 요체는 결국 인민에 의해 정치가 관리되는 것이다.

민(民)과 권(權)을 합쳐서 부르는 민권은 인민의 정치적 힘을 가리킨다. 정치적 힘이란 무엇인가. …… 정(政)은 여러 사람을, 치(治)는 관리하는 것을 의미한다. 많은 사람의 일을 관리하는 것이 정치이다. 다수 사람들의 일을 관리하는 힘이 정권이다. 오늘날 인민에 의해 정치를 관리하는 것을 민권이라고 한다.[20]

다음은 민생주의에 관한 쑨원의 설명이다.

국민당이 생각하는 민생주의의 가장 중요한 원칙은 두 가지이다. 첫째, 평균지권(平均地權: 토지 소유의 균등화), 둘째, 절제자본(節制資本: 큰 기업의 국유화를 실행하여 산업발전을 이루고, 개인은 자본을 절제하여 국가 자본의 충실을 꾀함)이다.[21]

쑨원은 당시 중국의 사회문제 중 가장 큰 문제는 빈부의 불균등으로, 민생주의는 바로 이를 해결하기 위한 것이라 생각하였다. 평균지권은 중국에 원래 존재했던 봉건 사회의 문제를 해결하는 것이고, 절제자본은 이제 막 중국에서 부상하기 시작한 자본주의의 사회 문제를 예방하는 것이다. 평균지권은 토지의 국가 선매권을 인정함으로써 지주층의 봉건 권력을 제한하는 것이다. 절제자본은 국가자본으로 자본가가 함부로 자본 축척을 못 하도록 제한하는 것이다.

쑨원은 사회 경제의 위기는 기계 발명으로 인한 노동자의 실업 문제에서 비롯된다고 보았다. 기계 한 대는 천 명의 노동자를 대체하고, 한 시간으로 하루를 대체할 수 있게 만들었다. 이로 인한 수많은 노동자의 실업은 심각한 사회문제를 일으켰으며, 그 문제가 바로 민생주의라는 말이다. 사회주의나 공산주의는 모두 이 문제를 해결하기 위한 것이다. 그러므로 쑨원은 "민생주의가 곧 공산주의이며 사회주의이다. 우리는 공산주의가 민생주의와 충돌한다고 말할 수 없으며, 공산주의 또한 민생주의의 좋은 친구이다. 민생주의를 주장하는 사람이라면 마땅히 공산주의를 세심하게 연구해야 한다"고 말한다.[22] 다만, 마르크스주의의 중국 실행에 대해선 분명하게 반대한다. 그 이유는 "중국의 산업이 아직 발달하지 못했을 때 마르크스의 계급투쟁과 프롤레타리아 독재는 쓸 데가 없다. 오늘날 우리가 마르크스의 견해를 스승으로 삼는 것은 옳지만 마르크스의 방법을 사용하는 것은 옳지 않다. 우리가 주장하는 민생 문제의 해결 방법은 시기적으로 적합하지 않은 극단적인 방법을 앞서 제시하는 것이 아니라 산업 발달을 기다려 적용하기 위함"이라고 밝힌다.[23]

민생주의와 마르크스주의의 근본적인 차이가 또 하나 있다. 「쑨원학설(孫文學說)」은 이렇게 말한다. "진화라는 것은 시간의 작용이다. 그러므로 다윈이 종의 진화 이치를 발견하였을 때 많은 학자들이 이것을 시간의 대발견이라 일컬었다. 이는 뉴턴의 만유인력을 공간의 대발견이라 일컫는 것과 서로 견줄 만하다. 필자는 진화의 시기에 세 단계가 있다고 생각하는데, 첫째는 물질 진화의 시기이고, 둘째는 종의 진화 시기, 셋째는 인류 진화의 시기다."[24] 쑨원은 인류 진화의 시기를 설명하여 이렇게 지적하였다. "이 시기의 진화 원칙은 종의 진화 원칙과 다르다. 종은 경쟁을 원칙으로 삼지만, 인류는 상조(相助: 서로 도와줌)를 원칙으로 삼는다. 사회 국가란 상조의 본체며 도덕인의는 상조의 작용이다. 인류는 이 원칙에 따르면 번창하고 따르지 않으면 멸망한다. 이 원칙이 인류에게 행해진 지 이미 수십만 년이 되었으나 오늘날에도 아직 이 원칙을 완전히 지키지 못하고 있는 것은, 인류가 본래 종에서 유래하여 제3기 진화에 들어선 지 얼마 되지 않아 종에서 유전된 본성이 아직 완전히 사라지지 않았기 때문이다."

쑨원은 인류 진화의 목적을 "공자의 대도가 실행되면 천하는 모든 사람이 공유한다(大道之行也 天下爲公)는 말과 같은 것"이라고 말한다.[25] 이 말의 의미는 마르크스주의의 계급투쟁설은 종의 진화 시기에 적용되는 투쟁 원칙을 인류 사회에 잘못 적용한 것이라는 것이다. 쑨원은 다음과 같이 말한다. "계급투쟁은 사회진화의 원인이 아니다. 계급투쟁은 사회가 진화할 때 발생하는 일종의 병증이다. 이런 병증으로 인하여 인류는 생존할 수 없다. 인류가 생존할 수 없기 때문에, 이런 병증은 날마다 전쟁을 일으키는 결과를 낳는다. 마르크스가 사회 문제를 연구하여 얻은 깨달음은 단지 사회 진화의 병폐만 본 것일 뿐, 그것의 원리는 보지 못한 것이다. 따라서 마르크스는 단지 '사회병리학자'라고 부를 수 있을 뿐, '사회생리학자'라고 부를 수는 없다."[26] 그는 민생주의를 사회생리학으로 보았고, 마르크스주의는 사회의 부정적 측면에 주목한 사회병리학으로 보았다. 사회의 정상적인 현상과 발전을 올바로 파악하기 위해서는 민생주의가 더 바람직하다는 얘기이다.

쑨원이 전면에 내세운 '평균지권'이 토지 국유화와 토지 겸병의 억제를 내포한다는 점에서 사회주의적 요소를 갖고 있는 것은 분명한 사실이다. 하지만 혁명파가 중국은 민족 문제만 있지 일체의 계급은 존재하지 않기 때문에 계급 문제는 없다고 말한 데서 확인할 수 있듯, 그들은 부르조아를 장래에나 출현 가능할 계급으로 보았다. 그들이 생각하는 사회발전의 동력은 계급투쟁이 아니라 인간의 이성에 기초한 조화로운 사회관계, 즉 민생이었다. 그들이 보기에 계급투쟁은 단지 우연한 현상에 불과하며 필연적인 사회법칙은 아니다.[27] 민생을 강조한 쑨원의 태도는 사회주의를 긍정적으로 수용하는 요소로 작용하면서 이후 중국 혁명의 동력이 되었다. 민생주의는 역사의 발전 과정 중 한 단계인 자본주의 생산관계가 인간을 억압하고 계급 간 불평등을 발생시키는데, 이런 구조적 모순에 전통적 균평(均平) 사상을 개입시킨 것이다. 이는 전통 사상을 이론의 토대로 삼아 새로운 시대를 여는 정책이라고 할 수 있다.

쑨원은 이렇게 말한다. "우리 삼민주의의 뜻은 바로 '인민의, 인민에 의한, 인민을 위한'이며, 국가는 인민이 공유하며, 정치는 인민이 공동 관리하며, 이익은 인민이 함께 누리자는 것이다. 인민은 국가에 대해, 공동으로 생산할 뿐만 아니라 어떤 일이라도 모두 함께 한다. 인민이 국가에 대해 어떤 일이라도 모두 함께할 수 있어야 비로소 진정으로 민생주의의 목적에 도달하는 것이다. 이것이 바로 공자가 희망한 대동(大同) 세계다."[28] 이것이 쑨원이 새롭게 해석한 삼민주의, 즉 '신삼민주의'의 요체인 셈이다.

6장

량수밍의 향촌 건설 이론

량수밍

(梁漱溟, 1893~1988)

량수밍은 학자관료 가정에서 태어나 아버지 량치(梁濟)의 지원으로 신식교육을 받았다. 량수밍은 젊은 시절 공리주의와 사회주의에 관심을 가졌지만, 곧 불교 연구로 방향을 전환했다. 1914년 『구원결의론(究元決疑論: 최고의 진리를 궁구하고 의혹을 해결한다는 뜻)』을 저술하였는데, 이를 높이 평가한 당시 북경대 총장 차이위안페이(蔡元培)가 그를 1917년 베이징대학 교수로 초빙했다. 대학에선 주로 인도철학과 불교 이론을 강의하였다. 1921년 그의 대표작이라 할 수 있는 『동서문화와 철학(東西文化及其哲學)』을 발표하였다. 여기에서 량수밍은 동서 문화의 차이가 삶을 바라보는 각 문화권의 태도에서 비롯된다고 보고, 인류 문화를 크게 서양과 중국, 인도 등 셋으로 나누었다. 서양은 인간의 욕구를 직접적으로 해결하는 방식이 특징이며, 중국은 이를 조화의 방식으로, 인도는 초월의 방식으로 해소한다. 1924년 량수밍은 베이징대 교수직을 사직하고, 본격적으로 향촌건설 운동에 뛰어들었다. 그의 이상사회에 대한 생각이 구체적인 실천으로 펼쳐진 것이다. 향촌건설운동은 유학의 윤리 정신과 서구 근대사회의 장점을 융합하여 이상적인 농촌공동체를 건설하는 것을 목표로 하였다. 중국인의 절대 다수가 농민이므로 이들의 상황을 개선하지 않고선 새로운 중국을 기대할 수 없다는 것이 그의 생각이었다. 1931~1936년 사이 량수밍은 산둥성 쩌우핑현(鄒平縣)을 중심으로 대규모 향촌건설운동을 주도하였다. 1937년 중일전쟁 발발로 향촌운동이 중단되자, 이후 일본의 패전까지 8년 동안 전선 각지를 돌며 항전을 독려하였다. 또한 항전 시기 국민당과 공산당의 충돌을 조정하기 위해 결성된 중국민주정치단체동맹(中國民主政團同盟)의 주축으로 활동하였다. 신중국 성립 초기 정치협상회의 대표자로 뽑혀 마오쩌둥과 우호적인 관계를 유지하였지만, 1953년 농촌 정책에 대한 시각 차이로 마오쩌둥과 정면으로 충돌하였다. 마오쩌둥과 공산당은 도시 중심의 국가 발전을 총노선으로 정했는데, 량수밍은 이를 농민과 농촌을 기반으로 혁명에 성공한 중국공산당의 배신이라고 비판한 것이다. 이 일을 계기로 량수밍은 이후 27년 동안 모든 정치활동과 학술활동을 금지당하게 된다. 특히 문화대혁명 당시 홍위병에게 적지 않은 고초를 겪었다.

마오쩌둥 사망 이후 량수밍은 사회적, 학술적 지위를 회복하였다. 이후 그는 현대 신유가를 대표하는 한 사람으로, 그 사상을 연구하고 재조명하는 움직임이 활발히 일어났다. 1988년 향년 95세로 세상을 떠났다. 『중국민족자구운동의 최후각오(中國民族自救運動的最後覺悟)』, 『향촌건설이론(鄉村建設理論)』, 『중국문화요의(中國文化要義)』, 『인심과 인생(人心與人生)』, 『동방학술개관(東方學術概觀)』 등의 저서가 있다.

1. 최후의 유자(儒者) : 유가와 불가 사이에서

량수밍은 슝스리와 함께 현대신유가의 개창자로 알려져 있다. 그의 문화철학은 중국 문화이론의 발전에 큰 영향을 미쳤으며, 독특한 내용과 체계를 가졌다. 그의 대표작인 『동서문화와 철학(東西文化及其哲學)』은 현대중국의 동서문화 논쟁을 촉발한 계기가 된 책이다. 중국 문화에 대한 량수밍의 관심은 『중국문화요의(中國文化要義)』, 『인심과 인생(人心與人生)』 등의 저서에서도 확인할 수 있다. 이들 저서는 모두 중국문화의 특징과 동서양 문화의 차이를 다루고 있는 것들이다. 량수밍 사상체계의 중심이 문화 철학에 있는 것은 사실이지만, 그의 사상은 여러 방면에서 주목할 만한 가치를 갖고 있다. 무엇보다 그는 자신의 사상을 대학이나 책 안에 가둬두지 않고 삶의 현장에서 구체적으로 실현시키려고 한 철학자였다.

량수밍의 사상을 다룬 연구서 가운데 자주 인용되는 알리토(Guy S. Alitto)의 저서는 『최후의 유자(儒者): 량수밍과 중국 현대화의 고뇌 The Last Confucian: Liang Shu-ming and the Chinese

Dilemma of Modernity』로 이름 붙여져 있다. 그만큼 량수밍은 유학 정신의 마지막 계승자이며, 동시에 유학의 현대적 전환을 모색한 인물이었다. 량수밍에게선 단순한 학술 연구자보다는, 현실에서 성인의 이상을 구체적으로 실현하고자 한 전통 유학자의 모습이 그대로 체현되어 있다. 그가 향촌건설 운동을 제기하고 이에 헌신하는 모습은 그의 이상주의적 면모과 함께 현실 세계의 구체적 개혁에 대한 높은 관심을 보여준다. 여기에서 확인되는 그의 모습은 우환의식을 지닌 전형적인 유가(儒家)이다. 그런데 1980년대 량수밍은 그의 말년의 인터뷰에서 다음과 같이 말한다.

> 사실 난 줄곧 불교의 사상을 견지해왔으며, 지금도 역시 그러하다. …… 불가의 정신을 견지하고, 불가의 삶을 사는 것은 나의 심원(心願)이다. 단지 그렇게 하지 못했을 뿐이다.[1]

왜 그렇게 살지 못했는가. 그는 이렇게 답한다.

> 내 사색의 근원을 거슬러 올라가 보면, 크게 중국과 인생이라는 두 가지 문제가 있다. 나의 생활에서 중국 문제가 우위를 차지하였을 때, 난 신해혁명에 참가하였다. 또 신문기사를 쓰고, 베이징대에서 강의를 했다. 인생 문제가 우위를 차지했을 때, 난 혼인하지 않았고, 채식을 주로 하였다. 그리고 출가를 꿈꾸었다. 이 두 가지 큰 문제는 서로 모순된 채 늘 내 주변을 맴돌고 있었다.[2]

량수밍의 일생은 이렇듯 인생 문제와 중국 현실 문제 사이에서 끊임없이 고뇌하는 삶이었다. 일찍이 출가를 시도할 정도로 불가에 경도되었던 량수밍이 유가로 전환한 것은 1920년 전후의 일련의 사건들이 계기가 되었다.[3] 당시 중국의 위기가 량수밍에게 현실을 벗어나 진리를 위해 전적으로 매진할 기회를 허락하지 않은 것이다. 시대의 격랑 속에서 차마 지식인으로서 현실을 외면할 수 없었던 량수밍의 고뇌가 느껴지는 대목이다. 그는 현실 문제에 적극적으로 참여한 실천적 지식인이었지만, 다른 면에서 보면 그는 일생 동안 불성을 추구한 수행자였다. 이런 이중적인 모습은 량수밍의 사상체계 전반을 관통하고 있다. 불가의 정신을 견지한 채, 유가의 태도로 현실세계에 뛰어든 량수밍의 인생은 당시 중국 지식인의 한 전형이었다.

유가와 불교는 근본적으로 다른 사상 문화체계를 가지고 있다. 유가가 중시하는 것은 '현실세계'이다. 그러므로 그 사상체계의 출발은 '인간'에서 비롯되며, 인간을 떠나서는 얘기할 수 없다. 인간 이외의 요소들, 천(天)이나 음양 등에 대해 언급하기도 하지만 결국 이 또한 모두 인간과 연관되어 있는 것이다. 불가는 이와 정반대이다. 불가가 중시하는 세계는 '현실을 벗어난 세계(出世間)'이다. 그 사상의 출발은 인간의 입장과는 다른 데서 시작된다. 물론 유가와 불가가 일치하는 부분도 있다. 양자는 모두 인간을 대상으로 하고 있다. 불교의 교화 대상이 인간에만 국한되는 것은 아니라는 반론이 있을 수 있지만, 인간이 가장 중요한 대상이라는 사실은 의심의 여지가 없다. 둘째, 유가와 불교가 서로 이야기하는 내용은 다르지만, 그 중점은 모두 자신의 '생명'을 중시하고 고양시키는 수양 공부라는 점이다. 유가와 불가의 사상은 모두 과학적 지식이나 서양철학에서 강조하는 논리나 인식 등의 학문과는 일정한 거리가 있다. 이런 점에서 량수밍은 유가와 불가가 '서로 같진 않지만 통한다'고 말한다.

> 소위 생멸법, 세간법은 다른 것을 말하는 것이 아니다. 그것은 곧 중생의 생명과 인류생명이 실제로 거하는 곳을 이르는 것이다. 불생멸법(不生滅法) 혹은 출세간법은 곧 우주본체를 가리키는 것이다. 유불 양가는 모두 인류의 생명을 그 학문대상으로 하고 있다. 만약 그 본원에까지 철저히 미치지 못하고, 거기에 근거하지 못한다면, 그 학문은 이루어질 수 없는 것이다. 유불이 다른 점은 불가는 현재의 생명에서 해방되어 우주본체를 실증하는 것을 목적으로 한다는 것이다. '몽상에서 벗어나 열반의 경지에 이른다'는 것이 바로 그 말이다. 유가는 반대이다. 현실 생명에 힘써 인류생명의 최고 가능성을 체현하는 것, 우주생명과 완전히 하나 되는 것이 그 목적이다. 맹자가 말한 마음을 다하는 일(盡心) · 본성을 기르는 일(養性) · 몸을 닦는 일(修身), 하늘을 섬기는 일(事天) · 명을 세우는 일(立命), 『중용』에서 이야기하는 마음을 다하는 일(盡其心), 천지의 화육에 동참하는 일(贊天地之化育), 천지와 함께 참여하는 일(與天地參) 등이 모두 이를 말하는 것들이다.[4]

여기에서 량수밍은 유가와 불가가 서로 통할 수 있는 근거를 제시하고 있다. 양자는 모두 인류의 생명을 그 대상으로 하고 있다. 이 일치의 배후엔 좀 더 근본적인 근거가 존재하고 있는데, 유가와 불가 모두 공동의 본원을 가진다는 것이다. 이 본원의 전제 아래 불가는 현실생명의 괴로움에서 해탈하여, 직접적으로 우주본체를 체증(體證)하려고 한다. 유가가 추구하는 것은 이 본체의 체증이 아니다. 일상의 행실에서 근신하고, 도덕준칙을 수행함으로써, 현실세계에서 인류생명의 최고 가능성을 체현하려는 것이다. 이 목적이 도달하면, 곧 우주생명의 일체성을 실현할 수 있다. 유가의 천인합일설은 바로 이를 뒷받침해주는 이론이다. 천도와 인도는 일치하며, 인도의 근원은 천도이다. 인간의 본성은 곧 우주의 본성이며, 인도를 행하는 것은 곧 천도를 행하는 것이다. 맹자가 말한 "그 마음을 다하면 성(性)을 알고, 그 성를 알면 하늘을 안다(盡其心者, 知其性也, 知其性, 則知天矣)"는 말의 뜻이 바로 이것이다. 량수밍은 여기에서 '우주생명의 일체성'이란 개념을 통해 불가의 '우주본체'와 유가의 '천도인심(天道人心)'을 하나로 일치시키고 있다.

2. 동서문화와 철학

량수밍의 대표작이라 할 수 있는 『동서문화와 철학』은 1921년 상무인서관(商務印書館)에서 출판되었다. 이 책은 1929년까지 8판이 인쇄될 만큼 당시 사회에 큰 화제가 되었다. 이 책의 출판을 계기로 중국의 지식계는 동서양 문화의 본질에 대한 진지한 물음을 던질 수 있게 되었다.

량수밍은 이 책에서 '문화의 세 가지 방향(文化三路向)'을 제시하고, 문화를 구분하는 기준으로 '인생태도'를 들었다. 그의 나이 95세 때 이루어진 인터뷰에서 그는 다음과 같이 말했다.

> 나는 인생태도의 관점에서 서양과 중국, 그리고 인도 문화 각자의 특징을 연구하였다. 그리고 인간 대 자연, 인간 대 인간, 그리고 인간 대 자신의 생명이라는 세 가지 다른 개념을 도출해내었다. 이 기본적인 관점은 끝까지 변화하지 않았다.[5]

'문화 차이'라는 말을 들었을 때, 처음 떠오르는 생각들은 무엇인가. 아마 언어, 인종, 민족, 국가 등에서부터 건축, 의상, 풍속에 이르기까지 다양한 것들이 생각날 것이다. 이런 요소들 또한 문화의 중요한 부분이다. 그렇지만 동양과 서양이라는 큰 범주를 나누는 기준으로 삼기엔 뭔가 모자란 부분이 있다. 이 점에서 인생태도를 문화를 구별하는 기준으로 삼은 량수밍의 판단은 탁월한 것이라고 할 수 있다.

인간 대 자연은 서양문화의 중요한 특징이다. 서양문화는 자연을 정복하려는 정신의 기반 위에서 문명을 발전시켜왔다. 서양문화의 대표적 특징인 과학과 민주정신은 모두 자연과의 투쟁이라는 인생태도에서 나온 것으로 끊임없이 환경을 개조하려는 노력의 결과이다. 인간 대 생명은 인도 문화의 특징이다. 인도인은 서양인과 같이 행복을 추구하지 않으며, 또한 중국인처럼 자신의 처지에 자족하는 인생 태도를 지니고 있지도 않다. 그들은 현실세계에서 벗어나 영원한 생명을 지향한다. 인간 대 인간은 중국전통문화의 연원을 이루는 것으로, 곧 인륜을 본위로 한 사회를 표현하는 태도이다. 중국 문화의 중심은 부모는 자식을 자애롭게 대하고, 자식은 부모에게 효를 다하는 태도에서 출발하여, 사회의 조화와 안녕을 중시한다. 사회의 조화는 구성원 각자의 도덕규범과 행위준칙에 의해 이루어진다. 이처럼 도덕규범과 가족, 사회를 중시하는 태도는 개인의 권리를 최고의 가치로 두는 문화와는 명확히 구별된다. 여기에서 량수밍은 '문화의 세 가지 방향설(文化三路向說)'을 제기한다. 그는 문화의 발전 모식을 세 가지로 구분하는데, 이는 생활에 의해 결정된다고 보았다. 생활은 의욕에 의해 결정되며, 의욕의 만족 여부에 따라 인생의 세 가지 문제가 발생한다. 이를 근거로 세 가지 다른 방향의 문화가 형성된다. 그의 사상체계는 대체로 문화삼로향설의 큰 틀을 벗어나지 않는다.

생활문제를 해결하는 방식은 자신의 의욕을 어떻게 해결하느냐의 문제이다. 이는 자신의 의욕에 따라 환경이나 대상을 변화시키는 본래의 방향과 주어진 환경에 자신을 잘 조화시키는 방향, 그리고 문제 자체를 소멸시키는 방향으로 나누어질 수 있다. 첫째는 인간 본래의 방향(本來路向)이다. 이는 투쟁과 노력을 통해 자신이 요구하는 것을 획득하는 태도이다. 이 유형에 속한 문화에서는 어떤 문제에 부딪히면 전면적으로 이를 해결하려고 시도하며, 그 결과는 국면 자체를 전면적으로 개조하는 것으로 나타난다. 이를 통해 우리의 욕구를 만족시키는 것으로, 이것이 인간 본래의 방향이다. 둘째, 어떤 문제에 부딪히면 그를 해결하기 위해 노력하거나 국면을 개조하기보다는, 그 상태에서 자기 자신의 만족을 추구하는 태도이다. 이 유형의 문화에 속한 사람들은 국면을 개조시키기 위해 싸우기보다는 그 현실에 적응하여 만족을 추구한다. 그들이 문제에 대처하는 방식은 자신의 의욕과 환경을 조화시키는 것이다. 셋째 유형에 속하는 사람들은 어떤 문제에 부딪히면 근본적으로 문제나 요구 자체를 취소한다. 서양문화는 제1유형에 속하며, 중국은 제2유형의 문화를 대표한다. 서양의 문화는 의욕의 직접적인 요구(意慾前向要求)를 근본으로 삼으며, 중국문화는 조화와 중용을 지키는 것을 기본으로 한다. 인도는 제3유형의 대표로, 의욕의 자기부정 요구(意慾反身向後要求)를 근본으로 삼는다.[6]

량수밍은 인간의 사회활동에 있어서 종교의 역할을 부정하지 않는다. 그런 점에서 유가의 종교적 역할에 대해서도 긍정적이다. 유가가 예악과 제사를 강조하는 것은 모두 사회구성원의 심리적 안정과 조화를 염두에 둔 것이다. 량수밍은 여기에서 인간의 정감이 이지(理智)보다 우선하다는 점을 강조한다.

> 인간생활에서 이지(理智)의 운용이 정감의 유행을 압도하게 되면, 사람과 자연 간의 분리와 대립은 불가피해진다. 또한 사회와 개인 간의 친밀함 또한 오래 유지할 수 없다. 묵가는 이 점을 살

피지 못해 절장(節葬)과 단상(短喪), 비악(非樂)을 주장하였다. 유가는 이 점을 깊이 인식하였기 때문에, 예악을 중시함으로써 이를 바르게 한 것이다.[7]

불가와 비교해서 유가는 비종교적이지만, 인간생활에 있어서의 역할은 종교의 그것과 별반 다르지 않다. 다만 유가는 종교의 기능을 수행하면서도, 일반 종교가 갖는 허황된 면이 없으니 오히려 여타 종교보다 뛰어나다고 할 수 있다.[8]

종교에 대한 량수밍의 관심은 오랫동안 지속된 것이다. 특히 중국문화의 특성과 종교와의 연관성에 대해 그는 깊은 관심을 보였다. 중국에서 가정 관념이 발달하게 된 근본적인 이유는 종교가 없었기 때문이었다. 종교는 사람들을 결집하게 하고 따라오게 하는 데 결정적인 역할을 한다. 이런 까닭에 기독교가 주류를 이룬 서양은 지도자와 국민들이 한마음으로 집단행동을 하는 게 어렵지 않다. 중국에선 이를 수행하기란 쉽지 않다.

량수밍은 중국에서 종교가 부재한 원인을 공자의 이성주의[9]가 이를 대체했기 때문이라고 말한다. 중국의 이성 문화는 서양과 같은 식의 종교 발전을 불가능하게 만들었다. 서양이 원죄를 강조하며 종교의 길로 나아간 반면, 중국은 도덕을 강조하며 예악의 길로 걸어갔다. 그러므로 량수밍은 전반서화파가 중국에는 이성 전통이 없다고 한 비판에 동의하지 않는다. 중국이 물질문명에 있어 서양에 비해 뒤떨어진 이유는 이성의 잘못이라기보다는 이성의 조숙(早熟)에 있다고 본 것이다.

서양은 몸으로부터 마음에 이르고, 중국은 마음에서 출발하여 몸에 이른다. 중국과 서양은 결국 각각 한편에 치우친 것으로 그 신체와 마음이 마땅히 서로 배치되어야 할 관계를 잃은 것이다. …… 중국의 위대함은 다른 데 있지 않고, 오직 인간 이성의 위대함에 있다. 중국이 결핍된 것은 이성의 결핍에 있지 않고, 이성의 조기 계발, 문화 조숙에 그 결핍의 원인이 있다.[10]

중국인은 인간의 본질을 발견하는 데 조숙했고, 서양보다 앞서 인문의 존재를 도출했기에 물질 문명에 있어선 낙후될 수밖에 없었다.[11] 단, 량수밍은 중국이 인간의 생명존재와 생활 이성의 다층적 의식과 가치 측면에선 오히려 서양보다 우월한 성취를 이루었다고 본다.

문화삼로향설은 단순한 도식성으로 인해 비판에서 자유롭지 않다. 량수밍 역시 그 분류의 기준이나 개념이 정밀하지 못한 데 대해 스스로 인정한 바 있다. 그렇지만, 우리는 량수밍이 문화철학적 관점에서 동서의 문화 비교연구를 시작했다는 사실을 상기해야 한다. 문화의 차이를 묻는 질문은 자연스럽게 이상적인 생활이란 어떤 것인가에 대한 문제로 나아간다. 량수밍은 가장 이상적인 문화란 사람의 생명을 중시하고, 그 생명활동을 복돋아 주는 문화라고 보았다. 그런 측면에서 그는 유가의 인생 태도를 기반으로 하는 중국 문화야말로 가장 이상적인 문화라고 말한다.

인간은 세상을 살아가면서 항상 결핍을 겪게 된다. 결핍을 벗어나 만족을 느끼는 때는 순간이다. 살아가면서 고통을 느끼지 않는 중생은 없지만, 특히 인류의 고통은 가장 크고 심각하다. 인간은 즐거움을 느낄 수 있는 존재이기 때문에, 결핍의 고통 또한 그만큼 크게 느낄 수밖에 없다. 현실생활에서 절대다수의 사람들은 생명의 고통 상태에 처해 있다. 이 생명의 고통을 어떻게 극복할 것이냐는 인류 모두가 공통적으로 관심을 갖고 있는 문제이다.

3. 향촌건설운동

량수밍이 보기에 세속적 인간은 외부의 조건을 변화시킴으로써 생명의 유장함을 추구한다. 이에 비해 수양 공부가 어느 정도 갖추어진 사람들은 생명 내부의 힘을 기르는 데 힘쓰고, 외부에서 그를 구하지 않는다. 송대 유학자들이 추구한 '공자와 안자가 즐거워한 곳(孔顔樂處)'은 일종의 정신적 수양 경지이다. 유가의 수양공부는 한마디로 요약하면 곧 '현실생활에서 실천하는 가운데 그 성을 다하는 것(踐形盡性)'이다. 량수밍은 이러한 생각을 기반으로 자신의 이상사회를 실현할 수 있는 구체적인 방안을 모색하였다. 향촌 건설 운동은 량수밍의 그러한 고민이 현실로 나타난 것이다.

량수밍은 1924년 베이징대학 교수직을 사임하고, 자신의 구상을 실현하기 위한 구체적인 활동에 들어간다. 그는 당시 중국의 문제가 옛 제도와 조직은 무너졌는데, 새로운 사회질서는 수립되지 않은 데 있다고 보았다. 그런 점에서 향촌건설운동은 현대 중국사회에 맞는 새로운 조직을 건설하는 모색이었다고 할 수 있다.[12] 중국문화의 토대는 농촌에 있으니, 시대에 맞는 농촌 공동체를 건설하는 일이야말로 옛것은 가고 새로운 것은 오지 않는 때에 자신이 해야 할 임무였다. 1924년부터 1937년까지 량수밍은 교육을 통해 향촌자치조직을 강화하고, 합작회사 설립을 통해 농촌경제를 부흥시키는 데 전력을 기울였다.

량수밍은 향촌건설운동의 본보기를 중국 전통에서 찾았다. 바로 송대 이래 중국 향촌 문화의 특징인 향약(鄉約)이 바로 그것이다. 특히 북송의 여대림(呂大臨)이 『주례』와 『예기』를 바탕으로 제정한 여씨향약(呂氏鄉約)은 구체적인 강령과 규약 등이 남아 있어 량수밍에게 큰 영향을 미쳤다. 여씨향약의 주요 강령은 덕업상권(德業相勸), 과실상규(過失相規), 예속상규(禮俗常規), 환난상휼(患難相恤)로 중국의 전통적 도덕 규범을 그대로 구현한 것이었다. 량수밍은 향약이 중국의 전통 문화를 계승하고 그 정신을 현실에 구현할 수 있는 방안이라고 생각하였다. 그는 향약의 정신을 계승하고 이를 현대적으로 전화시키는 방안으로 교육 부문을 강화한 향학(鄉學), 촌학(村學), 향농학교(鄉農學校) 등을 세웠다. 이들 교육 기관은 구성원의 지적 성장과 함께 공동체 정신을 고취하고, 아울러 이를 바탕으로 합작 생산을 추동하는 현실적 기구이기도 하였다.[13] 량수밍은 이를 통해 중국의 고질적 문제인 가난을 해결하려고 시도한 것이다. 가난이야말로 중국의 가장 큰 문제로, 향약의 본래 의도도 이를 구제하기 위함이었다. 향촌 건설은 전통 향약의 정신을 현대에 맞게 재해석한 것이었다.

량수밍이 구상한 향촌 조직은 기본적으로 농민 스스로 만든 자치조직을 근본으로 한다. 구성원의 자발적 참여와 운영을 통해 이뤄진 자치조직은 향촌의 모든 문제를 공동으로 협의하고 스스로 처리하는 것을 원칙으로 한다. 공동체의 구성원은 스스로 제정한 규약을 통해 교육되고 이를 통해 새로운 문화와 풍속을 창조한다. 향촌의 질서는 규범과 예속(禮俗)을 통해 유지되며, 법률과 강제는 향촌에선 마땅히 사라져야 할 모습이다. 량수밍이 구상한 향촌은 중국의 대다수를 차지한 농촌과 농민을 새로운 질서로 조직한 이상사회의 모습이었다.

향촌건설운동은 캉여우웨이나 량치차오가 꿈꾸었던 학술, 문화적 한계를 벗어나 현실의 구체적 결과를 거두었다. 쑨원의 삼민주의가 목표로 했던 민생주의가 현실의 모습으로 가장 가깝게 나타난 것 또한 향촌이었다. 량수밍의 향촌 구상은 구체적이고 현실적이었다. 량수밍이 직접 참여한 향촌운동은 전통 유학의 규범을 중심에 둔 윤리 운동과 함께 과학기술을 도입하여 생산력 향상을 꾀하는 가난 퇴치 운동의 성격을 함께 갖고 있었다. 그 결과로 나타난 것이 농촌연합과 생산력의 비약적 향상이었다. 향촌건설운동이 최종적으로 목표로 하는 사회는 생산과 분배가 사회화되고 계급적 대립이 없는 사회, 사람과 사람의 경쟁이 없는 사회, 즉 사회주의 사회였다. 이의 실현을 위해 량수밍은 합작운동을 본격적으로 전개하였다.

4. 합작운동과 사유제 폐지

농민과 농촌 간의 합작 운동을 통해 생산력과 기술을 발전시키는 일은, 생산과 분배의 사회화를 이루기 위한 전제로서 사회자본을 축적하기 위한 기본조건이었다. 량수밍은 합작사의 이윤축적을 통해 향촌건설운동이 지향하는 이상사회에 도달할 수 있다고 보았다.

중국 역사에 있어 인민들을 가장 힘들게 만든 문제는 토지 문제였다. 빈부의 격차와 계급 간 갈등의 배경엔 토지의 분배가 공평하지 않은 데 있었다. 쑨원이 '건국방략'에 제시한 경자유전(耕者有田)의 원칙은 중국 농민이 오랜 기간 바랐던 최대 소망이었다. 량수밍은 합작의 방식을 통해 이 토지 문제를 해결하려고 하였다. 합작사를 통해 소수 지주의 토지소유를 막고, 직접 농사를 짓는 농민들이 자신의 토지를 가질 수 있도록 하자는 것이다. 량수밍은 그 모델로 소비에트 혁명 후 소련이 실시한 집단농장을 사례로 삼았다. 그는 집단농장의 성과와 폐해를 면밀히 분석하고, 그에 따라 합작 원칙으로 경영의 사회화, 토지의 강압적 수용이나 집단화 방지, 개인의 역량과 감정 존중, 교육과 계몽을 들었다. 량수밍은 합작 운동이 성공하기 위해선 농민의 역량과 감정에 대한 존중이 우선되어야 한다고 보고, 급진적인 토지의 수용이나 집단화는 긍정적 효과보다 부정적 폐해가 많다고 지적하였다. 량수밍은 이러한 원칙하에 장창(庄倉)합작사를 조직하여 곡물을 수매하고, 신용합작사를 세워 농민에게 필요한 금융 대출을 실시하였다. 1935년엔 기직(機織)합작사, 잠업합작사, 임업합작사, 면화합작사 등 합작사가 145개로 늘어났고, 이에 종사하는 사원 수 또한 9400여 명에 달했다. 합작운동의 결과는 성공적이었지만, 1935년 발발한 중일전쟁은 합작운동의 발전을 멈추게 만들었다.[14]

량수밍의 향촌건설운동은 전통 유학사상을 기반으로 한 향약의 현대적 운용과 합작운동을 통해 중국의 대다수를 구성하는 농촌을 전면적으로 재구성하는 운동이라 할 수 있다. 이는 중국 전통 대동사상의 핵심 가치인 공(公)과 균(均)을 현대 중국에 구체적으로 실현하는 실험이었다. 량수밍은 향촌 공동체 운동을 통해 토지를 공유화하고, 생산과 소득을 고루 분배함으로써 빈부와 경쟁의 문제를 해결하려고 하였다. 량수밍은 모든 사회 문제의 근원엔 '사유재산제'가 있다고 보았다.

> 사유재산은 사람들에게 생존경쟁을 일으키는 근원이다. …… 이런 사회에선 우리가 굶어 죽더라도 다른 사람들은 우리에게 관심이 없다. 다른 사람 역시 우리를 그렇게 생각한다. 아! 이런 사회를 어찌 사회라고 할 수 있겠는가! 이런 곳에서 어떻게 인생을 말할 수 있겠는가. …… 근본적 해결책은 오직 사유재산제도를 폐지하고 생산수단을 공유하는 것이다. 생활문제를 사회 공동으로 해결함으로써 사람들의 생존경쟁을 해결해야 한다. 이것이 바로 사회주의이다.[15]

사유재산제는 구성원 간의 생존경쟁을 부추기고, 빈곤의 격차를 심화시키고 가난을 세습화한다. 경쟁에서 도태된 사람은 부랑자로 전락하게 되며, 사회의 약자를 절망의 구렁텅이로 몰아넣는다. 량수밍이 향촌건설운동을 통해 궁극적으로 이루고자 한 사회는 윤리와 상호 협조를 중심에 둔 공동체였다. 이를 위해선 사유재산제의 철폐가 불가피하였다. 량수밍이 꿈꾼 이상사회는 경제적 생산과 분배가 사회화된 사회였다.

> 이상사회의 기초는 무엇인가? 경제적 생산과 분배의 사회화이다. 이는 사회주의의 실현을 의미하며, 소비에 맞는 생산이며, 비영리적이다. …… 사회주의가 좋은 것은 사람과 사람의 경쟁을 소멸시킨다는 것이다. 이는 인류의 생존문제를 개인이 아닌 사회가 해결한다는 의미이다.[16]

량수밍은 사람과 사람의 경쟁이 소멸된 사회, 생존 문제를 구성원 각자가 아닌 사회가 책임지는 사회를 꿈꾸었다. 이를 위해 그는 합작사 운동을 통해 생산의 사회화과 생산력 향상을 위해 노력하였다. 량수밍의 향촌건설운동은 분명한 사회주의 운동의 성격을 가지며, 그 지향 또한 당시 사회주의 혁명가들과 비슷하다. 량수밍과 그들의 차이는 계급투쟁에 대한 입장에서 갈린다. 량수밍은 중국의 향촌사회에는 서로 다른 직업 간 불평등은 있지만 계급투쟁은 없다고 보기 때문이었다. 량수밍은 마르크스레닌주의의 계급투쟁이 아닌 농민의 각성에 따른 자치와 윤리 의식의 고양이 새로운 중국의 이상사회를 건설할 수 있는 추진력이 될 것이라 믿었다. 그의 이상사회 모델은 비록 실패로 끝났지만, 오늘날에도 여전히 살아 숨 쉬는 이상으로 남아 있다. 중국의 농민은 여전히 8억이 넘고, 이 문제를 해결하지 않는 한 중국의 대동사회는 결코 건설될 수 없기 때문이다.

7장

슝스리의 외왕학과 이상사회론

슝스리

(熊十力, 1885~1968)

슝스리의 자(字)는 자정(子貞), 호는 칠원노인(漆園老人)이다. 본명은 계지(繼智)로, 스리(十力)는 후일 개명한 이름이다. 1885년 후베이성(湖北省) 황캉현(黃岡縣)에서 태어났다. 어린 시절 빈곤한 환경 때문에 제대로 학습을 받지 못했으며, 열여섯 살 때에야 부친의 친구인 허쿤거(何焜閣)의 서당에서 수업을 받을 수 있었다. 허쿤거은 양명학자로 실천을 중시했는데, 그의 이러한 태도는 슝스리에게 큰 영향을 주었다.

1902년 18세 때 우창(武昌) 카이즈영(凱字營)에 입대한 슝스리는 1904년 우창에 과학보습소(科學補習所)를 세워 혁명당의 연락기구로 삼았고, 1911년 10월 10일 후베이성 우창에서 기의한 혁명에 적극 참여하였다. 이를 계기로 후일 우창도독부의 참모가 되었다. 신해혁명 이후 권력다툼에 회의를 느낀 슝스리는 1918년 5월경 학문의 길로 인생의 진로를 바꿨다. 그 해 첫 번째 저서인 『자진심서(子眞心書)』를 출간하였다.

1920년 슝스리는 량수밍의 소개로 난징(南京) 금릉각경처(金陵刻經處)에 들어가 어우양징우(歐陽竟無)에게 유식학(唯識學)을 배웠다. 1922년 베이징대학 총장 차이위안페이의 초빙으로 베이징대학 철학과 강사가 되었다. 1923년 10월 『유식학개론(唯識學概論)』, 1932년 『신유식론(新唯識論)』을 출간하면서 '신유식론'은 그의 사상체계를 대표하게 된다. 1945년 『독경시요(讀經示要)』, 1947년 『십력어요(十力語要)』를 출간하였다. 1950년 이후 십여 년 동안 『최혹현종기(摧惑顯宗記)』, 『논육경(論六經)』, 『원유(原儒)』, 『체용론(體用論)』, 『명심편(明心篇)』, 『건곤연(乾坤衍)』 등을 잇달아 내놓았다. 1956년 전국정치협상회의에 참가했으며, 2~4회 전국정협위원으로 활동하였다. 문화대혁명이 발발하면서 여러 차례 박해를 받았으며, 1968년 5월 23일 상하이에서 폐렴으로 사망했다. 그의 주요 저작은 『슝스리전집(熊十力全集)』(中國: 湖北教育出版社, 2001)에 수록되어 있다.

1. 현대신유학의 개창자

숭스리는 량수밍과 함께 현대신유학 제1세대를 대표하는 철학자이다. 그가 중국 현대철학사에서 차지하는 위치는 량수밍에 결코 뒤지지 않는다. 량수밍이 향촌건설운동 등 현실 개혁에 힘을 쏟은 반면 숭스리는 베이징대에 남아 강의와 연구에 종사하면서 현대신유학의 기초를 닦는 데 열정을 바쳤다. 모우쭝산(牟宗三), 탕쥔이(唐君毅), 쉬푸관(徐復觀) 등 현대신유학을 대표하는 학자들이 모두 그의 제자들이다. 숭스리는 만칭(晚清) · 민국(民國) · 신중국(新中國)을 모두 직접 체험한 인물로, 그의 철학 사상은 각 시대의 흔적을 담고 있다. 숭스리는 중국 전통철학을 계승, 발전시키고 현대적인 학적 체계로 자리매김하는 일을 자신의 학문 과업으로 삼았다.

5 · 4 신문화 운동 이후 베이징대학의 천두슈, 후스 등을 중심으로 반전통(反傳統)과 전반서화(全般西化) 풍조가 극에 달할 때 이에 대한 반발과 우려 속에 중국 전통철학에 대한 재평가 움직임이 일어났다. 그 시초를 연 사람은 량치차오이다. 그는 1차 세

계대전의 후속 처리를 위한 중국 대표단의 일원으로 유럽을 다녀온 후 저술한 책 『구유심영록(歐遊心影錄)』에서 서구 문명의 특징은 과학이며, 과학은 전쟁과 같은 반인류적 사건을 막을 수 없다고 주장한다. 인간과 세계에 대한 사유가 미흡한 과학은 오직 효율과 자연에 관심이 있을 뿐, 결코 인생의 문제를 해결할 수 없다는 것이다. 이는 이후 중국 근현대의 대표적 사상논쟁인 과학과 현학 논쟁(科玄論爭)의 단초가 되었다.

차이위안페이 - 슝스리를 베이징대로 초빙한 당시 베이징대 총장

슝스리는 량치차오의 견해를 이어받아 서양철학과 중국철학은 각각 특징이 있으며, 서양철학이 과학적 방법에 근거한 반면 중국철학은 마음을 본체로 한 수양 공부가 중심이라고 보았다. 중국 현대철학의 핵심 주제 중 하나인 마음 본체론은 슝스리에서 시작되었다. 다만 슝스리는 수양과 지식은 서로 대립 관계에 있는 것은 아니며, 서양철학과 중국철학은 서로 밀접한 연관성을 갖고 있다고 말한다. 슝스리는 마음 본체를 핵심으로 하는 유가 철학이 과학과 실증에 근거한 서양철학과 어떤 점에서 차이를 가지며, 각자의 철학이 갖는 장단점이 무엇인지 면밀히 검토하였다. 이는 중국철학이 현대의 학문 체계로 정립되는 데 있어 중요한 조건으로, 신문화운동 이후 전반서화론자들이 부정한 중국철

학의 전통과 정체성을 회복하는 열쇠였다.

2. 철학과 과학

슝스리 철학의 출발은 과학과 철학의 범주를 정확히 구분하고, 각자의 특징을 명확히 하는 데 있었다. 슝스리는 『십력어요(十力語要)』에서 과학은 대상의 탐구를 중심으로 하기에 그 법칙은 외부 존재에 있으며, 그 탐구 방법은 객관적이어야 한다고 말한다. 과학은 지식의 학문인 것이다. 그에 비해 철학은 우주와 생명, 진리와 지식을 그 대상으로 하고 있다. 각각의 영역은 분리되어 있지 않고, 서로 소통하고 교류하며 하나로 통합되므로 본래 안과 밖의 구분이 없다. 철학의 방법은 스스로 성찰하는 데 있으며, 이는 주체가 실천하지 않으면 그 사실을 증명할 수 없는 수양(修養)의 영역이다. 과학과 철학은 이처럼 서로 범주가 다른 학문 영역이기 때문에, 이 둘은 학문의 목적과 의의가 같을 수 없다. 과학은 객관적 지식의 탐구가 목적이며, 철학은 자기 자신의 삶에 대한 성찰을 과제로 한다. 과학은 자연의 법칙을 밝히고 이를 토대로 세계를 개조하는 것에 관심이 있는 반면, 철학은 자신의 생명에 의미를 두고 자기 수양에 초점이 맞춰져 있다.[1]

철학과 과학이 서로 다른 영역의 학문이라는 사실을 바탕으로 구성된 슝스리 학문체계의 핵심은 본체론에 있다. 송명리학 이래 중국철학의 중심은 본체론에 있었는데, 슝스리는 이러한 학문 전통의 부활과 재건에 온 힘을 다하였다.『신유식론(新唯識論)』은 그의 본체론을 반영한 역작이라 할 수 있다. 슝스리는 각 민족이 본체에 대해 생각하는 방식은 그 민족의 문화 형태와 인생 태도, 그들의 문화적 배경이나 사회현상을 반영한다고 보았다. 서양은 인간과 객관적으로 분리된 자연세계를 중심으로 본체를 탐구하며, 인도는 인간 내면의 명상을 통해 본체를 추구하며 그 결과 인간과 만물을 벗어난 탈속의 경지에서 그를 만난다. 이에 비해 중국철학은 인간 내면에서 본체를 찾고 이를 바탕으로 현실에서 안정된 삶을 영위하는 체계라고 보았다. 인간의 도덕적 본성이 곧 궁극적 존재로서 본체와 일치하며, 이는 우주의 운행 법칙과 통한다. 그 점에서 인간의 본성은 우주와 같은 존재라고 할 수 있다. 우주의 생명을 생생하게 느끼기 위해선 앎과 실천이 통일되어야 하는 이유이다. 이러한 본체론적 사고는 철학의 영역에서 가능하며, 과학의 범주에선 이해할 수 없는 문제이다.

슝스리의 본체론은 본체를 사유하고 설명하는 데 있어 이를 늘 인간의 도덕적 행위나 사회윤리와 연결시켜온 중국 철학의 특징을 잘 보여준다고 할 수 있다. 중국의 전통 유학은 인간의 존재근거를 도덕적 실천을 통해 궁구하고, 천인합일을 실현해야 할 최고의 가치라고 보았다. 슝스리의 철학체계는 이러한 유가 전통을 현대적 철학체계로 전환시킨 것이라 할 수 있다.

3. 마음과 수양

슝스리는 중국철학의 핵심을 인간의 도덕 실천에 있다고 보았다. 그의 학문체계에서 수양론이 가장 중요한 부분을 차지한 것은 그에 따른 마땅한 결과이다. 슝스리는 수양 공부란 본심을 인식하고 일상 생활에 의해 형성된 습심(習心)을 경계하는 것이라고 보았다. 습심이란 감각과 주변 환경에 의해 본래의 마음이 가려진 상태를 말한다. 수양의 요체는 본심과 습심의 차이를 명확히 인식하고, 습심이 본심을 가리거나 해치지 못하도록 하는 데 있다. 사람은 태어나면서부터 양지(良知)와 양능(良能)를 가지고 있다. 이를 잘 확충하여 천지만물과 서로 통하는 경지에 이르는 것이 유학의 전통인데, 맹자 이후 이 전통이 제대로 이어지지 못한 것이 문제였다. 슝스리는 유학은 '나날이 새로워지기 위한(日新又日新)' 학문이며, 그 근본은 '인(仁)'에 있다고 말한다. 그 핵심은 '스스로 노력하여 자신을 발전시킴(自强)'과 '날로 새로워짐(日新)'에 있다. '인'은 남을 측은히 여기는 마음과 세상에 대한 지혜가 높은 경지에 이른 상태이다. 『역경』은 '인'을 건(乾)이라 부르고, 이를 대명(大明)으로 풀이하는 것은 그 내용을 말한 것이다. 다른 사람의 불행을 차마 견디지 못하는 마음을 확충하여 이를 천지만물에 잘 적용하는 것이 바로 유가의 기본 정신이며, 인(仁)의 지혜이다. 수양 공부는 인의 자각을 통한 지행합일의 과정으로, 이러한 태도가 곧 '매일 새로워지는' 인간을 가능하게 한다.

사람들은 어떤 이유로 본래 주어져 있는 마음을 지키지 못하게 될까. 그 이유는 재물의 유혹을 받거나 위태롭고 어려운 상황에서 생존과 정의가 충돌할 때이다. 재물을 탐내는 것은 모든 사욕의 근원이 된다. 명예욕이나 권력욕 또한 그 본질은 재물에 대한 탐욕에서 비롯되는 경우가 대부분이다. 숭스리는 수양을 통해 사욕을 조절하는 것이 무엇보다 중요하다고 강조한다. 생존과 정의가 충돌하는 경우에 있어 숭스리는 "뜻있는 선비와 어진 사람은 자신이 살려고 인을 해치지 않고 자신을 희생하여 인을 이룬다(殺身成仁)"는 공자의 입장을 따른다. 인간의 생명은 무엇과도 바꿀 수 없이 중요하지만, 생존과 정의 사이에서 하나를 선택해야 한다면 정의를 선택해야 한다는 것이다.

인간은 살아가는 동안 그 의식 활동이나 행위하는 데 있어 언제나 선과 악의 경계에서 문제에 부딪친다. 감각과 욕망을 가진 인간에게 선악의 딜레마는 항상 발생할 수밖에 없다. 이때 밝은 마음의 기운(明幾)를 잘 간직하고 있는 사람은 인심을 지키지만, 그렇지 못한 사람은 결국 악을 행하게 된다. 인간이 수양에 항상 힘써야 하는 이유이다. 숭스리는 밝은 기운을 간직하고 선을 확충시키기 위해선 늘 격물치지(格物致知)에 힘써야 한다고 말한다.

격물치지는 『대학(大學)』에서 제시된 수양 방법으로 "모든 사물의 이치를 끝까지 파고들어 궁극적인 앎에 이른다"는 뜻이다. 주희는 "나의 앎을 성취하고자 한다면 사물에 나아가 그 이치를 궁구해야 한다"고 보았다. 왕양명은 이와 달리 "내 마음 속의 천리인 양지를 각각의 사물에 실현시키는 것이 치지(致知)이며, 각 사물마다 모두 그 이치를 얻은 것이 격물(格物)이다"라고 해석하였다. 슝스리는 양자를 통합하여, "내 본심의 밝음(양지)을 확대하여 일체의 외재사물에 적용하고, 사물의 규율과 본질을 끝까지 탐구하여 그것을 변화시키고 재단함으로써, 그 사물이 본성을 다하도록 하는 것"이 격물치지의 내용이라고 보았다. 그는 격물과 양지는 하나로, 지혜와 지식은 서로 분리될 수 없다고 보았다. 양명은 양지를 강조하느라 격물을 반대하였는데, 이는 공자의 본뜻과 다르다고 말한다. 공자는 지혜와 지식을 똑같이 존중하고 강조했으니, 이야말로 중국 유학의 전통인 것이다. 이러한 그의 태도는 자연스럽게 현실 문제에 대한 관심으로 이어진다.

4. 외왕학과 유토피아주의

슝스리는 본래 유학은 '내성외왕(內聖外王)'을 목표로 삼았으며, 현실 문제의 해결에 결코 소극적이지 않았다고 보았다. 송명 이후 '외왕학'이 소홀히 취급된 것은 잘못이며, 근대 중국이 위기에 처한 이유 또한 그에 따른 결과였다. 슝스리의 학문 역정에서 '외왕학'에 대한 관심은 주로 그의 만년 저작들에서 발견된다. 특히 『원유(原儒)』(1956년)의 '원학통(原學統)', '원외왕(原外王)', '원내성(原內聖)' 등의 글은 '내성외왕'의 핵심을 학적으로 잘 표현하고 있다.[2]

슝스리는 『역(易)』, 『춘추(春秋)』, 『예운(禮運)』, 『주관(周官)』 등 4부 경전이 공자의 외왕학 전통을 표현하고 있다고 말한다. 이를 근거로 슝스리는 육경의 진위에 대한 고증을 시도하는데, 공자의 본래 뜻을 '진실(眞)'의 기준으로 삼아 후세의 손을 거쳐 편찬된 것은 거의 대부분 '거짓(僞)'이라 판단하였다.

『독경시요(讀經示要)』 1권에서 슝스리는 『대학(大學)』의 '제가(齊家), 치국(治國), 평천하(平天下)'를 외왕의 개념을 밝히는 문구로 거론하는데, 3권에서 '공자의 도는 내성외왕이고, 그 학설은 『역(易)』, 『춘추(春秋)』 두 경전에 잘 나타나 있다'고 할 때엔 이미 3강령 8조목의 덕목에 구애받지 않는 모습을 보인다. 여기에서 슝스리는 금문경학의 입장에 따라 공자를 『춘추(春秋)』의 저자이며, 동시에 소왕(素王)으로 자부하고 있었다고 말한다.

> 『춘추』에서 '왕'을 언급한 것은 두 가지 의미가 있다. 하나는 문왕을 빌려 인(仁)의 도를 밝히는 것이다. 둘째는 공자 스스로 소왕(素王)을 자처하여 만세의 법을 제정하였는데, 문왕을 가탁하여 자신의 뜻을 밝힌 것이다.[3]

'소왕설(素王說)'은 『공자가어(孔子家語)』와 동중서(董仲舒)의 글에서 나타나는데, 여기서 '소왕'은 봉해진 땅(封地)이나 백성 없이 이름만을 가탁한 왕을 가리킨다. 현실세계의 권력은 없지만 정치제도나 사회개혁의 실천자로서 제후와 다름 없는 역할을 담당하는데, 여기서 정치적 역할은 '만세법(萬世法)의 제정'이란 문구에서 잘 드러난다. 캉여우웨이는 일찍이 『공자개제고(孔子改制考)』에서 공자의 권위를 빌어 자신의 정치개혁 의지를 표명한 '탁고개제(託故改制)'의 방식을 썼는데, 슝스리 또한 그와 유사한 태도를 보인 것이다. 청소년기부터 반청혁명에 본격 참여했던 슝스리의 입장에서 중화민국의 수립은 결코 혁명의 완성이라고 볼 수 없었다. 혁명의 제일 대상은 왕을 정점으로 한 전제제도의 전복에 있었으며, 외왕학의 최종 목표는 왕 개념이 품고 있는 함의 자체를 바꾸는 것이었다. 슝스리가 생각한 새로운 외왕의 목표는 '천자를 폐하고, 제후를 물리치고, 대부를 토벌하는 것'으로, 이는 통치계급을 없애고 인민 스스로 서로 존중하며 다스리는 사회를 건설하는 것이었다. 민중이 스스로 주재하는 태평세상을 이루는 것이야말로 근대의 외왕이 담당해야 할 몫이었던 셈이다. 왕은 하나의 호칭이지만, 그 실질적 내용은 왕도이며, 그 최종 목표는 태평세이다.

> 사람을 다스리는 자의 호칭을 왕(王)이라 한다. 왕이란 간다(往)는 의미이니, 천하가 돌아가는 곳(歸往)이라는 뜻이다. 『춘추(春秋)』는 의로써 백성을 교화하고 태평세를 이룬다 하니, 영도의 무거운 책임이 여기에 있다.[4]

슝스리는 『원유(原儒)』에서 『건곤연(乾坤衍)』에 이르기까지 '왕(王)'이란 곧 '천하 만민이 돌아가는 곳(歸往)'이라고 해석하였다. 왕도와 태평세의 밀접한 관계는 '치화(治化: 다스리고 교화한다)'에 의거한 덕치의 이상에서 나타난다.

다스림과 교화의 핵심 근원은 천하 만민 각자가 그 욕망을 스스로 절제하고, 사욕을 억제하여 본래의 어진 본체(仁體)를 회복하는 데 있다. 그런 연후에 사람들은 모두 천지만물과 일체가 되는 즐거움을 누릴 수 있게 된다. 그렇게 되면 서로 존중하고 도우며, 생명을 기르고 균등한 안락을 도모할 수 있다. 이것이 『춘추(春秋)』가 '원(元)'에서 비롯되어 왕도(王道)의 황극을 세운 이유이다.[5]

슝스리의 왕도 개념에서 두드러진 특징은 도덕질서가 정치적 행위를 견인한다는 점이다. 그 세부 절목들, 사욕을 억제하고(抑私), 서로 도우며(比輔), 생명을 기르고(生養), 균등과 안락을 추구하는 것(均安) 등은 모두 핵심 원칙인 '어진 본체(仁體)' 내에서 서로 밀접한 관계를 맺고 있다. 왕도의 이상은 천하가 인(仁)으로 귀결되며, 천지만물이 일체가 되는 상태를 구현하는 것이다. 이는 정치 영역에선 전제를 혁파하고 '모든 사람이 주인이 되는 천하(公天下)'를 이루고, 사회 영역에선 백성들 스스로 자신의 삶을 주재하는 상태를 말한다.

슝스리는 치화(治化)의 근본으로 육경을 드는데, 『독경시요(讀經示要)』 1권 '상도(常道)'와 '대도(大道)'는 그 내용에 대해 말하고 있다. 그는 여기에서 육경에 의거한 치화(治化) 원칙을 다음의 아홉 가지로 압축하여 표현한다.

① 인(仁)을 체(體)로 삼는다. ② 격물(格物)을 용(用)으로 한다. ③ 성(誠), 서(恕), 균(均), 평(平)을 경(經)으로 삼는다. ④ 시(時)에 따라 고치고 교화함을 권(權)으로 삼는다. ⑤ 이용후생(利

用厚生)은 정덕(正德)에 의거한다. ⑥ 정치와 형벌은 예양(禮讓)으로 귀결시킨다. ⑦ 처음 시작할 땐 각 사람의 형편에 따라 다스린다. ⑧ 만물이 각각 자기의 자리를 잡도록 돕는다. ⑨ 마지막은 군룡무수(群龍無首)의 이상으로 완성한다.

여기에서 제1원칙은 첫 번째 '인(仁)을 도체(道體)로 삼는다'는 것이다. 이는 나머지 여덟 원칙을 관통하는 것으로, 격물은 인의 용(用)으로서 예악제도를 수립하고, 이용후생을 꾀하는 것으로 구체화된다. 제8원칙과 제9원칙은 『역(易)』의 '만물이 각기 제자리를 얻는다(萬物各得其所)'와 '여러 용이 모여 있는데, 우두머리가 없다(群龍無首)'에서 온 것이다. 슝스리는 여기에 『춘추(春秋)』의 '장삼세(張三世)'와 「예운(禮運)」의 대동(大同) 개념을 더하여 이상사회의 최종 목표를 태평세로 삼고 있다. 태평세는 역사적 순서에 따라 펼쳐지는 도덕정체(道德政體)로, 이 세계에서 인간과 만물은 모두 자신에게 맞는 자리를 잡고 있으니 별도로 우두머리를 필요로 하지 않는다. 『춘추(春秋)』에 기초한 이러한 이상은 태평세를 향해 역사가 나아간다는 측면에서 일종의 역사목적론적 성격을 띤다. 또한 도덕을 기초로 한 유토피아적 정체(政體)를 가지고 있으며, 이는 『공양춘추학(公羊春秋學)』을 근본으로 한 금문경학의 독법과 밀접한 관련이 있다. 슝스리는 하휴(何休)가 서술한 공자의 삼세의(三世義)를 풀이하며, 이를 인(仁)의 발전 과정으로 이해한다.

삼세의 다스림은 모두 인(仁)이 근본이었다. 거란세(據亂世)에 나라의 내치를 다스리는 것은 오직 인도(仁道) 뿐이다. 승평세(升平世)에 제하(諸夏)를 규합하여 다스림을 완성하고, 이적(夷狄)의 침략을 막아내는 것 또한 인도(仁道)이다. 태평세(太平世)에 인도(仁道)가 널리 퍼지고, 이적(夷狄) 또한 의(義)를 본받으니 제하(諸夏)의 다스림과 교화가 이에 이르러 성대해진다. '인의 본체(仁體)'가 여기에서 현현한다.[6]

거란세엔 '내치(內治)'가 다스림의 주 내용이다. 각국은 모두 자기 나라의 이익을 중심으로 삼으니, 이 단계에선 전쟁과 침략을 피하지 못한다. 승평세는 '제후를 규합하고 이적을 제압하는(合諸夏, 去夷狄)' 시대이다. 이 시기엔 각 나라가 외적의 침략에 저항하고, 나라와 나라 간에 통합을 중시하니 외교를 가장 중요하게 여긴다. 승평세엔 다음의 네 가지 원칙이 있다. ① 중화의 제후들(諸夏)이 패권을 장악하여 이적(夷狄)을 제압하도록 장려한다. ② 전쟁범죄의 수령을 처벌한다. ③ 이적(夷狄)이 예의(禮義)를 따라 행하면, 중화민족(諸夏)과 같이 대우하도록 권장한다. ④ 약소(弱小)한 자가 스스로 자립하지 않으면 죄를 준다.

여기엔 슝스리의 중화주의적 사고가 깊게 반영되어 있다. 근대중국의 제국주의 침략이나 민족문제를 생각하면, 이는 충분히 이해할 수 있는 측면이 있다. 나아가 슝스리의 이러한 태도는 그가 문화보수주의자라는 사실을 환기시켜준다. 이적론(夷狄論)은 표면상 반유토피아적으로 보이지만, 춘추삼세설이 강조하는 것이 화이론(華夷論)보다는 모두가 고르게 하나 되는 태평세(太平

世)의 이상을 목표로 하고 있음을 기억해야 한다.

슝스리는 춘추삼세설이 역사 발전에 대한 변하지 않는 법칙이라기보다는, 시대에 따른 다양한 변화를 받아들이는 태도를 반영하는 학설이라고 본다. 삼세는 시대의 변화에 따라 옛것을 버리고 새 것을 취해야 한다는 개념을 담고 있다는 것이다. 제도는 오래되면 변화에 적응치 못하게 되므로, 마땅히 시의에 따라 변해야 한다는 것이야말로 삼세의 의미이다. 슝스리는 영국의 입헌군주제가 '명목상의 군주제(虛君說)'로 『춘추(春秋)』의 이상을 실현한 것으로 보았다. 군주제를 폐지하고 허군제(虛君制)를 실시하는 데서 승평세의 실마리가 보이기 때문이다. 승평세엔 아직 패권술이 필요한데, 이는 왕도에 복무하기 위해 불가피한 조치이다. 평화를 유지하기 위해 전쟁이 필요하다는 논리가 여기에서 가능해 진다.

『춘추』는 전쟁을 매우 혐오하지만, 거란세과 승평세 사이에서 왕도로 나아가기 위해선 이적의 야만성을 억제하고 통제해야 한다. 승평세에 공적인 전쟁을 준비하고 대비해야 하는 이유이다. 패권으로 이적의 발흥을 제어하는 일은 전제에 대한 저항의 일환이며, 그 내부엔 문화의 창조와 보존, 도덕적 생활의 잠재적 기초 등이 담겨 있다. 슝스리의 유토피아적 사유는 인(仁)을 본체로 삼아 만물일체를 실현한 '공천하' 사회에 대한 구상에서 그 모습이 더욱 구체적으로 나타난다.

슝스리는 『독경시요(讀經示要)』의 주해에서 「예운(禮運)」의 '천하위공(天下為公)' 사상을 논의하며, 양로원과 유치원, 소규모 가정의 보존과 최저한도의 사유재산제 등 사회 복지기구에 대해 설명하고 있다. 『원유(原儒)』의 '원외왕(原外王)'에선 그보다 더 나아간 방식으로 「예운」과 『주관(周官)』의 사상을 해석한다. 그 요지는 "대도(大道)가 행해지면 반드시 통치(統治) 자체를 폐출해야 한다. 소강(小康)의 예교(禮教)는 계급을 보존하는 데서 비롯된 것"이라는 생각이다. 천지만물이 일체인 사회에선 국내의 계급 차별은 물론 나라와 나라, 종과 종 간의 경계 또한 존재하지 않는다. 슝스리는 여기에서 '전 인류의 공동생활'을 구상하는데, 그 형태는 '시민연합'과 코뮨 식의 '공동체' 모습과 흡사하다.

『주관』은 공자가 주대 제도에 기탁하여 자신의 정치 개혁 의지를 펼친 것으로, '난세를 끝내고 평화의 시대를 여는(撥亂起治)' 경전이다. '대동'의 제도 구상은 「예운(禮運)」이 앞서지만, 아쉽게도 원경전이 이미 망실되었으니 그 진실을 판단할 수 없다. 그러므로 공자의 구체적인 개혁 구상을 확인하기 위해선 『주관』을 참고하는 것이 가장 믿을 만한 방법이다. 『주관』의 핵심 요지는 '균(均)'자 하나로 통합될 수 있다. 여기서 균(均)은 '평등(平等)'의 의미이니, 천하가 공(公)으로 돌아가는 근거가 된다. 슝스리는 『주관(周官)』의 정치주장이 곧 왕권을 무효화시키는 목적을 갖고 있으며, 이는 사실상 민주 정치를 실행하는 것을 목표로 하는 것이라는 주장을 펼친다.

민주주의는 개인의 입장을 변화시켜 공동체를 만드는 것을 목적으로 한다. 민주정치란 사적인 존재(私)를 변화시켜 공적 존재(公)로 만들고, 흩어진 개인들을 하나로 연결하여 천하일가(天下一家)의 세계를 만드는 것이다. 이러한 목표가 실현되기 위해선 어떻게 해야 할까. 슝스리는 이를 위해선 우선 사유제를 폐지해야 한다고 주장한다. 공동체의 모든 재산, 토지, 사업 등은 모두 사적소유를 철폐하고 공유 체제로 돌려놓아야 한다.

『주관(周官)』의 정치제도는 왕권을 뒤집어 엎고 민주공화 정체를 만드는 것이다. 이 민주정체 아래서의 경제제도는 사유제를 없애고, 군중의 공동생활을 위한 균산제(均產制)를 만드는 것이다. 이로써 경제와 정치가 서로 연계하고 서로 촉진하게 된다. 그 추동력은 민주주의를 위한 정치에 있다. 그렇지 않으면 정권이 인민에 속하지 않게 되어, 구사회의 불균등한 경제제도를 혁파하고 신제도를 창립하는 데 있어서 반드시 문제가 되지 않을 수 없다.[7]

슝스리의 이러한 생각은 캉여우웨이나 쑨원의 생각과 별반 다르지 않다. 인류공동체를 위협하는 가장 큰 적은 '사유제'라는 것이다. 바꾸어 말하면, 사유제에 근거한 정치 · 경제제도는 이상사회로 나아가는 데 있어 가장 큰 걸림돌인 셈이다. 근현대 중국의 이상사회론에서 공통적으로 발견하게 되는 사회주의적 성격은 이처럼 슝스리의 경전 해석에서도 동일하게 확인할 수 있다.

5. 슝스리 외왕학의 비판과 의의

슝스리의 외왕학과 이상사회에 대한 논의는 발표 당시 중국의 지식인 사회에 상당한 논쟁을 불러일으켰다. 그의 주장에 공개적으로 비판하고 나선 이가 있는데, 바로 량수밍이었다. 1961년 량수밍은 「슝스리가 쓴 책들을 읽고 나서(讀熊著各書書後)」라는 글을 발표하고, 여기에서 슝스리의 주장을 강하게 비판하였다. 량수밍은 슝스리의 외왕학이 실상 주관주의(主觀主義)에 의한 경전의 아전인수격 해석에 불과하다고 보았다.

> 슝스리 선생은 『대역(大易)』, 『춘추(春秋)』, 「예운(禮運)」, 『주관(周官)』 등의 경전에 의거하여 혁명, 민주, 사회주의 등을 해석하고, 그 의미 맥락에 입각하여 공자의 외왕학으로 이를 풀어낸다. 세상을 놀라게 한 이런 주장은 보수와 진보를 막론하고 각계의 조소를 받고 있다.[8]

경전의 사상과 정신이 현대의 혁명이나 민주주의와 상통하는 부분이 있지만, 이를 자신의 뜻에 따라 해석하는 것은 문제가 있다는 것이다. 학자로서 마땅한 태도는 그에 대한 논거를 제시하고, 이를 확장하여 사고하는 것은 사람들 스스로 생각하게 해야 한다는 것이다.

혁명, 민주, 사회주의와 비슷한 사상과 정신은 유가 경전에서 이미 보인다. 또 고대 중국 사람들이 원래 지니고 있던 것이라는 증거들도 적지 않다. 그러므로 이를 경시하거나 그것들을 없앨 수는 더욱 없다. 그러나 나는 슝스리 선생의 학적 방법과 태도에는 동의할 수가 없다. 내 생각에는 다만 이를 중심 사상 정도로만 제시하고 나머지는 사람들이 스스로 깊이 생각하게 하는 것이 마땅하다고 본다. 논의가 너무 멀리 나가거나 또 급하게 결론을 내리는 일은 옳지 않다.[9]

1965년 량수밍은 「보주(補注)」에서 엥겔스가 『공상적 사회주의에서 과학적 사회주의로』에서 생시몽, 푸리에, 오웬의 글 「이성과 영원한 정의의 왕국을 건설하자」를 비평한 문장을 인용하며, 슝스리의 사상이 유토피아주의라고 비판한다. 슝스리나 캉여우웨이 모두 그런 면에서 같은 류의 인물이며, 두 사람 모두 사상유희를 하고 있다는 것이다.

사실 여기에서 우리가 주목할 부분은 량수밍이 공상 혹은 유토피아라고 판단한 그 부분일 것이다. 슝스리의 외왕학이 유토피아 주의의 한 유형이라면, 이러한 형태의 유가 유토피아는 오늘날 어떤 의미가 있을까. 유토피아 사상은 하나의 정치이론적 가능성에 속한다. 슝스리는 근현대 중국의 대표적인 문화보수주의자이다. 특히 뚜렷한 민족주의 성향을 갖고 있는 슝스리가 '공천하'라는 세계주의를 주창하는 것은 분명 검토할 만한 의미가 있다. 그의 구상은 캉여우웨이가 꿈꾼 '세계 대정부'와 그 내용이 매우 흡사하다.

슝스리가 주창한 외왕학은 강한 역사목적론적 색채를 띠고 있다. 내성과 외왕 간의 직접적 연결 구도에 대한 그의 해석은 전통 유가가 지닌 이상주의적 성격을 다시 확인하게 해주었다. 그의 이상사회론은 량수밍의 향촌건설이론과 확연히 다르며, 동시대의 쑨원이나 마오쩌둥의 생각과도 다른 특징을 보여준다. 슝스리의 외왕학은 량수밍과 구별되는 유가의 또 다른 유토피아적 사유형태를 나타낸다. 슝스리의 경전에 대한 해석은 캉여우웨이에 비견될 만큼 급진적이며 독특하다. 그는 경학의 일반적 해석을 완전히 뒤집는 견해를 보여주었는데, 이는 공자가 육경을 저술했다는 근본 입장의 차이에서 비롯된 것이다. 이러한 태도는 슝스리의 생애에서 일관되게 유지된 혁명적 태도와 깊은 연관이 있을 것이다. 그의 이상사회론은 탁고개제(託古改制)의 형식을 빌려 자신의 개혁 열망을 펼친 중국 전통 지식인의 모습을 재현하며, 동시에 현실에서 이상을 실현시킨다는 유가 유토피아의 전형을 그대로 보여준다.

8장

마오쩌둥 사상

마오쩌둥

(毛澤東, 1893~1976)

마오쩌둥은 1893년 12월 26일 후난성(湖南省) 상탄(湘潭)에서 태어났다. 자는 윤지(潤芝), 필명은 자임(子任)이다. 어려서는 서당에서 전통 한학을 공부했으며, 1910년(16세) 서양식 근대교육을 하는 상향현립동산소학당(湘鄕縣立東山小學堂)에 입학했다. 창사상향중학(長沙湘鄕中學)에 진학했을 땐, 우창기의(武昌起義)의 영향으로 혁명군(호남신군)에 참가하였다. 1913년 창사사범학교에 입학하였다. 여기에서 만난 양창지(楊昌濟) 교수는 그의 일생에 큰 영향을 미친다. 1918년 창사에서 '신민학회(新民學會)'를 조직했으며, 1921년 양창지가 베이징대 교수가 되자 그의 추천으로 베이징대 도서관 사서로 일하게 된다. 이를 계기로 당시 베이징대 교수였던 천두슈(陳獨秀), 리다자오(李大釗)와 교류하게 되었고, 1921년 7월 상하이에서 열린 중국 공산당 제1차 당대회에 후난성 대표로 참가하였다. 1923년 제1차 국공합작에서 중앙 집행위원으로 선출되었다. 1927년 국민당 장제스(蔣介石)의 반공 쿠데타로 첫 번째 국공합작이 결렬된 후 후난과 쟝시(江西)의 경계에 있는 징강산(井崗山)으로 들어가 유격전을 전개하였다. 이후 수립된 쟝시(江西)소비에트의 주석이 되었다. 국민당군의 대규모 공세에 따라 중국공산당은 소비에트를 포기하고 1934년 10월부터 1936년 10월까지 산시(陝西)성 옌안(延安)으로 근거지를 옮기는 '대장정(大長征)'을 단행한다. 이 과정에서 마오쩌둥은 1935년 1월 구이저우(貴州)성 준이(遵義)에서 진행된 '준이회의'에서 당권과 군권을 장악하였다. 항일투쟁과정에서 전열을 정비한 중국공산당은 이후 국공내전에서 승리하고, 1949년 10월 1일 중화인민공화국을 정식으로 수립하였다. 신중국 수립 이후 1950~52년 토지 개혁 시행으로 3억 명이 넘는 농민에게 토지가 분배되었다. 1950년대에서 60년대까지 농업 집단화 정책, 대약진 운동, 인민공사, 문화대혁명 등의 정책이 연이어 시행되었다. 1976년 9월 9일 사망하였다.

1. 마오쩌둥 사상의 내용과 역할

현대 중국의 이상사회관에서 마오쩌둥 사상은 중요한 위치를 차지하고 있다. 이는 중국 현대사에서 마오쩌둥이라는 개인이 차지하는 비중이 클 뿐만 아니라, 마오쩌둥 사상의 형성 발전 과정이 중국 현대사의 진행과정과 깊이 맞물려 있기 때문이다. 중국에서 마오쩌둥 사상을 마오쩌둥 개인의 사유체계라기보다 중국 공산당의 집단적인 지혜(集體智慧)라고 이야기하는 이유도 바로 여기에 있다. 마오쩌둥 사상은 중국식 사회주의를 건설한 지도이념인 셈이다.[1]

1) 마오쩌둥 사상의 지위

사회주의 중국이 지향하는 목표에 대해 살펴보기 위해선 우선 현대 중국에서 마오쩌둥 사상의 지위에 대해 살펴볼 필요가 있다. 1945년 중국공산당은 제7차 전국대표대회에서 마오쩌둥 사상이 마르크스레닌주의를 중국혁명의 구체적 현실과 실제에 창조적으로 적용한 것으로, 모든 정책의 지도이념이라고 공식적으로 선언한다. 이후 마오쩌둥 사상은 중국공산당이 국공내전에서 승리하고 신민주주의 혁명을 성공하는 데 있어 결정적 작용을 했으며, 1949년 중화인민공화국이 성립된 이후에도 중국식 사회주의 사회를 본격적으로 건설하는 데에도 절대적인 영향을 미쳤다.

사회주의 사회는 중국이 역사상 한 번도 경험해보지 못한 새로운 형태의 생산관계를 가지고 있는 체제였다. 이는 혁명의 승리와는 별개로 중국의 혁명가들에게 적지 않은 고민을 던져주었다. 새로운 사회 건설에 마땅한 청사진, 즉 배울 만한 모델이 필요했던 것이다. 신중국 성립 초기에는 소련 건국 당시의 사회주의 건설 경험을 모델로 하였다. 이는 소련의 전폭적인 원조 덕분에 일정한 성과를 거두었지만, 스탈린 사후 흐루시초프(N. Khrushchov)가 등장하면서 소련과의 관계가 악화되면서 그 역할이 끝났다. 이후 마오쩌둥 사상은 중국이 독자적인 사회주의 사회를 건설하는 데에 있어 유일한 지도 사상이 된다. 대약진, 인민공사, 문화대혁명으로 대표되는 20년 가량의 좌경 정책은 바로 마오쩌둥 사상이 지닌 절대적 지위에서 비롯되었다.

사인방(四人幇)의 체포와 더불어 문화대혁명이 종결되고 이전의 좌경 오류에 대한 반사로 덩샤오핑 주도의 개혁개방이 시작된 지 이미 40년 가까이 되어간다. 그러나 중국의 꿈(中國夢)과 분발유위(奮發有爲)를 이야기하는 오늘날에도 중국공산당의 당 강령은 여전히 마오쩌둥 사상을 중요한 지도이념으로 명기하고 있다. 이는 마오쩌둥 사상의 핵심을 '실사구시(實事求是)'에 있다고 보고, 중국의 생산력을 끌어올려 사회주의 현대화를 실현하는 것이야말로 마오쩌둥 사상의 진정한 계승이라고 주장한 덩샤오핑 이래의 정책이 여전히 진행 중이기 때문이다.[2]

2) 마오쩌둥 사상의 핵심

마오쩌둥이 생각했던 이상사회가 어떤 모습인가는 중국식 사회주의가 지향하는 사회 모습을 가늠하는 데 있어 중요한 지표가 된다. 덩샤오핑은 마오쩌둥의 공과 과를 평가하면서, 1957년 반우파투쟁 이후부터 마오쩌둥이 좌경 오류를 범했다고 평가한다.[3] 좌경 오류라고 하는 것은 객관적인 조건을 반영하지 않은 채 어느 사회의 변혁을 서둘러 앞당기려고 하는 것을 말한다. 사회주의가 전면적으로 건설되던 시기의 마오쩌둥이 범한 이 좌경 오류에 대한 분석은 이미 많은 학자들이 다양한 각도에서 진행해왔다. 당시 마오쩌둥이 사회주의적 이상사회를 서둘러 앞당기려 했다면 그가 추구했던 중국 사회주의의 지향점에 대한 구체적인 제시가 필요하다. 그런데 이 문제를 연구한 대부분의 학자들은 마오쩌둥이 추구했던 중국사회의 지향점을 원론적 의미의 공산주의 사회로 단순화시켰다. 구체적인 목표와 내용을 제시할 수 없었던 이유는 마오쩌둥 스스로 본인이 지향하는 중국식 사회주의의 미래에 대한 언급이 없었기 때문이다. 따라서 우리가 밝혀야 할 과제는 마오쩌둥의 여러 글에서 단편적으로 발견된 중국 사회의 지향점에 대한 얘기들을 종합하여 그가 건설하고자 했던 중국사회의 미래상을 구체적으로 형상화해보는 것이다.

원론적인 마르크스주의에서 말하는 이상사회는 물론 공산사회이다. "각 구성원은 능력에 따라 일하고, 각자의 필요에 따라 분배한다"라는 슬로건처럼 모든 개인이 능력에 따라 생산하고 또한 모든 개인이 필요한 재화를 필요에 따라 분배받는 사회가 바로 공산사회이다. 공산주의 사회는 계급이 없는 사회로 생산수단이 인민 소유로 통일되고, 사회의 모든 구성원이 동등한 지위를 갖는다. 과학기술의 끊임없는 발달과 개인의 전면적인 발전으로 인해 생산력은 충분히 성장하고, 사회적 부의 모든 원천은 계획적으로 개발되고, 인간의 복지를 위해 가장 효과적으로 이용된다.

마오쩌둥 사상의 핵심은 사유제를 소멸시키고 착취구조를 없앰으로써 소유의 평등을 이루며, 생산력을 발전시키는 것이다. 또한 양극화를 해소하고 공동으로 부유해지는 것이다. 재화의 분배에 있어서 평등을 이루는 것이 그 최종 목표이다. 마오쩌둥의 생각을 공산사회와 비교해보면 본질적인 면에서 크게 차이가 나지 않는다. 그가 생각했던 사회주의는 이미 충분히 이상적 사회인 공산사회에 근접해 있었다. 그러나 원론적으로 말하면 사회주의는 공산주의라는 이상세계로 나아가기 위한 과도기일 뿐, 공산주의와는 본질적으로 구분된다. 사회주의는 아직 완전한 사회적 평등을 실현하거나 계급을 철폐할 수 없기 때문이다. 그럼에도 불구하고 마오쩌둥이 중국에서 실현하고자 했던 사회가 이상세계로서의 공산주의 사회와 본질적으로 차이가 없다는 것, 즉 사회주의의 발전단계를 차근차근 밟지 않고 서둘러 공산주의 이상사

1958 인민공사

회로 나가고자 했던 것은 그가 좌경 오류를 범한 핵심적 원인이 된다.

마오쩌둥은 소위 '대민주(大民主)사상'으로 계급적 평등을 실현하려 했다. 이 대민주사상의 기원은 중국의 사회주의 혁명과정에서 형성된 군중노선(群衆路線)이라 할 수 있다. 이는 다른 사회주의 국가에서는 비슷한 내용을 찾아보기 힘든 매우 중국적인 것이다. 이 사상의 연원은 사회주의 사상에서 변형되어 나왔다기보다는 중국 전통의 '균평(均平)'사상이나 민심이 천명을 움직인다는 맹자의 민본사상과 연결되어 있다. 대민주사상이 가장 구체적으로 실현된 예가 바로 중국 농촌에 대규모적으로 건설했던 '인민공사(人民公社)'이다.

인민공사는 다른 나라에서 볼 수 있는 단순한 농업공동체가 아니다.[4] 1958년 8월 중국 지도부는 북대하(北戴河)회의에서 「농촌에서 인민공사를 건립하는 문제에 관한 결의(中共中央關于在農村建立人民公社問題的決議)」를 의결한다. 이에 따르면 인민공사는 "노동자 · 농민 · 상인 · 학생 · 병사들이 서로 결합하여 농민이 사회주의 건설을 가속화시키는 것을 지도하고, 사회주의가 공산주의로 넘어가는 것을 앞당겨 이룩하는 데 필연적 방침"이다. 여기에서 당 중앙위원회는 "우리나라에서 공산주의 실현은 요원한 장래의 일이 결코 아니다. 우리들은 인민공사의 형식을 적극적으로 활용하여 공산주의로 넘어가는 구체적인 길을 탐색해야 한다"고 말한다.[5] 인민공사는 그 자체가 매우 이상적인 성격을 가지고 있는데, 중국 전통의 대동 사회와 그 모습이 상당히 유사한 것이 특징이다. 마오쩌둥 사상과 중국의 전통철학과의 관계에 대해선 1980년대 중반 민족문화논쟁이 벌어지면서 여러 학자들에 의해 제기되었으며, 『마오쩌둥철학사상의 민족성 탐구(毛澤東哲學思想的民族性探源)』와 같은 저서가 출판된 시기도 이즈음이다.

러시아를 포함한 서구 학자들의 경우 마오쩌둥 사상에 대한 시각이 그다지 호의적이지 않다. 마오쩌둥 사상을 과연 일관성을 갖춘 하나의 사상으로 볼 수 있는지 그 자체를 문제 삼는 경우도 있고, 마르크스주의 이론 발전에 전혀 기여한 바가 없다는 주장도 있다. 구소련의 경우 1950년대 후반 중소간 이념논쟁이 치열해지면서 마오쩌둥 사상을 마르크스주의와는 아무런 관계가 없는 소자산계급(petit bourgeois)의 변종이라는 혹평을 하기도 했다.

문화대혁명의 발발과 함께 유럽에서는 프랑스를 중심으로 마오쩌둥 붐이 일었고 수많은 젊은 지식인들이 스스로 마오쩌둥주의자(Maoist)로 자처하는 현상이 벌어지기도 했다. 이는 문화대혁명의 내막이 자세히 알려지지 않은 탓도 있고, 자본주의에 의해 타락한 대중문화에 대한 일종의 반발 현상이었다. 1970년대 말 중국에서 문화대혁명과 마오쩌둥에 대한 평가가 다시 내려지면서 이러한 이상 열기는 사라졌다. 그 후 1980년대 들어서면서 마오쩌둥 사상에 대한 연구의 중심은 호주로 옮겨져서 비교적 차분한 가운데 학술적인 연구가 진행되었다. 호주를 중심으로 한 서양 학자들은 대체로 마오쩌둥 사상을 경험주의의 전형으로 보고 있는 경우가 많다.[6] 철학 이외의 사회과학이나 중국학에 종사하는 서양학자들의 마오쩌둥 사상과 현대 중국에 관련된 연구는 실로 방대하다. 그러나 역시 문화적 토양이 다른 데서 오는 한계는 분명해 보인다. 이들은 마오쩌둥이 그렸던 이상사회의 청사진을 공산주의나 현대화된 서양의 모습으로 생각하고 중국 전통의 이상사회관과는 연결시키지 못하였다. 마오쩌둥 사상과 중국식 사회주의에 대한 중국과 서양의 관점의 차이는 상당히 다르다. 중국은 마르크스주의가 중국에 들어와서 제 기능을 하기 위해서는 당연히 중국화될 수밖에 없다고 생각하는 반면, 서양의 시각에서는 마르크스주의가 중국화의 과정을 겪으면서 그 본질적 특징이 소멸됐다고 본다. 사실 마오쩌둥 사상과 중국적 사회주의의 가장 중요한 특징은 '중국적'이라는 부분에 있다. 이를 규명하기 위해선 먼저 마오쩌둥 사상 내면의 철학 요소를 찾아내고, 나아가 이것이 어떻게 '중국적 사회주의' 발전에 영향을 끼쳤는지 확인해야 할 것이다.

2. 「실천론」과 「모순론」

마오쩌둥 사상의 특징은 다른 무엇보다 실천 가능한가라는 현실성에 있다. 마오쩌둥이 현실에 기반한 이론을 중시한 것은 중국 혁명을 수행하면서 겪은 그의 경험에서 비롯된 것이었다. 이러한 그의 생각이 구체적으로 표현된 것은 중국 혁명의 주체를 마르크스주의에서 상정한 노동자가 아닌 농민이라고 본 판단이었다. 마오쩌둥은 중국 혁명에서 주도적 역할은 노동자보다는 농민이 담당해야 한다고 보았다. 서구 사회에 비해 상대적으로 산업적 후진국인 중국에서 조직화된 노동자의 역할은 한계가 있다고 보았기 때문이다. 그는 1926년 11월 중앙농민운동위원회 서기 시절 발표한 「중국 사회 각 계급의 분석(中國社會各階級的分析)」과 「호남 농민운동 고찰 보고(湖南農民運動考察報告)」를 통해 농민의 역할과 중요성을 강조하였다.

농민 유격대와 농촌을 주축으로 한 마오쩌둥의 전술은 1927년 징강산(井崗山) 투쟁[7]에서 증명되었다. 마오쩌둥의 유명한 유격전술인 "적이 전진하면 우리는 후퇴한다. 적이 주둔하면 우리는 적을 교란한다. 적이 피로해지면 우리는 공격한다. 적이 후퇴하면 우리는 추격한다.(敵進我退 敵駐我擾 敵疲我打 敵退我追)"는 여기에서 비롯되었다. 농민의 무장투쟁을 조직하고 발전시켜 중국에서 절대 다수인 농촌이 도시를 포위하고 마침내 혁명을 완수하는 전략 또한 이때 구상된 것으로 보인다.[8]

실천과 모순이라는 현실 문제에 대한 마오쩌둥의 생각이 철학적으로 가장 잘 표현된 글이 바로 「실천론」과 「모순론」이다. 그는 이 두 편의 글에서 변증법적 유물론의 기본 법칙인 '대립물 통일'과 그에 기반한 인식론을 간결한 문체와 실제 사례를 들어 설명하고 있다.

「실천론」은 중국철학의 오랜 논제였던 지행(知行) 문제를 규명한 것이다. 마오쩌둥은 전통적 지행 관계를 '인식'과 '실천'이라는 개념으로 바꾸어 설명한다. 사람의 인식 활동은 기본적으로 보고 듣고 느끼는 감각을 통해 구성된다. 이처럼 감각을 통한 대상 인식을 '감성인식'이라 하는데, 이는 좀 더 고차원적인 실천을 통해 '이성인식'으로 발전하게 된다. 이 과정이 첫 번째 능동적 '비약'이며, 이성인식을 바탕으로 다시 새로운 사회적 실천을 하게 되면 두 번째 능동적 비약으로 발전하게 된다. 마오쩌둥은 주관과 객관의 분열이나 인식과 실천이 서로 어긋나는 것은 좌경이나 우경에 따른 잘못된 인식론 때문이라고 본다. 인류의 인식 발전은 실천, 인식, 재실천, 재인식의 끊임없는 순환 과정을 통해 이루어지며, 이러한 과정이 반복되면서 인식 정도는 점차 더 높아지게 된다.

마오쩌둥은 세계의 변화운동은 영원히 완결되지 않는다고 보았다. 마찬가지로 사람들의 실천 과정 중의 진리에 대한 인식 또한 완결될 수 없다고 보았다. 그는 마르크스레닌주의 역시 완결된 진리가 아니며 오직 실천 속에서 계속 진리를 인식할 수밖에 없다고 말한다. 마오쩌둥이 코민테른의 지시를 거부하고 직접 농민들과 만나고 그들을 중국 혁명의 주력으로 삼은 데에는 이러한 인식적 토대에서 비롯된 것이다. 마오쩌둥이 실천을 강조하게 된 데엔 물론 마르크스레닌주의의 영향도 있었지만 그의 성장과정에서 받아온 교육의 영향 또한 적지 않았다. 창사(長沙) 후난제일사범학교에서 마오쩌둥은 고염무(顧炎武), 황종희(黃宗羲), 왕부지(王夫之), 대진(戴震), 안원(顏元) 등의 저서를 두루 읽었고, 특히 왕부지의 소박한 유물주의와 변증법 사상에서 큰 영향을 받았다. 왕부지는 주자(朱子)의 '지선행후(知先行後)', 왕양명(王陽明)의 '지행합일(知行合一)'에서 나아가 '행선후지(行先知後)'를 주장하며 실천 속에서 진리를 찾을 것을 주장하였다. 마오쩌둥이 '실사구시'를 중국 공산당의 지도 원칙으로 삼게 된 데엔 이러한 전통철학의 영향이 있었다고 할 수 있다. 인민의 자각 능동성을 중시하는 생각 또한 이러한 독서 경력과 깊은 연관이 있다고 할 수 있을 것이다.[9]

「모순론」은 「실천론」에 이어 나온 책으로, 두 개의 세계관, 모순의 보편성, 모순의 특수성, 주요모순과 모순의 주요방면, 모순제 방면의 동일성과 투쟁성, 모순 중에서 적대가 차지하는 지위 등으로 구성되어 있다.

여기에서 마오쩌둥은 변증유물론과 형이상학을 비교하면서 형이상학이 단순히 사물의 외부에서 발전 원인을 찾는 반면, 유물변증법은 사물 내부의 모순이 발전을 일으킨다고 보는 것이 다르다고 말한다. 마오쩌둥은 모순을 보편성과 특수성으로 나누어 설명한다. 모순의 보편성이란 모든 사물이 변화 발전하는 과정 중에 모순이 반드시 존재한다는 것이다. 모순의 특수성은 각 모순의 특수한 상황과 형태를 나타내는 것으로, 마오쩌둥은 이를 보편성보다 더욱 강조한다. 이는 인구의 대부분이 농민인 중국의 특수성을 부각시키기 위한 것이라 할 수 있다. 모든 모순은 그 발전과정 중에 주요 모순과 함께 특수 상황에 따른 부차적 모순(次要矛盾)이 수시로 변동된다. 가령 항일전쟁 시기엔 일본과 중국 민족 간의 민족모순이 주요 모순이고, 중국공산당과 국민당은 부차적 모순 관계이지만, 내전 시기엔 양당의 계급모순이 주요 모순이 된다. 「실천론」과 「모순론」은 마오쩌둥 사상의 철학적 기반이며, 마르크스주의의 중국화를 설명하는 이론적 단초가 된다는 점에서 주의 깊게 살펴볼 필요가 있다.

3. 신민주주의론

「실천론」, 「모순론」과 함께 마오쩌둥 사상의 핵심이 되는 또 다른 이론이 「신민주주의론(新民主主義論)」이다. 이 이론은 마오쩌둥이 중국 혁명의 성격과 단계적 발전 방향을 제시한 것으로, 중국공산당의 건국 강령 역할을 수행했다고 할 수 있다. 「신민주주의론」은 1940년 마오쩌둥이 연설한 내용을 토대로 작성된 것으로, 원제목은 「신민주주의 정치와 신민주주의 문화(新民主主義政治與新民主主義的文化)」이다.[9] 마오쩌둥은 여기에서 중국의 혁명은 마르크스주의나 러시아 혁명과는 다르게 진행되어야 한다고 밝힌다.

마오쩌둥은 중국 혁명은 민주주의와 사회주의 두 단계로 나눠 진행되어야 한다고 말한다. 그는 1930년대 중국의 상황은 '반식민지 반봉건' 사회로, 주권을 완전히 상실하진 않았지만 외세의 수탈 정도가 온전한 주권국가로 보기 어렵다고 보았다. 생산관계 또한 일부 자본주의적 상공업 모습이 엿보이긴 하지만, 전체 산업의 대부분이 농업으로 봉건적인 생산관계를 벗어나지 못하고 있다고 생각하였다. 이런 상황에서 프롤레타리아트 계급 투쟁에 의한 사회주의 혁명은 올바른 전략이 되지 못한다. 혁명의 우선 목표는 반제국주의와 반봉건 운동이 되어야 한다. 마오쩌둥은 이러한 중국의 특수 상황을 토대로 단계적 혁명 전략을 제시한다.

마오쩌둥은 반식민지 반봉건 상태인 중국이 주권을 쟁취하고 민주적 사회를 건설하는 1단계 혁명을 완수하고, 이를 기반으로 다음 단계인 사회주의 혁명을 이뤄야 한다고 주장하였다. 이러한 현실 인식을 기반으로 중국공산당은 국공합작과 노동자, 농민뿐만 아니라 민족부르주아, 지식인 계급을 포함하는 '인민 민주 통일전선'을 조직하게 된다. 중국의 특수성에 근거한 단계적 사회주의 혁명론은 이후 덩샤오핑의 '초급사회주의론'에도 영향을 미친 것으로 보인다.

「신민주주의론」에서 마오쩌둥은 중국 혁명의 주체로 '인민대중(人民大衆)'이라는 용어를 처음으로 쓰기 시작하였다. 마오쩌둥은 인민 대중을 제국주의 및 봉건계급 세력에 대항하는 새로운 세력이라고 규정하고, 세계를 창조하는 역사의 동력이라고 밝힌다.[11] 인민 대중의 자각에 의한 능동성을 중국 혁명의 동력으로 본 마오쩌둥의 생각은 신중국 수립 성공이라는 긍정적 측면과 함께 좌경 오류를 범하게 되는 근본 원인이기도 했다.

4. 인민의 주관 능동성

신중국 성립 이후 중국 사회주의 건설 과정에서 나온 숱한 문제들은 인민의 '주관 능동성(主觀能動性)'에 대한 마오쩌둥의 믿음에서 나온 경우가 많았다. 항일전쟁 이후 국민당과의 내전에서 승리하고, 신중국 성립 후 첫 번째 경제개발 5개년 계획의 조기 목표 달성은 이러한 믿음을 더욱 공고하게 하였다.

대약진운동과 인민공사(人民公社)의 토대엔 인민의 주관 능동성에 대한 마오쩌둥의 믿음이 있었다. 인민공사는 마오쩌둥의 유토피아가 현실로 나타난 모습이었다. 대규모 협동 농장에서 모두가 평등한 사회, 소유와 분배가 공평하게 이루어지고, 직업, 성별(性別), 연령, 교육에 따른 어떤 차별도 없는 공동체가 탄생한 것이다. 전국적인 토지개혁과 인민공사화 운동은 마오쩌둥이 꿈꾸었던 이상사회로 그 모습은 전통의 대동사회와 흡사했다.

마오쩌둥의 인민주의는 초기 중국 공산주의를 대표하는 사상가 리다자오(李大釗)의 영향을 많이 받은 것이다. 리다자오는 중국의 청년 지식인에게 러시아 인민주의자들에게 배워 '농촌으로 돌아갈 것'을 호소하였다.[12] 마오쩌둥이 도시보다는 농촌을, 노동자보다는 농민을 강조하는 경향을 띠게 된 데엔 그가 존경했던 리다자오의 영향 또한 적지 않았던 것으로 보인다. 리다자오는 상호부조와 협동, 우애, 인도, 인류정신의 개조 등을 사회주의 운동과 결합함으로써 계급투쟁에 의미를 부여하였는데, 이는 마오쩌둥이 인민의 자각능동성을 강조하게 되는 사상적 배경이 되었다고 볼 수 있다.[13] 마오쩌둥은 1938년 5월 발표한 「지구전을 논함」에서 이렇게 말한다.

> 사상 등은 주관적인 것이다. 일이나 행동은 주관이 객관적으로 드러나는 것으로, 모두 인류의 특수한 능동성이다. 이러한 능동성을 우리는 자각능동성이라 부른다. 이것이야말로 인간이 사물과 구별되는 특징이다. 정확한 사상은 그 일체가 객관 사실에 근거하고 부합하는 것이다. 정확한 행동은 정확한 사상에 근거하여 행하는 것이다. 우리는 이러한 사상과 행동을 수행하고 자각능동성을 발휘해야 한다.[14]

마오쩌둥은 인민의 자각능동성을 기반으로 인민주의의 토대를 쌓았으며, 이는 이후 대중주의를 선동하는 무기로 작용하였다. 1958년 대약진 운동이 시작되기 이전까지 자각능동성의 대중주의적 성향은 매우 보편적인 화법으로서 등장하였다. 마오쩌둥은 노동과 실천을 강조하고, 행동을 낳고 지배하는 실천의지를 강조하였다. 이는 그가 초기부터 말년까지 일관되게 고수한 원칙이라 할 수 있다.[15]

마오쩌둥의 '공동생활, 공동노동'에 대한 열망은 1920년대부터 이미 형성되기 시작하였다. 마오쩌둥은 농촌이 갖는 공동체적 성격을 이상화하고 농민대중의 자발적 혁명 의지를 높이 평가하였다. 그는 근본적으로 도시 지식인에 대한 불신을 강하게 갖고 있었다. 지식인과 도시에 대한 마오쩌둥의 반감은 이후 지식인과 전문가에 대한 불신, 관료제에 대한 깊은 혐오, 도시에 대한 편견으로 나타났다. 특정 계층과 지역에 대한 마오쩌둥의 혐오는 그를 비이성적이고 교조주의적 경향으로 흐르게 만들었다. 1958년 대약진 운동은 그 정점이라 할 수 있다.

대약진 운동은 마오쩌둥이 중국의 사회주의 단계를 사회주의에서 공산주의로 넘어가는 과도기로 인식한 객관적 요인과 인민의 '무한창조력'과 '사회주의를 향한 식을 줄 모르는 열정'이라는 주관적 요소[16]가 결합되어 강력한 힘을 발휘하였다. 중국에서 사회주의 혁명은 1956년 기본적으로 완성되었고 대약진 운동은 사회주의에서 공산주의로 넘어가는 과도기라는 역사 인식의 바탕 위에서, 마오쩌둥은 중국의 공업 생산이 15년 안에 영국을 따라잡을 수 있다고 믿었다. 이 신념의 근거이자 무기로서 마오쩌둥은 앞서 언급한 주관적 요소, 즉 마르크스주의가 강조하는 사회경제적 조건과 각 사회계급과의 관계성을 무시하고 역사적 현실을 만드는 것이 인간의 의지와 의식의 힘이라는 그의 믿음을 전면에 내세우게 되었다. 마오쩌둥이 의지한 인민주의의 동력은 인간의 의식과 도덕적 자질이 역사를 만들어가는 데 결정적 역할을 한다는 믿음, 진정한 혁명적 창조성은 농민대중에게 있다는 신념, 후진성이 혁명에 유리하다는 독특한 생각 등 여러 요소가 변형되어 형성된 것이라고 볼 수 있다.[17]

마오쩌둥은 1958년 7월 1일 『홍기(紅旗)』에서 혁명 과정 중의 후진성을 칭송하며, '백지설'을 주장한다. "그들은 가난하고, 그들은 백지 상태이다. 이는 마치 나쁜 것처럼 보이지만 사실은 좋은 것이다. 가난한 사람들은 변화를 원하고, 무엇인가를 하기 원하며, 혁명을 원한다. 얼룩이 없는 깨끗한 백지에는 가장 새롭고 가장 아름다운 글자를 쓸 수 있으며, 가장 새롭고 가장 아름다운 그림을 그릴 수 있다." 마오쩌둥에게 있어서, 빈곤과 백지 상태는, 이를 극복하기 위해 연속 혁명을 필요하게 만들며, 중단 없는 발전을 가능케 하는 힘을 가져다주는 역설적인 동력이 된다.[18] 백지설의 역설적 논리는 마오쩌둥이 이미 현실 감각을 상실했다는 반증이기도 하다. 대약진 운동 당시 마오쩌둥은 '주관적 능동성의 발휘는 객관 법칙에 의거하고 부합해야' 한다는 자신의 원칙을 위배하고, '유의지론(唯意志論)' 경향에 빠진 것으로 보인다.[19]

유토피아의 현실화는 비극으로 종결되었다. 협동 농장은 농민들의 생산 동기를 약화시켰고, 객관적 현실을 고려하지 않은 실험은 수천만 명이 굶어 죽은 비참한 결과를 가져왔다. 마오쩌둥이 중국 땅에 건설하려고 했던 유토피아는 그야말로 참담한 비극으로 막을 내렸다. 다만, 유토피아를 현실에서 실현시키고자 했던 그의 이상마저 잘못되었다고 비난할 순 없다. 유토피아를 이루려는 방식이나 그 시기가 너무 성급했기 때문에 실패로 끝났지만, 농민과 노동자, 지식인들이 함께 어우러지는 공동체에 대한 열망마저 함께 무시해선 곤란할 것이다.

5. '중국식 사회주의'의 모태

1949년 중화인민공화국의 건립은 새로운 중국의 출발과 함께'중국식 사회주의'를 태동시켰다. 사회주의 중국은 마르크스레닌주의의 이론을 기반으로 하지만, 중국적 특수성을 훨씬 더 강조한다. 현재 중국은 1982년 개정된 헌법 정신인 마르크스레닌주의와 마오쩌둥 사상을 행동 지침으로 하고 있다. 1997년 당 강령과 1998년 수정 헌법에는 덩샤오핑 이론이 추가되었고, 2004년 수정 헌법엔 장쩌민의 '3개 대표론(三個代表論)'이 더해졌다. 후진타오 주석이 제기한 '화해사회' 역시 당 강령에 반영되었다. 개혁개방 이후 중국의 정책 목표는 지도부에 따라 달라졌지만, 그 내용적 측면에서 볼 때 정책의 점진적 연속성은 두드러지게 나타난다. 경제·사회적 측면에선 혁명 1세대와는 다른 길을 채택하였지만, 정치적 측면에서 보면 마오쩌둥의 중국식 사회주의라는 노선이 그대로 유지되고 있는 것이다. 이 점에서 중국식 사회주의에서 사회주의는 자본주의과 구분되는 체제에 대한 정의이며, 신중국 성립 이후 중국적인 것이 훨씬 강조되는 것은 별다른 변화가 없다고 할 수 있다.[20] 이는 구소련을 비롯해 현실 사회주의 국가들이 모두 실패한 상태에서, 사회주의 강국으로서 중국의 위상과 직접적으로 관계된 문제이다. 중국 사회주의를 바라보는 국외 학자들은 정통 사회주의에서 벗어난 중국식 사회주의에 대해 부정적인 평가를 내리지만, 중국에서 사회주의 혁명은 애초부터 현실에 근거해서 변형된 형태로 이루어졌다는 사실을 상기할 필요가 있다. 또한 '중국식 사회주의'는 외부에서 들여온 사상을 교조적으로 받아들이기보다는, 중국적으로 재해석해서 받아들이는 중국의 오랜 전통과도 관련이 있다.

불교가 중국에 전래되었을 때, 중국은 이를 유가와 도가의 심학본체론으로 재해석하여 받아들였다. 이러한 격의(格義)식 문화는 사회주의를 유입하는 과정이나 혁명 이후 정책 진행 과정에서도 그대로 적용되었다. 현대 사회주의 사상의 원류는 마르크스·레닌에 있다는 사실을 부정하진 않지만, 중국은 전통적 대동사상에서 그 유사성을 발견하였다. 사회주의의 핵심이 사적 소유의 철폐와 평등이라면, 이는 대동사상과 크게 다를 것이 없다고 본 것이다. 애초 근대중국에서 사회주의(socialism)는 균부론(均富論)이나 천하위공(天下爲公), 대동으로 번역되었다. 신중국 성립 당시 중국의 대다수 인민이 사회주의에 공감한 것이나, 캉여우웨이나 쑨원의 이상사회론에서 사회주의적 요소를 쉽게 확인할 수 있는 것도, 대동의 이상이 그러했기 때문이다. 이는 중국이 사회주의와 대동사상을 결합한 중국식 사회주의를 채택하게 된 배경이 되었으며, 또한 중국식 사회주의가 서구의 사회주의 국가와는 다른 길을 선택할 유연성을 주었다.

마오쩌둥은 사회주의 혁명에 있어 가장 중요한 것은 현실에 기반한 실천이라고 말한다. 마오쩌둥은 마르크스레닌주의의 정통성과 지도성을 강조하는 초기 당권파들의 주장에 대해 다음과 같이 반박하였다.

나는 마르크스주의에도 발생, 발전, 소멸의 과정이 있다고 본다. 이 말이 이상하게 들릴지 모르지만, 마르크스주의 이론이 모든 사물에 대해 그것이 언젠가는 소멸할 것이라고 주장하는 것이라면, 이 이론이 마르크스주의 자체에는 적용되지 않는다고 어떻게 말할 수 있는가? 마르크스주의가 소멸하지 않는다고 주장한다면 그 말은 이미 형이상학이다.[21]

마오쩌둥은 변하지 않는 진리란 없으며, 중국적 상황에 맞는 혁명 방안을 모색해야 한다고 보았다. 이는 한편으로 본인의 사상 역시 교조가 될 수 없음을 밝힌 것이라 볼 수 있다. 마오쩌둥이 만년에 자신의 신념에서 벗어난 행동을 보인 것이 사실이지만, 대부분의 생애에서 마오쩌둥은 매우 유연한 사고를 보여주었다. 이는 마오쩌둥뿐만 아니라 저우언라이(周恩來), 류사오치(劉少奇), 주더(朱德) 등 중국 공산당의 제1세대 지도자들에게서 공통적으로 발견되는 특징이기도 하다. 이는 또한 덩샤오핑이 복권된 이래 중국 지도부가 정책 결정을 하는 데 있어서도 가장 중요한 원칙으로 작용하였다.

대동의 이상을 중국식 사회주의가 공유하게 된 데에는 캉여우웨이와 쑨원의 영향이 크다고 볼 수 있다. 마오쩌둥이 실시한 인민공사는 빈부의 균등(均貧富)을 통해 절대 평등한 사회를 건설하고자 한 것으로, 『대동서』에서 묘사된 이상사회와 흡사한 모습을 띠고 있다. 덩샤오핑은 실사구시(實事求是)를 제일의 가치로 삼고, 개혁개방과 시장경제를 도입하였다. 그는 대동의 이상을 사회주의 건설계획과 결합하여 사회주의 단계론과 소강사회 건설 이론을 제기하였다. 덩샤오핑 이후 중국 지도부의 정책 목표는 줄곧 소강사회 건설로 귀결되었다. 그 최종 목표가 대동사회 건설에 있음은 새삼 말할 필요도 없다.

9장

현대 중국의 이상사회론

덩샤오핑

(鄧小平, 1904~1997)

덩샤오핑은 1904년 쓰촨성(四川省) 광안(廣安) 출생으로 원명은 덩시엔셩(鄧先聖), 학명(學名)은 덩시시엔(鄧希賢)이다. 마오쩌둥(毛澤東)과 항일 무장투쟁부터 대장정을 함께 한 중국 공산당의 핵심 인물로, 1918년 프랑스 유학에서 접한 마르크스주의는 그의 평생 신념이었다. 1921~1924년에는 파리에서 공산주의 운동에 참여했고, 이후 모스크바의 손중산대학에서 공부하였다. 1927년 귀국한 후 공산당 지하운동에 참여했다. 항일 시기 팔로군(八路軍)의 정치위원을 지냈고, 1949년 창장(長江) 도하와 난징 점령작전을 지휘하였다. 신중국 성립 이후 1952년 정무원 부총리, 1954년 당 중앙위원회 비서장을 거쳐, 1955년 정치국 위원이 되었다. 마오쩌둥의 죽음으로 막을 내린 문화대혁명 이후 4인방을 축출하고, 제2세대 중국 지도체제의 대표자가 되었다. 이후 중국 개혁개방을 주도하고, 시장경제를 도입하면서 '삼보주(三步走)' 목표를 세웠다. 제1보인 '온포(溫飽)'는 '인민이 먹고 입는 문제를 해결하는 초보적인 단계'이고, 제2보인 '소강(小康)'은 생활수준을 중류 이상으로 끌어올리는 것이다. 최종 목표인 제3보는 '대동사회 실현'으로, 중국의 현대화를 실현하는 것이었다. 1997년 2월 홍콩 반환을 눈앞에 두고 사망하였다.

장쩌민

(江澤民, 1926~)

장쩌민은 1926년 장쑤성(江蘇省) 양저우시(揚州市) 출생으로 1946년 중국공산당에 가입했다. 상하이 교통대학을 졸업했으며, 재학시절 상하이 학생운동의 핵심인물로 두각을 나타냈다. 1949년 상하이 소재의 식품 · 비누 · 전기 기계 공장의 서기 · 공장장 등을 역임하였으며, 1955년 모스크바 스탈린 자동차 공장에서 1년간 연수하였다. 1980년 국가 수출입 관리위원회 차관, 1983~1985년에 국가 전자공업부 부장으로 재직했다. 1982년 중국공산당 중앙위원회 위원과 1985년 상하이 시장으로 임명되었다. 1989년 민주주의를 옹호하는 대규모 학생시위(천안문 사태) 당시, 강제 진압을 감행한 당국을 지지하였다. 1989년 6월 자오쯔양(趙紫陽)이 천안문 사태로 실각하자, 같은 달 개최된 공산당 중앙위원회 전체회의에서 당 총서기직에 올랐다. 1990년 국가 중앙군사위 주석에 선출되었고, 1993년 국가 주석에 취임했다. 재임 기간 내내 개혁개방 노선을 견지하였으며, 2000년 '3개 대표론'을 발표했다. '3개 대표론'은 공산당이 선진적 생산력(경제), 선진적 문화발전(지식), 인민(노동자 · 농민)의 근본 이익을 대표한다는 이론이다. 2002년 11월 후진타오(胡錦濤)에게 당 총서기직을 물려주었고, 2003년 3월 국가 주석에서 물러났다.

후진타오

(胡錦濤, 1942~)

후진타오는 1942년 상하이에서 출생했다. 본적은 안후이성(安徽省) 지시(績溪)이다. 어릴 때 어머니를 여의고, 장쑤성(江蘇省) 타이저우(泰州)의 할머니 밑에서 성장했다. 1959년 청화대학(淸華大學) 수리공정과에 진학, 하천 발전 분야를 전공하였다. 대학 졸업을 3개월 앞둔 1965년 4월 공산당에 가입했다. 1967년 문화대혁명이 발발하자, 농촌으로 '하방(下放)'되어 간쑤성(甘肅省) 수력발전소에 노동자로 배치되었다. 현지에서 승진을 거듭해 1971년 수리전력부 제4공정국 기관당 총지부 부서기로 임명되었다. 1974년 발전소 공사가 끝나자 란저우(蘭州)의 간쑤성 건설위원회 비서, 1980년 간쑤성 건설위원회 부주임, 1982년 공산주의 청년단 중앙위원회 서기 및 전국청년연맹 제6기 주석을 거쳐 1984년 공산주의청년단 중앙위원회 제1서기에 임명되었다. 1985년 '태자당'의 견제로 구이저우성(貴州省) 당서기로 밀려났지만, 1988년 티베트 자치구에서 일어난 독립운동 진압에 성공하면서, 1992년 49세의 나이로 중앙당 정치국 상무위원 겸 중앙위원회 서기로 임명되었다. 1998년 3월 국가부주석, 2003년 3월부터 2013년 3월까지 국가주석, 2004년 9월부터 2012년 11월까지 중국 중앙군사위원회 주석을 역임했다. 재임 기간 중국의 과학적 발전과 화해사회 건설을 강조했으며, 도시와 농촌의 불균형 해소, 동서 지역의 발전 격차 해소를 위한 일련의 정책을 실시하였다.

시진핑

(習近平, 1953~)

시진핑은 1953년 베이징 출생으로, 본적은 산시성(陝西省) 푸핑현(富平縣)이다. 그의 부친은 중국공산당 중앙선전부 부장과 정무원(현 국무원) 비서장, 국무원 부총리, 전국인민대표대회 상무위원회 부위원장을 지낸 시중쉰(習仲勳)이다. 청소년 시기 아버지가 펑더화이(彭德懷)의 추종자라는 죄목으로 반혁명분자로 몰려 산시성(陝西省)으로 하방되었으며, 시진핑 역시 산시성 농촌의 인민공사에 배치되었다. 1975년 복권 후 청화대학에 입학하여, 화공학과 기본유기합성 분야를 전공했다. 1974년 1월 중국공산당에 입당, 1979~1982년 국무원(國務院) 판공청(辦公廳), 당 중앙군사위원회(中央軍事委員會) 판공청 비서 등을 역임했다. 1985년 푸젠성(福建省) 샤먼시(廈門市) 부시장, 1993년 푸젠성 당위원회 상무위원을 거쳐 2000년 푸젠성 당위원회 부서기, 성장을 맡았다. 2007년 당 중앙정치국 상무위원과 상하이시 당 서기, 중앙당교(中央黨校) 교장을 역임했으며, 2013년 3월 14일 12차 전국인민대표대회에서 국가 주석과 국가 중앙군사위원회 주석으로 선출되었다. 자신의 취임 연설이라 할 수 있는 전국인민대회 폐막 연설을 통해 '중국의 꿈(中國夢)'을 주창하였다.

근대 이후 중국의 지식인들이 품었던 문제의식, 새로운 중국을 어떻게 건설할 것인가의 고민은 현 사회주의 중국을 이끌고 있는 지도부도 똑같이 갖고 있다. 다만 근대의 서양과 중국이란 대립 구도는, 이제 '자본주의'와 '사회주의'라는 체제 구도로 복잡하게 바뀌었다. 중국식 사회주의라는 말에서 엿볼 수 있듯이, 중국은 기존의 일반적 체제 범주와는 뚜렷하게 구분되는 특징을 갖고 있다. 중국식 사회주의는 '사회주의'와 '시장경제'라는 상호 모순된 개념의 통합을 목표로 하고 있으며, 이는 중국뿐만 아니라 전 세계의 폭넓은 관심을 받고 있다. 이 실험은 경제 체제로서의 자본주의나 사회주의 범주를 벗어나 다양한 분야에서 현재진행형이다. 덩샤오핑 이후 개혁개방 정책이 시행된 이후에도, 중국 지도부는 여타의 근현대 중국 지식인이 이상적 사회로 상정했던 전통적 '대동' 사회를 모델로 자신들이 지향하는 사회에 대한 청사진을 제시하고 있다.

덩샤오핑의 '삼보주' 운동이나 장쩌민의 '소강사회' 실현, 후진타오의 '화해사회론'은 그 용어부터 대동 사상에서 유래한 것이다. 앞 장에서 살펴본 대로, 마오쩌둥은 학생 시절부터 캉여우웨이의 『대동서』에서 깊은 영향을 받았다.[1] 마오쩌둥이 추진한 '인민공사' 운동은 '대동'과 '균빈부(均貧富)'의 이상을 현실에 적용해본 거대한 실험이라고 할 수 있다. 그 결과는 참담한 비극으로 끝났지만, 마오쩌둥의 극좌적 실험이 있었기에 덩샤오핑의 개혁개방 정책의 실현이 가능했을 것이다. 덩샤오핑은 캉여우웨이가 제기한 삼세설과 대동 사회의 명제를 사회주의 초급 단계론과 소강사회 건설이라는 변화된 이론으로 흡수하였다. 이는 전통의 '대동 · 소강'설을 현대적으로 재해석한 것으로, 중국식 사회주의의 모태가 중국의 전통적 이상사회론에서 비롯되었다는 사실을 확인시켜준다. 장쩌민 시기의 '소강사회 건설'이나 후진타오 주석이 제시한 '화해사회주의', 시진핑 주석 등장 이후 제시된 '중국의 꿈' 역시 마찬가지이다. 이 점에서 근현대 중국 이상사회론에 대한 최종 분석 작업은 현 중국이 내세우는 '중국식 사회주의'의 내용에 대한 검토가 되어야 할 것이다. 특히 서구식 자본주의의 대안으로 평가받는 중국의 발전모델에 대해 회의론이 제기되고, 이에 대해 중국의 반론이 맞서는 최근 몇 년간의 상황은 이 주제가 단순한 학술적 의미를 벗어나 현실 세계에서도 중요한 의미를 갖고 있음을 보여준다.[2]

1. 덩샤오핑 '중국특색 사회주의 건설이론'

마오쩌둥의 유토피아적 사회주의 추구는 결과적으로 참담한 실패로 끝났다. 평등한 사회 건설이라는 '이상'에 지나치게 몰두

프랑스 유학시절의 덩샤오핑

한 나머지 생산력 발전에 심각한 장애를 초래한 것이다. 마오쩌둥은 사회주의적 생산 관계를 고도로 발전시키면 생산력이 함께 발전할 것이라 굳게 믿었다. 이러한 신념은 민중의 자각능동성(自覺能動性)에 대한 지나친 믿음으로 연결되었으며, 생산력과 생산관계에 대한 일반 법칙마저 무시하게 만들었다. 그 결과는 기존 생산력의 파괴와 국가경제의 파멸이라는 위기로 나타났다. 마오쩌둥의 사망으로 종결된 문화대혁명 이후 중국의 모습은 빈곤과 허기에 지친 낙후한 농업 국가였다. 마오쩌둥 사후 정권을 장악한 덩샤오핑이 우선 해결해야 할 과제는 가난과 대립으로 찢긴 민심을 수습하는 일이었다. 덩샤오핑은 중국이 당장 해결해야 할 주요 모순은 더 이상 계급모순이 아니라고 보았다. 그가 새롭게 상정한 첫 번째 모순은 인민의 수요와 생산력 간의 모순이었다. 우선 생산력을 끌어올려 인민의 생활을 풍요롭게 하는 것이 최우선 과제라고 본 것이다. 마오쩌둥이 지속적인 계급 투쟁을 통해 평등한 중국을 만들려 했다면, 덩샤오핑의 목표는 생산력의 재점화를 통한 부유한 중국이었다. 그가 정책 목표로 제시한 소강사회 건설[3]은 이러한 상황 인식에서, 생산력 발전을 최우선 과제로 삼았다.

마르크스와 엥겔스가 『공산당선언』에서 제시한 이상적인 공산주의 사회는 사회의 재화가 모든 이들이 나누어 쓸 수 있을 만큼 풍족해지는 것이 필요조건이었다. 마오쩌둥과 덩샤오핑은 모두 사회주의 사회를 공산 사회에 도달하기 위한 과정이라고 보았지만, 덩샤오핑은 마오쩌둥과는 달리 이 과정이 매우 장기적이고 단계적이라고 생각했다. 그가 '중국특색의 사회주의(中國特色的社會主義)'를 제기한 것은 이러한 생각을 구체화한 것이다.

중국식 사회주의는 사회주의의 '중국화'라 할 수 있다. 외래 사상을 중국 문화에 맞게 수정하여 받아들이는 것은 중국 전통에선 익숙한 풍경이다. 마오쩌둥이 '모순'의 특수성과 구체적 '실천'을 내세우며, 중국의 특수성을 강조한 것도 이에 해당한다. 덩샤오핑은 여기에서 나아가 사회주의와 시장경제를 통합한 새로운 형태의 사회주의를 제기하였다. 즉, '중국특색 사회주의'이다.

1) 중국특색 사회주의 건설이론(建設有中國特色的社會主義理論)

문화대혁명이 끝나고 열린 1978년 중국공산당 제11기 3중 전회는 덩샤오핑이 정치 일선에 정식으로 복귀했음을 알린 공식적인 회의이다. 이 회의에서 중국공산당은 '실사구시(實事求是)'를 사상노선으로 재확립하고, '사상해방, 실사구시, 미래를 향한 일치단결(解放思想, 實事求是, 團結一致向前看)'을 지도방침으로 확정한다. 이어 1981년 중국공산당 제11기 6중 전회에서 「건국 이래 당의 역사문제에 관한 결의(關於建國以來黨的若干歷史問題的決議)」

를 채택한다. 이 문건은 마오쩌둥의 공과(功過)에 대한 평가와 함께 중국이 이후 국제 사회의 강자로 발돋움하기 위한 국가전략이 포함되어 있었다. 이 문건에서 처음으로 마오쩌둥의 공(功)뿐만 아니라 과오(過誤)까지도 모두 공식적으로 인정하게 된다. 1957년부터 1959년까지의 '반우파투쟁'과 대약진운동, 인민공사화운동, 문화대혁명까지 20여 년간 진행되었던 극좌적 오류에 대해 '만년착오(晩年錯誤)'로 평가한 것이다. 다만 덩샤오핑은 마오쩌둥이 만년에 잘못을 저지르긴 했지만 그 공로가 과오보다 많다고 하며 당과 국가의 지도사상으로서 마오쩌둥 사상의 지위는 그대로 보장한다.[4] 1982년 중국공산당 12대 전국인민대표회의 개막사에서 덩샤오핑은 "마르크스주의의 보편적 진리를 우리의 구체적 실체와 결합시켜 중국특색의 사회주의를 건설하는 것은 장기간에 걸친 역사적인 경험을 총결산한 데서 얻은 기본적 결론"이라고 선언한다.[5] 여기에서 '중국특색 사회주의 건설이론(建設有中國特色的社會主義理論)'이 공식적 용어로 처음 등장한다.

중국 역사에서 '실사구시(實事求是)'는 오랜 전통을 가진 용어이다. 이는 춘추전국시대의 제자백가들, 특히 묵가 사상에서 이미 엿볼 수 있으며, 이후 시대의 요구를 무시한 형이상학적 담론을 비판하는 무기로 사용되었다. 이 '실사구시' 정신이 사회주의 중국의 가장 중요한 정책 용어로 재등장하게 된 것이다.

덩샤오핑은 자신의 실사구시 정신이 마오쩌둥 사상에서 비롯되었다고 밝힌다.

나는 사인방을 척결한 뒤에도 9개월이 지난 1977년 7월에야 비로소 세상에 나와 일을 하게 되었습니다. 나는 다시 중앙에 나오면서 마오쩌둥 사상의 정수는 바로 실사구시(實事求是)에 있다고 말하였습니다. 이때부터 '실천은 진리를 검증하는 유일한 표준'이라는 주제의 토론이 시작되었습니다.[6]

덩샤오핑은 마오쩌둥이 「실천론」에서 강조한 '실천만이 인간 인식의 진리성을 가늠하는 기준'을 언급하면서, 실천만이 노선, 방침, 정책의 정확성 여부를 검증하는 유일한 표준이라고 말한다.[7] 이는 개혁개방 정책을 지속적으로 추진하고 있는 현 중국의 지도부들이 견지하고 있는 원칙이기도 하다.

덩샤오핑은 실사구시의 전통을 '실용주의'와 연결시켜 한층 더 현실적인 용어로 만들었다. 덩샤오핑이 채택한 실용주의 노선의 특징은 진리의 기준을 '이념'보다 민중의 '이익'에 두었다는 점이다. 마오쩌둥 역시 공산당의 활동이 대중의 최대 이익에 부합해야 한다고 말했지만, 그에 우선해서 사회주의 노선의 원칙을 강조했다는 점에서 덩샤오핑과는 그 함의가 다르다고 할 수 있다.[8] 덩샤오핑은 중국공산당이 실행하는 모든 사업과 노선의 방향이 중국특색 사회주의를 건설하는 데 '이익'이 되는가의 기준에 맞춰 시행되어야 한다고 보았다.[9]

덩샤오핑이 채택한 실용주의의 두드러진 특징은 어떤 상황에서든 최선의 이익을 거두는 것을 '기준'으로 하며, 그에 따라 선택하는 '전술'은 상황에 따라 융통성 있게 전개한다는 것이다. 홍콩 반환과 같은 큰 문제에서부터 기업의 생산력 발전을 위한 개혁까지 그 운용 폭은 매우 광범위하다. 최종 선택의 기준은 생산력의 발전에 맞춰져 있다. 1987년 2월 덩샤오핑은 다음과 같이 말한다.

> 무엇 때문에 시장경제는 모두 자본주의이고, 오직 계획경제만 사회주의라 합니까? 계획과 시장은 모두 하나의 방법입니다. 생산력 발전에 이로우면 무엇이든 다 이용할 수 있어야 합니다. 사회주의를 위해 이용하면 사회주의인 것이고, 자본주의를 위해 이용하면 자본주의적인 것입니다. 사람들은 '계획'이라 하면, 무조건 사회주의라 하는데 이것은 틀린 말입니다. 일본에도 기획청이 있고, 미국에도 계획이 있습니다.[10]

덩샤오핑의 실용주의가 자본주의나 사회주의와 같은 기존의 구획 틀을 벗어나 있음을 잘 말해주는 대목이다. 1992년 1월 '남순강화(南巡講話)'에서 덩샤오핑은 '계획'과 '시장'은 수단에 불과하며, 사회주의의 본질은 생산력을 해방하고 발전시키는 데 있다고 말한다. 그는 사회주의의 최종 목표는 '공동부유(共同富裕)'라고 말한다.[11]

덩샤오핑의 또 다른 개혁 정책인 '개방'은 마오쩌둥의 정책 실패 원인이 '쇄국'에 있다는 분석에서 출발하였다. 덩샤오핑은 '자력갱생'을 내세우며 외부의 선진문명을 스스로 차단한 마오쩌둥의 정책을 비판하고, 중국이 새로운 단계로 발전하기 위해선 '개방'을 선택해야 한다고 보았다.[12]

우리에겐 쇄국정책으로 인해 겪어야 했던 쓰라린 교훈이 있습니다. 우리의 조상들 또한 이런 교훈을 느낄 수 있었던 역사가 있습니다. 명나라 성조 때 정화(鄭和)가 서양으로 간 것은 개방이라고 할 수 있습니다. 성조가 죽은 후 명나라는 점차 쇠락했습니다. 청나라 강희제와 건륭제 때의 정책을 개방이라고 할 수는 없습니다. 명나라 중엽부터 아편전쟁까지 헤아리면, 300여 년 간이나 쇄국이 진행되었습니다. 강희제 때부터 헤아리더라도 근 200년이 넘습니다. 장기간의 쇄국 정책은 중국을 가난하고 낙후하며 매우 무지한 나라로 만들었습니다. 중화인민공화국이 건립된 후 첫 번째 5개년 계획 때에는 대외개방을 했으나, 사실 소련과 동유럽에만 개방했으며, 그나마 그 후에 곧 문을 닫아걸었습니다. 성과가 없었다고 할 순 없지만, 결론적으로 말하면 별로 발전한 게 없었습니다.[13]

덩샤오핑이 개방을 선택한 또 다른 이유는 당시의 시대 상황이 마오쩌둥 시대와는 달라졌기 때문이다. 신중국 수립 이후 마오쩌둥은 소련을 포함한 외국 열강의 위협과 내부 혁명세력 간의 갈등으로 계속 긴장 상태에 놓여 있었다. 자력갱생은 당시 마오쩌둥이 취할 수 있었던 유일한 방안이었다. 특히 한국 전쟁에서 미국과 무력 충돌 이후 언제든 3차 세계대전이 벌어질 수도 있는 냉전 상황이 계속 유지되고 있었다. 이에 비해 덩샤오핑 집권 당시 중국은 미국과 핑퐁 외교를 통해 중미관계가 해빙무드에 접어든 시기이다. 문화대혁명으로 피폐해진 중국의 경제를 회복시키기 위해선, 개방 정책이 불가피하였다. 생산력의 낙후라는 구조적 문제를 해결하기 위해서는 개방이 유일한 선택이기도 했다. 덩샤오핑은 세계를 등지고 중국이 발전하는 것은 불가능하다고 말하고, 대외 개방 정책을 채택하여 외국의 자본과 기술을 받아들이는 것으로 국정 운영의 궤도를 수정하였다.[14] 다만, 덩샤오핑은 생산력 향상을 위한 대외개방은 불가피하다는 점을 강조하면서도 무조건적인 개방은 경계하였다.

> 우리의 현대화 건설은 반드시 현 중국의 현실에서부터 출발해야 합니다. 혁명이든 건설이든 그 어느 것을 막론하고 외국의 경험이나 모델을 그대로 가져다 써서 성공한 예는 없었습니다. 이 점에서 우리는 많은 교훈을 가지고 있습니다. 마르크스주의의 보편적 진리를 우리나라의 현실과 구체적으로 결합시켜 자신의 길을 걸으며 중국특색이 있는 사회주의를 건설하는 것, 이것이 바로 우리가 오랜 역사적인 경험을 검토했을 때 얻을 수 있는 가장 기본적인 결론입니다.[15]

덩샤오핑이 언급한 '마르크스주의의 보편적 진리를 중국의 현실과 구체적으로 결합한다'는 원칙은 마오쩌둥과 동일하다. 다만, 중국의 현실을 진단하는 데 있어 덩샤오핑은 마오쩌둥의 쇄국 정책이 실패했다고 보고, 이에 대한 대안으로 개방을 선택한 것이라 할 수 있다. '중국특색 사회주의 건설'은 결국 개혁개방과 경제건설로 요약된다.

〈중국특색 사회주의 건설이론〉은 '사회주의 상품경제론'과 '사회주의 초급단계론', '사회주의 정신문명건설' 등으로 구성되어 있다. 사회주의 상품경제론은 1984년 중국공산당 제12기 3중전회에서 통과된 「경제체제 개혁에 관한 중국공산당 중앙의 결정(中共中央關於經濟體制改革的決定)」에서 나온 이론이다. 마르크스주의를 포함한 기존 경제학은 계획경제와 상품경제가 서로 대립된다고 보았는데, 여기에서 중국 공산당은 사회주의 경제는 '공유제를 기초로 한 계획성 있는 상품경제'라는 새로운 정의를 내렸다. 생산양식의 변화에 따른 상품경제의 발달은 한계가 있으므로, 중국이 경제 현대화로 나아가기 위해선 상품경제의 활성화가 필요하다는 전제에서 나온 이론이라 할 수 있다.

2) 사회주의 초급단계론과 사회주의 정신문명 건설이론

1987년 중국공산당 13기 전국인민대표자회의에서 채택한 '사회주의 초급단계론(社會主義初級段階論)'은 중국이 비록 사회주의 국가이지만, 아직 생산력이 낙후한 초급단계에 머물러 있다는 사실을 부각시킨 이론이다. 사회주의 사회는 공산주의 사회로 발전하기까지 계속 변화하며, 역사의 발전 과정을 지속적으로 거쳐야 한다는 것이 이 이론의 핵심이다. 중국은 자본주의적인 생산력이 고도로 발달한 상태에서 사회주의로 질적인 전화를 한 것이 아니라, 매우 낙후된 생산력밖에 갖추지 못한 농업국가에서 출발했기 때문에 우선 먼저 생산력을 증대시켜야 한다는 논리이다.

1983년 4월 덩샤오핑은 당시 중국이 직면한 가장 시급한 과제로 '생산력 발전'을 들었다.

> 사회주의 국가에서 마르크스주의 정당이 집권한 후에는 반드시 생산력 발전에 진력해야 합니다. 이 기초 위에서 민중들의 생활 수준을 점차적으로 제고해야 하며, 이것이 바로 물질문명을 건설하는 일입니다. 과거 우리는 긴 시간 생산력의 발전을 소홀히 하였습니다. 지금 우리가 각별히 물질문명 건설에 주의를 기울여야 하는 이유입니다.[16]

덩샤오핑은 '사회주의 초급단계'에선 자본주의적 요소와 사회주의적 요소가 공존 가능하다고 보았다. 사회주의의 최종 목표를 '공동부유'라고 규정한 이상, 이를 실현하는 일이 사회주의가 자본주의보다 낫다는 가장 객관적인 증거라고 생각한 것이다.

사회주의는 초급단계와 고급단계로 나누어진다. 사회주의 초급단계는 생산력이 아직 낙후된 상태이기 때문에 설령 일부 자본주의적인 요소가 있다 하더라도 생산력 발전에 도움이 된다면 도입할 수 있다. 이는 자연스럽게 생산력 발전을 위해 도움이 된다면 자본주의나 사회주의나 상관없다는 '생산력 발전 우위론'으로 귀결되었다. 검은 고양이나 흰 고양이나 쥐 잘 잡는 고양이가 최고라는 '흑묘백묘론(黑苗白苗論)'이 나오게 된 배경이다. '선부론(先富論)'은 이를 현실화한 이론이다.

덩샤오핑은 1985년 처음 선부론을 제기한다. 일부 지역과 일부 사람들이라도 먼저 부유해지면, 나머지 사람들도 자연스럽게 점차 부유해진다는 이론이다. 그 결과가 그리 긍정적으로 나타나진 않았다. 1990년 0.34에 머물렀던 중국의 지니계수는 2006년엔 0.47로 나타났다. 빈부격차의 국제적 표준 위험수치가 0.4라는 사실을 감안하면, 중국사회의 양극화가 얼마나 심각한 수준임을 짐작할 수 있다. 지역 간의 불균형 역시 심각한 수준이다. 빈부의 양극화와 지나친 배금주의, 범죄율의 증가는 쉽게 치유하기 어려운 후유증으로 남았다.

'사회주의 정신문명 건설이론'은 중국공산당 제12기 6중 전회에서 통과한 「사회주의 정신문명 건설을 강화시키는 것에 관한 중국 공산당 중앙의 결정(中共中央關於加强社會主義精神文明建設若干重要問題的決議)」에서 나왔다. 마르크스레닌주의는 인류문명을 물질적 재부와 정신적 재부의 총화라고 보았는데, 덩샤오핑은 이를 다시 정신문명과 물질문명으로 재규정하였다.

> 객관 세계는 자연계와 인간 사회를 모두 포괄한다. 세계를 개조하는 일의 성과는 새로운 생산 관계와 정치 제도를 만들고 발전시키는 것이다. 자연계를 개조하는 데서 얻어지는 성과는 물질문명이다. 이는 사람들의 물질생활이 진보하고 개선되는 것을 말한다. 객관 세계의 개조와 더불어 사람들의 주관 세계 역시 개조될 수 있다. 인간의 정신적 생산과 발전에서 나타난 성과가 정신문명이다. 이는 교육, 과학, 문화 지식의 발달과 사람들의 사상, 정치, 도덕 수준의 향상으로 나타난다.[17]

덩샤오핑이 얘기한 정신문명은 지식과 문화, 사상과 윤리 등을 가리킨다. 그는 물질문명과 정신문명은 서로 배척되지 않으며, 서로가 서로를 채워나가며 상승 작용하는 일종의 변증법적인 통일이라고 보았다. 정신문명은 이에 상응하는 물질문명의 기초를 이룬다. 다만 정신문명을 구성하는 각각의 부분이 물질문명에 의존하는 정도는 제각기 다르며, 양자는 서로 조건인 동시에 목적이 된다. 사회 개조나 사회제도의 진보는 결국 이 두 문명의 발전으로 표현된다.[18]

덩샤오핑의 사회주의 정신문명 건설은 개혁개방을 통한 물질문명 구축에 대한 자신감과 함께 그 토대가 되는 정신문명의 발전에 대한 관심과 우려에서 비롯된 것이라 할 수 있다. 그는 중국이 강국이 되기 위해선 생산력의 충분한 발전과 함께 정신문명의 건설이 반드시 뒤따라야 한다고 생각하였다.

중국과 같이 기본 인프라가 낙후된 나라에서 생산력의 발전은 민중의 자발적 참여와 희생이 필요조건이다. 개혁개방 이후 중국 민중들은 서구 사회와 접촉 기회가 늘었으며, 시장경제의 도입은 과거 마오쩌둥 사상과 같은 강력한 이데올로기적 구심을 약화시켰다. 1989년 천안문사건은 이러한 변화를 단적으로 보여준 것이라 할 수 있다. 덩샤오핑 이후 중국공산당 지도부는 이 위기를 중화주의 고취와 애국주의 교육을 통해 돌파하려고 하였다. 천안문사건 이후 당 총서기를 맡은 장쩌민은 1994년 '애국주의 교육 실시 강요(愛國主義教育實施綱要)'를 발표하였다. 이 문서는 애국주의 교육은 기본적으로 현대화 건설, 개혁개방, 국가와 민족의 단결과 이익보호, 통일에 이바지해야 한다고 말한다. 정신 교육을 강조한 중국 공산당의 노력은 마오쩌둥 사상의 약화로 빚어진 이데올로기 공백을 어느 정도 보완하는 효과를 거두고 있는 것으로 보인다. 특히 중국이 G2로 부상한 최근 상황에서 중국의 중화주의에 기반한 민족주의와 애국주의는 주변국들에 위협이 될 정도로 부상하고 있다. '빠링허우(80後: 80년 이후에 출생한 세대)'로 불리는 젊은 세대에서 이런 모습이 두드러지게 나타난다는 점에서 그 부작용은 심각하다고 할 수 있다.

3) 6 · 4 천안문 사태와 개혁개방의 과제

1989년 6 · 4 천안문 사태는 덩샤오핑이 시행한 개혁개방 정책에 내재된 모순을 한꺼번에 보여준 사건이었다고 할 수 있다. 천안문 광장에 집결한 중국 민중의 민주화 요구에 대해 덩샤오핑은 군대를 동원한 무력으로 진압하였다. 그는 당시 중국이 4대 현대화를 실현하는 중요한 고비에 있으며, 이를 완수하기 위해선 안정과 기율, 질서가 불가피하다고 말하였다. 이를 위해선 일부 독재적 수단이 사용될 수도 있다고 주장한다.[19] 덩샤오핑은 중국의 현실에는 서방의 다수당 선거, 3권 분립, 양원제(兩院制)가 어울리지 않으며, 공산당이 주도하는 전국인민대표대회(일원제)가 최적의 체제라고 보았다.[20] 덩샤오핑의 개방 정책은 실상 정치와 경제를 이원화하여, 공산당이 주도하는 정치 체제와 시장경제의 혼합으로 결코 전면적 개방은 아니었다. 정치에선 여전히 보수와 점진적 개혁을 추진하고, 경제적 측면에서 과감한 개방 정책을 밀어붙인 것이라 할 수 있다. 중국의 개혁개방 정책이 일정한 한계를 가질 수밖에 없는 이유이다.

2. 장쩌민 '삼개대표론(三個代表論)'

장쩌민의 '삼개대표론(三個代表論)'은 덩샤오핑의 '중국특색 사회주의 건설이론'이나 후진타오의 '화해사회주의'에 비해 그 이론 체계나 중요도가 많이 떨어진다. 다만 2004년 3월 제10기 전국인민대표대회에서 마오쩌둥 사상, 덩샤오핑 이론과 함께 수정 헌법에 중국의 지도사상으로 포함된 만큼, 그 내용이 무엇인지 짚고 넘어갈 필요가 있다.

2002년 장쩌민이 발표한 '삼개대표론'은 개혁개방 정책이 어느 정도 성과를 보인 시점에서 중국공산당의 나아갈 방향을 요약해서 정리한 이론이라 할 수 있다. '삼개대표'란 중국공산당이 세 가지를 대표한다는 얘기이다. 첫째, 중국공산당은 선진 사회 생산력의 발전을 대표한다. 둘째 선진문화의 전진 방향을 대표하며, 셋째 최대 인민의 전체 이익을 대표한다. 선진 사회생산력 발전이란 덩샤오핑의 생산력 발전위주론과 연결된 내용이다. 선진 문화 역시 사회주의 정신문명 건설의 연장선상에 있다. 주목해야 할 부분은 '최다 인민의 전체 이익'을 대표한다는 대목이다. 마르크스레닌주의에서 혁명정당은 프롤레타리아 계급의 이익을 대변한다고 되어 있다. 삼개대표론은 여기에서 프롤레타리아 계급을

'최다 인민'으로 대체한다. 중국의 특수성을 강조하며 중국식 사회주의를 주창한 것은 마오쩌둥 이래 중국공산당의 일관된 태도이다. 이는 국공내전 당시 신민주주의 혁명을 내세워 노동자 계급뿐만 아니라 농민, 쁘띠부르주아 계급이나 민족부르주아 계급까지 광범위한 연합전선을 펼쳤던 역사와 무관치 않아 보인다. 신중국 성립 이후 마오쩌둥은 계급 모순을 주요 모순으로 상정하였지만, 덩샤오핑은 이를 다시 재조정하였다. 장쩌민은 이를 확장하여, 최다 인민의 이익에 도움이 된다면 자본가 계급 또한 생산력 발전에 공헌하는 집단이라고 규정한 것이다. 여기에서 중국공산당은 사회주의혁명 정당의 모습보다는 집권 정당으로서 자신의 위치를 새롭게 정리했다고 볼 수 있을 것이다.

3. 후진타오 '화해사회주의'

후진타오 주석의 집권 시기 중국은 정책 목표로 '화해사회주의'를 제시하였다. 화해사회주의의 주 내용은 개혁개방으로 성취한 경제발전의 성과를 전체 인민이 고루 누리고, 정신문명을 포함한 모든 영역에서 진보를 실현하자는 것이다. 화해사회주의의 핵심 개념은 유학의 '화(和)' 사상으로, 전통과 현대의 결합을 도모한 것이라 할 수 있다.[21] 개혁개방 정책은 중국의 비약적 경제발전을 가능케 했지만, 사회주의 정체성 위기라는 체제 문제와 함께 계층 · 지역 · 민족 · 개인 간 빈부 격차라는 심각한 문제를 불러일으켰다.[22] 이는 사회주의와 시장경제라는 내용적으로 서로 모순되는 두 체제를 하나로 결합할 때부터 충분히 예기됐던 문제이며, 중국식 사회주의를 내세운 중국공산당의 입장에선 반드시 해결해야 할 과제이다.

1) '화해사회주의'의 배경

1978년 '제11기 3중 전회'에서 개혁개방 정책을 채택한 이후, 사회주의 시장 경제를 추구한 중국은 지난 20여 년 동안 괄목할 만한 경제 성장을 이룩하였다. 중국은 2003년 개인당 국민 총생산이 이미 1000달러를 넘어섰고, 2020년에는 3000달러에 이를 것으로 전망되고 있다. 또한 2020년 국내 총생산 규모가 미국의 9조 7000억 달러를 추월하여 9조 8000억 달러가 될 것으로 예상하고 있다. 오늘날 중국은 더 이상 1840년 아편 전쟁에 패한 뒤 무기력에 빠져 있던 지난 시절의 중국이 아니다. 중국은 이제 미국과 더불어 국제 사회의 흐름을 주도하는 G2 강대국으로 변모하였다.

중국이 짧은 기간 급속한 발전을 이룬 것은 놀라운 일이지만, 모든 일에 빛과 어두움이 있듯 해결해야 할 문제 또한 적지 않게 쌓여갔다. 무엇보다 사회주의 체제 정체성의 문제이다. 여기에 시장경제의 수용 과정에서 발생한 개인 · 지역 · 민족 · 집단 간 빈부 격차와 부패 등 온갖 사회 문제가 복합적으로 등장했다.[23] 이 문제들은 그들이 사회주의 체제의 우월성을 내세울 때, 자본주의의 대표적 단점으로 비판했던 내용들이다. 중국 지도부에게 이 문제들은 더 이상 방치할 수 없는 중요한 문제였다.

중국공산당은 2004년 9월 19일, 제16기 중앙위원회 제4차 전체회의에서 당면한 문제를 해결하고 당의 집정 능력을 강화시키기 위한 방안을 마련하는 가운데, '사회주의 화해사회건설'을 공식적으로 결정하였다.[24] 2005년 2월 19일, 후진타오 주석은 각 성의 주요 간부들에게 행한 연설에서 '사회주의 화해사회건설'의 필요성을 역설한다.

화해사회주의의 핵심 요소는 무엇인가? 그 구체적인 내용은 2005년 9월 왕천숭(王天崇)과 하리군(賀利軍)이 발표한 '화해사회건설의 핵심을 논함(試論構建和諧社會的核心因子)'이란 논문에서 확인할 수 있다. 여기에서 그들은 화해사회주의의 핵심 요소로 공평, 효율, 정의, 법치 등의 4가지를 들고 있다.[25]

2) '화해사회주의'의 핵심 요소: 공평, 효율, 정의, 법치

중국의 전통적 이상사회에서 핵심 요소인 '평등'은 화해사회주의에서도 가장 중요한 요소이다. 이는 현 중국의 가장 큰 문제가 불평등과 기회의 독점이라는 사실에서 비롯된 것이기도 하다. 현 중국의 부(富) 편중 현상은 우려할 만한 수준으로, 그것이 권력과 밀접한 관계를 갖고 있다는 점에서 더 큰 문제를 내포하고 있다. 중국 국무원 연구실이 작성한 '사회경제상황 조사보고서'에 따르면, 1억 위안(인민폐)을 초과하는 억만장자 3220명 가운데 2932명(90%)이 공산당 고위간부의 자녀이다. 이들은 금융, 무역, 국토개발, 대형 프로젝트, 증권 등 5대 영역에서 핵심 직책의 85~90%를 독점하고 있다.[26] 이런 상황에서 '공평'은 실용주의 노선이 가져온 부작용을 반성하고, 개혁개방 과정에서 소외된 대다수 인민들에게 평등한 기회를 제공하기 위한 최소한의 조치이다. 효율이 개혁개방 정책 이후 중국 사회를 추동해온 성장 동력이긴 하지만, '공평'을 상실한 발전은 체제의 안정성을 위협하는 뇌관이 된다. 그런 측면에서 '공평'은 중국식 사회주의의 성패 여부를 결정짓는 기준이라고 볼 수 있다. 덩샤오핑 이후 중국공산당이 지향했던 실용주의 정책의 핵심은 경제 발전을 통해 부유한 중국을 이루고, 그 사회 재화의 분배를 통해 인민 각자가 어느 정도 물질적 욕구를 충족할 수 있다는 것이다. 그러나 막상 현실에서 드러난 결과는 그와 달랐다. 소수의 사람에게 부가 집중되고, 기회의 불균형이 고착화되는 현실 속에서 '균형'과 '공평'은 중국의 지도부가 풀어야 할 가장 시급한 과제로 대두되었다. 이 문제는 도농(都農) 및 지역 간의 균형 발전과도 밀접한 관계를 가진다. 신중국 성립 이후 어느 정도 해소되었던 도시와 농촌 간의 상대적 격차는, 개혁개방 이후 그 차이가 현격하게 벌어졌으며, 이는 동부·중부·서부 지역 간의 갈등으로 이어졌다. 이른바 '삼농(三農)' 문제, 즉 농민·농업·농촌 문제를 해결하는 것에 중국식 사회주의의 성패 여부가 달려 있다고 해도 크게 틀린 말이 아니다. 화해사회주의는 도농의 이원구조를 개선하고, 도시민과 농민, 2, 3차 산업과 1차 산업 간의 공동 발전을 지향하는 것으로 이 문제의 해결을 모색해왔다.

'효율'은 화해사회론을 구성하는 물질적 요소로, 자원과 기술의 효율적 배치를 강조한 것이다. 효율적 경제 성장만이 화해사회를 건설하는 물적 토대를 마련할 수 있으며, 개혁개방 이래 중국식 사회주의를 지속적으로 추진하겠다는 의지의 표현이라 할 수 있다.

'정의(正義)'는 화해사회주의의 도덕적 기초를 의미한다. 여기에서 제기된 '정의'는 일반적 의미의 도덕심이라기보다는, 합리적 규범 토대로서 의미를 갖는다. 민중들이 경제나 사회 활동에 있어 공정하고 평등한 기회를 실현하기 위해선 사회구조적 조건뿐만 아니라 어떤 일을 합리적으로 처리할 수 있는 이성적 기초를 갖춰야 한다는 것이다. 정치사회적 개선과 함께 중국 인민이 정의에 공감하는 이성 능력을 갖추는 것이 이 과제의 실천 목표이다. 중국 정부와 사회가 마련한 구조적 조건은 반드시 경제 주체의 합리적 이성에 기초한 판단, 행위와 결합해야만 진정한 사회 평등에 도달할 수 있으며, 이는 '정의'라는 도덕성을 확보해야만 가능하다. 이는 '사회주의 시장경제'라는 중국 사회주의 시스템이 운용되는 과정에서 필연적으로 발생하는 문제들, 즉 독점이나 불공정 거래 등에 대한 대응책이기도 하다.

'법치'는 화해사회론의 제도적 기준을 제시하는 요소이다. 여기에는 헌법 존중과 법제화, 법률 규범을 준수하는 사회생활의 확산 등이 모두 포함된다.[27] 개혁개방 이후 중국은 정치 위주의 사회 체제에서 행정 영역의 중요성이 급속하게 부각되었다. 예전엔 법이나 행정이 정치의 보조 수단에 머물렀다면, 이제 공공의 이익을 보호하기 위한 행정 법제의 수립이 무엇보다도 중요한 관건으로 떠오른 셈이다. 법치는 입법 활동을 질적으로 향상시키고, 동시에 법규의 비준과 심사, 정비, 해석을 대중화하는 것을 말한다. 법치의 강조는 이전에 중국이 이데올로기 선전 활동으로 주로 사용했던 대중 동원 등의 전근대적 정치 행위나 사회 운용 방식을 개선하겠다는 의지의 표현이기도 하다.

화해사회주의의 목표는 인간과 인간, 인간과 사회, 인간과 자연 등 각 영역의 조화로운 관계를 모색하는 것이다. 이는 개인과 사회 조직 · 제도 간의 상호작용이 얼마만큼 원활하게 진행되는가에 따라 결정되며, 구체적으로는 정부 정책에 개인의 의견이 반영되는 정도의 문제이다. 이 점에서 민주와 법치 제도의 구현은 중요한 의미를 가진다. 중국은 자신들의 체제 장점을 얘기할 때 '인민 민주를 핵심으로, 공산당이 영도하고, 인민이 주인이며, 법에 따른 통치'가 이루어진다고 한다. 이 문구가 단지 선전용 문구인지, 현실에서 그대로 실현되고 있는지를 따지기는 쉽지 않다. 다만, 현 중국의 모습에서 이 세 가지 요소가 잘 적용되고 있다고 말하기는 어려울 것이다. 중국의 개혁 과제 중 '법치'가 핵심 부분이 되어야 할 이유이다.

개혁개방 이전 중국은 주로 정치적 측면에서 모든 일이 기획되고, 그 과정은 주로 '당'의 주도로 진행되었다. 행정 영역이나 사법 분야는 이를 보조하는 역할이었으며, 이는 '당(정치)'과 '행정'의 서열화로 이어졌다. 현재도 그런 측면이 남아 있긴 하지만, 개혁개방 이후 행정과 사법 영역의 비중이 크게 높아졌으며, 예전에 비해 급속도로 늘어난 개인이나 기업의 재산권에 관한 다양한 마찰은 행정 법제의 수립을 자연스럽게 요구하게 되었다. 법치는 이러한 시대적 흐름을 반영하여, 입법 과정의 질적 담보와 함께 각종 법규의 비준과 심사, 해석을 재고하겠다는 의지의 표현으로 보인다.

2006년 10월 중국공산당 16기 6중 전회는 '화해사회주의'의 9대 목표와 주요 임무를 다음과 같이 발표한다. ① 민주법제를 완전하게 실현한다(完善民主法制), ② 공동의 부유를 위해 노력한다(致力共同富裕), ③ 사회취업을 충분히 보장한다(社會就業充分), ④ 공공부문의 서비스를 강화한다(强化公共服務), ⑤ 전 인민의 자질을 높인다(增强全民素質), ⑥ 사회활력을 충만하게 한다(激發社會活力), ⑦ 사회 안정을 확보한다(維護社會完定), ⑧ 인간과 자연의 조화를 추구한다(人與自然相和諧), ⑨ 사회의 조화로운 발전을 모색한다(社會和諧發展). 화해사회주의가 궁극적 정책목표로 제기하는 것은 '공부론(共富論)'이다. 이는 덩샤오핑이 주창한 '선부론(先富論)'에 입각한 발전 방식이 초래한 부작용을 해결하기 위한 단계적 조치라고 할 수 있다. 먼저 부자가 된 계층과 지역이 그렇지 못한 인민과 지역을 도와 함께 부유해지자는 것이다. '선부론'이 효율에 기반한 정책이었다면, '공부론'은 효율보다는 '공평'에 초점을 맞춘 이론이라 할 수 있다. 이와 함께 중국 정부가 제시한 개념이 '규획(規劃)'이다. '규획'이란 '계획'의 상대적 개념으로 정부 기능의 상당 부분을 시장으로 이전하는 것을 의미한다. 이전의 경제 계획이 대부분 정부가 구체적이고 미시적인 사항까지 지정했다면, 이후 정부는 거시적이고 종합적인 것만을 결정한다는 것이다. 경제 부분의 시장 경제적 변화에 따라 국가는 이제 '계획'

을 포기하고 개입 범위를 거시경제 지표와 국제 경제적인 변수로 조정한 것이라고 할 수 있다. 다만, 화해사회론에서 제시한 '공부론'에도 불구하고 당분간 효율성에 기반한 중국의 경제 기조가 쉽게 바뀔 것 같지는 않다.

화해사회주의에서 주목을 끄는 것은 '문화' 영역이다. 화해사회주의는 인간과 문화의 조화를 목표로 한다고 말한다. 이는 중국 인민이 스스로 필요한 지식 정보를 획득하고, 이를 토대로 새로운 문화를 재생산하는 것을 의미한다. 문화 수준의 향상은 생태환경의 보전이나, 균형 잡힌 경제 발전이 이루어지기 위한 토대이다. 13억이 넘는 인구가 소강사회 건설의 목표를 실현하기 위해선, 국가 운영 시스템의 개선과 함께 민중의 정신문화 수준이 향상되지 않으면 안 된다. 이는 개혁개방 이후 확대된 시장경제와 대외개방 시대에서 반드시 갖추어야 할 요소이기도 하다. 이를 해결하기 위한 여러 방안 중의 하나로, 중국 정부가 내놓은 정책이 전통 사상, 특히 유학의 부흥이다. 중국 정부는 최근 몇년 동안 유학 부흥에 정책적 지원을 아끼지 않고 있다. 이는 유가 사상이 표방하고 있는 정치체제의 유대와 단일함에 대한 강조와 통일 국가에 대한 지향이 중국 지도부의 이해와도 부합한 데서 그 이유를 찾을 수 있을 것이다.

덩샤오핑은 일찍이 의식주 문제가 해결되는 온포(溫飽)사회, 생활에서 좀 더 여유를 누릴 수 있는 소강(小康)사회, 물질적 정신적 진화와 함께 전면적인 복지가 실현되는 대동(大同)사회의 실현이라는 '삼보주(三步走)' 3단계 발전 전략을 제시한 바 있다.

여기에서 확인할 수 있듯이 '사회주의 화해사회'는 '중국식 사회주의'의 발전과 완성을 지향한다고 볼 수 있다. 아울러 그 목표가 '대동'의 이상에 있다는 데서 알 수 있듯이 유학의 전통과 밀접한 관계를 갖고 있다. 캉여우웨이나 쑨원이 대동의 이상으로 중국의 근대를 열었다면, 중국공산당은 이를 '중국식 사회주의'로 계승하여 현실에 적용하는 작업을 지속하고 있는 셈이다.

3) '화해사회주의'의 이론적 특징

'화해사회주의'는 개혁개방 이후 중국이 소강사회(小康社會)를 건설해가는 과정으로 보고, 새로운 단계에 접어든 중국식 사회주의의 중점 과제를 '조화(調和)'라고 보았다. 이들이 목표로 한 사회는 사회주의 물질문명과 정신문명의 조화, 사회주의 시장경제와 선진 문화 능력이 향상된 이상적인 사회였다. 이 시기 중국 지도부가 화해사회주의를 건설하기 위해 강조한 사항은 애국주의를 핵심으로 한 민족정신과 개혁, 혁신을 중심에 둔 시대정신, 전체 인민이 사회 발전 규율과 국가 · 민족의 장래 운명을 정확하게 인식하도록 하는 일이었다.

이러한 목표를 달성하기 위해 중국 지도부가 선택한 이론은 전통의 화(和) 사상이다. 화(和) 사상은 매 시대의 특수한 상황에 조응하며 일부 내용을 변화시키면서 갈등과 혼란을 극복하기 위해 사회를 통합시키고자 하는 사람들에 의해 유효하게 활용되었다. '화(和)'는 춘추 시대 안자(晏子)가 지적했듯이[28], 국(湯)이나 음악의 예에서 보듯 다양한 성분과 소리가 자신의 고유한 기능을 잃지 않으면서 적절하게 어우러져 하나의 맛과 화음을 만들어내는 것을 뜻한다. 이러한 '화'의 본래 의미는 오늘날 우리 시대에 만연되어 있는 배타적인 자기중심의 사고로 인한 분열 · 갈등 · 다툼 · 전쟁 등의 문제를 해결하기 위한 하나의 사상적 대안이 될 수 있다.

'화(和)'는 조화롭고 균형을 이루는 상태를 뜻한다. 여기에서 화(和)는 사물의 각종 요소들을 적당히 섞는다는 것과는 거리가 멀다. 사물이 진정으로 조화롭기 위해선 그 구성 요소들이 서로 일정한 관계를 유지해야 한다. 사회 역시 그 구성원들이 적당한 정도(程度)를 유지하고 있어야 건강하고 균형 잡힌 상태라 할 수 있다. 중국사회과학원의 조사에 따르면 중국의 상위 20%의 소득은 하위 20%의 소득의 18.2배였으며, 상위 20%의 자산보유액은 하위 20%보다 무려 72.4배나 높다.(2005년 기준) 일찍이 공자는 "모자란 것을 걱정하지 말고 고르지 못한 것을 걱정하라(不患寡而患不均)"고 했다. 그렇다고 개혁개방 정책으로 부를 이룬 개인이나 지역에게 책임을 물을 수는 없는 노릇이다. 이런 상황에서 '화(和)' 사상은 이들을 설득하는 데 있어 좋은 이론적 근거로 작용한다.

화해사회주의 이론이 강조하는 두 번째 특징은 '사람(人)'이다. 즉 '사람이 근본(以人爲本)'이라는 구호이다. 중국 사회주의에서 '인민(人民)'이란 단어는 자주 사용되었지만, 사람 자체에 대한 언급이 빈번해진 것은 화해사회주의 이후의 일이다. 그 배경으론 크게 두 가지를 들 수 있다.

첫째, 신중국 수립 이후 중국공산당의 정책 진행 과정에서 개별적 '사람'에 대한 배려가 별로 없었다는 반성이다. 문화대혁명 당시 극좌 이데올로기 속에서 인간의 존엄성이 상실되어버린 경험은 말할 것도 없고, 덩샤오핑 이후 개혁개방 시대 역시 인간의 가치는 생산력 발전에 뒷전으로 밀려나 있었다. 인간의 존엄성은 소강사회(小康社會) 실현을 목표로 하는 중국공산당이 반드시 해결해야 할 과제 중 하나로 이는 '사람이 근본(以人爲本)'이라는 기치를 전면에 내세우게 된 배경이 되었다.

둘째, 개혁개방의 부작용으로 등장한 배금주의로 인한 가치관의 혼란이다. 사회주의 사회에서 모든 가치가 물질적으로 귀결되는 것은 있을 수 없는 일이지만, 실제 중국의 현실은 자본주의 사회보다 더한 빈부격차로 나타났다. 이런 상황에서 중국의 지도부는 새로운 사회윤리의 정립이 불가피했으며, 이에 대한 해결책으로 '사람이 근본'이라는 전통 사상을 다시 끌어들인 것이다.

화해사회주의 이론의 세 번째 특징은 '사람과 자연의 상호 조화'이다. 자연이나 환경의 관점에서 보면 마르크스레닌주의 역시 사람과 자연을 서로 대립적 존재로 파악한다. 사회주의가 자본주의보다 진보적이긴 하지만, 인간의 노동을 통해 자연을 개조한다는 점에서 반자연적인 성격을 벗어나기 힘들다. 화해사회주의는 인간과 자연의 상호공존을 표방한다는 점에서 의미 있는 변화라 할 수 있다. 이는 특히 '세계의 공장'이라 불리는 중국의 심각한 환경 문제와 맞물려 중요한 의미를 갖는다. 물론 자연과의 조화를 정책슬로건으로 내세운다 하더라도 중국의 주요산업구조의 개혁이 단시일 내에 이루어지긴 어렵다. 다만 중국 인민과 주변국의 안전을 심각하게 위협하는 환경 문제에 대해 중국이 주목하고, 인간과 자연과의 조화를 주요 정책과제로 내놓았다는 사실은 의미 있는 현상이라 할 수 있다.

4. 중국식 사회주의의 문제와 전망

근대 캉여우웨이로부터 쑨원의 삼민주의, 그리고 '중국식 사회주의'를 관통하는 가장 핵심적인 가치는 '평등'이다. 중국의 사회주의 혁명은 대동의 '천하위공(天下爲公)'과 '균(均)'의 정신을 현실화시킨 것이라고 할 수 있다. 그 점에서 개혁개방 이후 중국의 모습은 우려스러운 것이다. 외형적으로 볼 때 중국은 개혁개방 이후 가장 '평등'한 사회에서 심각한 '불평등' 사회로 그 모습이 완전히 바뀌었다. 이상사회론의 입장에서 보면 이는 단지 물질적 분배의 문제라기보다는 정신적 가치 영역에 큰 문제가 생긴 것이다. 중국의 거대한 실험, '사회주의-시장경제'라는 모순된 체제의 융합은 경제 성장이라는 소기의 성과를 거두었지만 빈부의 격차라는 심각한 부작용을 낳았다. 화해사회론이 대두된 데에는 이러한 현실이 큰 작용을 한 것이다. 다만, 우리가 주의해야 할 사항은 중국의 현실이 그러하다고 해서 근대 이래 중국 지식인이 지속적으로 추구해온 '평등'사회를 포기한 것이라 평가해선 곤란하다는 점이다. '화해사회주의'에서 확인할 수 있듯 중국은 근대 이래 '오래된 이상'에 대해 여전히 같은 태도를 가지고 있다. 근대 중국이 그러했듯, 오늘날 중국의 혼란 역시 역사 전환기의 민중이 겪어야 할 시련이다. 사고의 패러다임이 바뀔 때, 사람들은 전통적 가치의 붕괴와 상대적 박탈감에 시달린다. '중국의 꿈'이라는 이상적 성격이 강한 정책 목표가 제시된 것은 중국의 이러한 고민이 반영된 것이라고도 볼 수 있다. '중국의 꿈'이 실현될 수 있기 위해선 상품경제와 공유제의 균형, 당(黨)과 법치의 조화라는 어려운 과제가 해결되어야 한다. 중국식 사회주의가 그 목표를 얼마나 성공적으로 달성했는가에 대한 평가는 앞으로 상당한 시간이 지난 후에야 내릴 수 있을 것이다. 우리가 그 결과에 주목하는 이유는 이 문제가 비단 중국뿐만 아니라 우리에게 미치는 영향이 적지 않기 때문이다. 중국은 근대 이래 인류의 이상사회에 대한 지향을 가장 직접적으로 보여주고 있는 국가이다. 특히 세계화의 걷잡을 수 없는 파도 속에서도 자신만의 독특한 길을 걸어온 중국의 시도가 어떤 결과를 거둘지 그 추이를 지켜보는 마음엔 기대와 우려가 함께 섞여 있다.

필자는 이상의 논의에서 근대 이후 중국의 이상사회론이 진행되어온 과정을 살피고, 이 이론이 현대 중국의 중국식 사회주의와 어떤 연관이 있는지를 검토하였다. 우리는 여기에서 중국식 사회주의가 근대 이후 중국의 이상사회론이 걸어왔던 길의 연장선상에 있다는 사실을 확인할 수 있었다. 신중국 성립 이후 중국공산당이 제시해온 정책 목표는 대동사회 건설이라는 오래된 미래였다.

물론 이에 대한 반론 역시 적지 않을 것이다. 가령 현대 중국에서 그 형식이나 내용이 전혀 다른 실례를 쉽게 찾아볼 수 있다. 이는 학술 영역과 실제 영역이 다르다고 치부하더라도, 중국식 사회주의의 이상적 성격을 파악하는 데 있어 중요한 문제이다. 이에 대해 쉽게 결론을 내리는 것은 위험한 일이다. 이는 중국식 사회주의가 여전히 진행 중에 있기 때문에 더욱 그렇다. 다만, 90년대 이후 중국 정부가 중점을 두고 있는 유교 지원 사업이나 대동사회에 대한 강조는 그 연관성을 충분히 짐작할 수 있게 한다. 중국 공산당이 자신들의 정책 과정이 덩샤오핑의 개혁개방과 중국식 사회주의, 삼보주(三步走) 전략을 발전시킨 이론이라고 설명한 데서도 이러한 사실은 확인된다. 캉여우웨이나 장빙린, 쑨원의 이상사회론이 이전 선인들의 철학을 집대성했듯, 중국식 사회주의 역시 그들의 전통 사상이 현실에 맞게 전화(轉化)된 것이라 할 수 있다. 이 점에서 중국식 사회주의에 대한 검토는 경제나 정치 영역뿐만 아니라 사회, 문화, 철학 등 다양한 영역에서 깊이 있게 다루어져야 할 과제이다.

미래를 향한 꿈이 오늘의 우리를 이끌어간다

이상사회를 꿈꾸는 인간의 희망은 끈질기다. 유토피아에 대한 탐색은 철학사에 있어 중요한 흐름 중의 하나이다. 플라톤의 『국가』부터 블로흐의 『희망의 원리』에 이르기까지 유토피아 사상의 중요한 저작들은 시대별로 끊임없이 재생산되어왔다. 동양에서 이상사회에 대한 열망은 대동사상으로 표현된다. 대동사상은 동양의 정치문화에 적지 않은 영향을 미쳐왔다. 대동사상을 서양의 유토피아와 같은 영역으로 분류할 수 있느냐 하는 것은 논쟁의 여지를 안고 있다. 두웨이밍(杜維明)은 서양의 유토피아가 실현될 수 없는 꿈에 대한 서술인 반면, 대동사상은 현실적으로 구현 가능한 세계를 지향한다는 점에서 근본적인 차이를 가진다고 말한다. 중국인들이 이상사회로 꿈꾸었던 대동사회는 시진핑 주석이 추진하는 '중국의 꿈'에 여전히 살아 있다. 이는 초월과 현실의 긴장을 특색으로 하는 동양 사상의 생명력을 확인해주는 것이기도 하다.

'빈곤의 철학'과 '초월'

블로흐(E. Bloch)가 『희망의 원리』에서 토로한 대로 최근 서양철학의 빈곤은 인간 사유의 상승 내지는 초월을 포기한 데서 비롯된다. 오늘날 서양철학의 주류를 이루는 실증주의는 논리 저편에 초월이 존재한다는 명제를 근본적으로 부정한다. 그 결과 엄밀한 논리 체계는 확보되었는지 모르지만, 현실을 변화시키려는 인간의 희망과는 멀어져버렸다. 초월을 포기한 철학이 사상적 빈곤의 함정에 빠진 것은 당연한 귀결일 것이다.

그렇다고 동양철학이 '빈곤의 철학'을 구제할 대안이 될 수 있다고 말하는 것 역시 지나친 논리의 단순화일 것이다. 단지 여기서 말하고 싶은 것은 현실을 넘어서는 초월에 대해 얘기할 때 동양철학의 내재적 초월 구조는 주목할 필요가 있다는 것이다. 인간의 사유는 근본적으로 현실을 초월하는 행위이다. 현실을 초월할 수 있는 이상적 경향성을 모색한다는 점에서 대동사상은 그 가치를 갖는다. 서양에서 유토피아 이론에 대한 활발한 연구가 이뤄지는 데 비해 동양철학에서 이상사회론에 대한 연구는 거의 이루어지지 않고 있다. 이념의 비상에 좌우의 날개가 필요하듯 사상의 발전에 있어 동서의 균형은 필수적이다. 동서양의 유토피아적 사유형태가 어떤 차이를 가지든 간에 현실을 넘어선 미래를 이야기한다는 점에서 그들은 공통분모를 지니고 있다. 중국의 이상사회론을 분석하다 보면 그것이 서양 유토피아 사상과 흡사한 이론적 구조와 배경을 갖고 있다는 사실을 쉽게 확인할 수 있다.

유토피아의 출현은 결코 우연한 것이 아니며, 특수한 시대와 환경을 배경으로 한다. 유토피아에 대한 논의는 기존의 사회를 지탱해왔던 이데올로기가 더 이상 역할을 할 수 없을 때 활발해진다. 이는 압박받는 사회집단의 구성원이 강렬하게 느끼는 사회 개혁의 희망이며, 동시에 현존하는 사회 조건을 정확하게 판단하는 능력을 갖추지 못한 비이성적인 의식이다. 이상사회를 꿈꾸는 사유는 자신의 희망에 가려 현실조건을 제대로 보지 못한 집단무의식적 특징을 갖고 있다. 그 점에서 유토피아는 기존 사회집단의 눈에는 원칙상 영원히 실현불가능한 개념일 수밖에 없다. 이런 의미에서 '어디에도 존재하지 않는다'는 유토피아의 언어적 함의는 설득력을 갖고 있다. 이는 동양의 이상사회론에도 동일하게 나타나는 문제점이다.

어디에도 존재하지 않는 '낮꿈'

도연명(陶淵明)의 『도화원기(桃花源記)』에 나오는 도화촌(桃花村)의 백성들은 진시황의 죽음도 모르고, 관리의 간섭과 세금이 무엇인지 알지 못한다. 『장자(莊子)』의 건덕지국(建德之國)이나 『열자(列子)』 '종북지국(終北之國)' 등은 도저히 현실에 존재하지 않는 꿈 같은 이야기들이다. 말 그대로 백일몽(白日夢), 낮꿈들이다. 그렇지만 세외도원(世外桃園) 식의 이런 이야기들 속엔 강렬한 현실비판과 개혁의식이 담겨져 있다. 그들은 공통적으로 정부의 가혹한 수탈과 억압에 대한 반작용으로 '무릉도원'을 꿈꾼다. 그곳에선 모든 사람이 평등하고, 동일한 노동과 균등한 분배의 원칙이 존재한다. 중국 농민봉기의 대부분이 '균평(均平)'을 기치로 내걸고 있다는 사실에서 평등과 균등한 배분은 중요한 의미를 갖고 있다. 이는 중국철학의 주류를 이뤄온 유학 또한 예외가 아니다. 초월과 현실의 긴장을 가장 잘 보여주는 철학이 유학이다. 현대신유가 모우쫑산은 유가의 사상을 "존재하면서 동시에 활동하는(旣存有旣活動)" 실체로 본다. 현실을 책임지는 우환(憂患)의식과 초월의 미래지향이 이 말에서 잘 드러난다.

유학은 흔히 현실 정치철학으로 이해되어왔다. 그만큼 현실적이고 실제를 중시하는 사상이란 의미일 것이다. 유학이 불교나 도교 철학을 제치고 중국이나 한국의 주류사상으로 자리 잡은 가장 큰 이유도 여기에 있을 것이다. 그렇지만 유학의 현실 경향을 한 꺼풀 벗기고 그 내면을 보면, 사실 그 내부에 강한 초월적 성격을 지니고 있음을 알 수 있다.

"안되는 줄 알면서도 하는 사람(知其不可而爲之者)"

공자가 누구인지는 기본적인 교육과정을 이수한 사람이면 모두 알고 있다. 동양사상의 핵심인 '인(仁)'을 이야기했다거나, 혹은 위대한 교육가였다는 사실은 새로 언급할 필요가 없다. 그럼 당시의 사람들은 그를 어떻게 보았을까? 한마디로 "안 되는 일인 줄 뻔히 알면서도 굳이 하는(知其不可而爲之)" 사람이었다. 공자는 자신의 뜻을 묻는 제자의 물음에 "나이 든 사람은 편안하게 하고, 친구 간에는 믿음이 있게 하고, 청년들을 따뜻이 품어주는 것(老者安之,朋友信之,少者懷之)"이라고 대답한다. 유가의 정치강령이기도 한 이 문구는 얼핏 지극히 평범해 보이는 말이지만, 현실정치의 전체내용을 포괄하는 내용이다. 복지와 신뢰는 오늘날에도 가장 중요한 정치적 과제이다. 공자는 이상정치의 실현

가능성에 대해 지극히 낙관적이었다. 그 낙관의 근거가 간단하다. "윗사람이 예를 지키면 백성이 감히 공경하지 않을 수 없고, 윗사람이 의로우면 백성이 감히 복종하지 않을 수 없다(上好禮則民莫敢不敬, 上好義則民莫敢不服)"는 것이다. 한마디로 윗물이 맑으면, 아랫물은 자연스럽게 맑다는 것이다. 지배층이나 지식인 집단의 도덕적 수양을 정치의 제일 조건으로 삼는 유가 사상의 기본원리가 여기에 있다. 이렇듯 도덕적 수양을 정치의 기본으로 삼는 정치문화는 자연 유토피아적 편향으로 흐를 수밖에 없는 구조를 내재적으로 갖고 있다. 동양의 전통적 지식인은 현실과 타협하지 않고 자신이 생각하는 대로 세계를 바꾸려고 시도한다. 그것도 어떤 '이상화된' 기준에 맞춰 철저하게 현실을 바꾸려고 한다. 이는 타협과 계약에서 비롯된 서양의 정치문화와는 완전히 다른 행위이다.

두웨이밍은 이러한 유학의 근거를 기독교 문명과 다른 사상의 근원에서 찾고 있다. 얼핏 보면 현실적으로 보이는 유학의 근본은 이 현실세계에 존재하지 않는다. 그 근원은 역사와 문화, 그리고 초월에서 비롯된다. 서양의 문화가 "하나님의 것은 하나님에게, 카이사의 것은 카이사에게"라는 이분법적 구분에서 비롯되었다면, 동양은 피안과 현실을 구분하지 않는 사유체계를 근본으로 한다. "칠십에 이르러 그 마음이 욕망하는 것이 모두 순리에 어긋나지 않는 경지(七十從心所欲不踰矩)" 또한 현실세계를 상정한다. 현실과 초월이 공존하는 이러한 체계야말로 서양의 기독교 문명과 구분되는 동양문명의 특징일 것이다.

고대 중국의 이상향으로 그려진 대동사상은 근대에 이르러 서양 유토피아 사상과의 만남을 통해 그 이론이 더욱 체계화되었다. 캉여우웨이의 『대동서(大同書)』나 류스페이, 우치훼이 등 무정부주의자들의 유토피아 사상은 그 결과물로 나온 것들이다. 그렇지만 대동사상이 중국 현대사에 전면으로 등장한 것은 역시 마오쩌둥에 이르러서이다. 인민공사와 문화대혁명으로 대변되는 마오쩌둥의 거대한 유토피아 실험은 처참한 실패로 마감되었지만, 중국은 그 공과(功過)에 대해 여전히 말을 아끼고 있다. 중국을 제외하고 세계 어느 나라에서 문화에 혁명이란 단어를 붙일 수 있겠는가. 단지 정제(政制)나 체제 개혁이 아닌, 생활세계 문화 전반의 혁명을 꿈꾸었던 이 거대한 실험은 다시는 되풀이되기 힘들 것이다. 문화대혁명은 참담한 실패로 끝났지만, 그 시도가 의미 없었다고 말할 수는 없다. 문화혁명이 제3세계 혁명에 미친 영향이라든가, 이후 사회주의 이론의 발전에 기여한 공로는 따로 평가해야 할 영역이다.

시진핑 주석 집권 이후 중국에선 마오쩌둥에 대한 새로운 평가가 진행되고 있다. 시진핑 사상이란 용어가 새로이 등장하고, '중국의 꿈'에선 짙은 제국의 향수가 느껴진다. '사회주의 시장경제'라는 개혁개방 정책의 결과는 중국을 G2의 대국으로 성장하게 하였지만, '빵'의 크기가 늘어난 만큼 '자유'와 '민주'에 대한 요구 또한 점차 증가하고 있다. 량치차오와 쑨원이 상정했던 훈정(訓政)의 기간은 이제 곧 마감이 다가올 것이다. 빅브라더 식의 통제와 사상 학습으로 교육받은 세대를 제어하는 건 불가능한 일이다. 다만 90만 개가 넘는 중국의 농촌 마을이 여전히 겪고 있는 가난은 중국 정부의 국가 주도 경제 실험을 여전히 주의 깊게 지켜보게 하는 요인이다. 량수밍이 꿈꾸었던 물질적 풍요와 정신의 자유를 함께 누리는 향촌의 이상은 과연 실현 불가능한 것인가. 그렇더라도 포기할 수 없는 그 이상의 꿈이 오늘 우리를 지탱해 나간다.

덧붙이는 글

1. 이 저서는 한국연구재단의 저술확장사업으로 선정된 연구과제의 결과물이다. 필자는 이 책을 완성하는 과정에서 본인이 그동안 발표했던 기존 연구 성과를 다양하게 활용했다. 우선 이 저서는 한국연구재단의 지원을 받아 수행했던 개인 연구과제 「근현대 중국 이상사회론의 철학적 탐구」가 저술사업으로 확장되어 출간된 것이다. 이 저서의 전체적인 흐름은 이 논문의 문제의식이 확장된 것이다. 이외에도 필자는 이 책의 주제와 연관된 발표논문을 활용하였는데, 일부는 큰 수정 없이 문맥과 문체만을 맞추어 실었다. 다만, 이 책의 내용은 대부분 하나의 연구서로서 책의 구성에 따라 새로 구성되고 작성되었음을 밝힌다. 필자가 이 저서의 주제와 연관하여 활용한 논문의 구체적인 인용 사항은 아래와 같다.

① 「대동과 유토피아: 강유위사상의 특색」(『한국철학논집』 18)은 1장 2, 3절과 2장 2, 5절에 활용하였다. ② 「량치차오의 '국가'와 '자유' 개념 고찰」(『중국학보』 81)은 3장 2, 3, 4절에 활용하였다. ③ 「章炳麟의 이상사회론 탐구」(『중국학보』 79)는 4장 1, 2, 3절에 활용하였다. ④ 「근현대 중국 이상사회론의 철학적 탐구」(『인문과학연구』 33)는 5장 1, 2절과 8장 5절, 9장 3, 4절에 활용하였다.

2. 사진 이미지는 위키피디아 영문판(https://en.wikipedia.org/wiki/) 퍼블릭 도메인(public domain)을 참고하였다.

주요 인물 소개

옌푸(嚴復, 1854~1921)

옌푸는 중국 남부 연안에 있는 푸저우(福州)에서 태어났다. 12살 때 양무운동의 일환으로 푸젠(福建)에 설립된 선정학당에 입학, 영어와 항해술, 기초적인 자연과학을 배웠다. 23살 때 런던 교외의 그리니치에 있는 왕립해군대학(Royal Naval College)에 유학했다. 귀국 후 새로 설립된 해군학교에서 교편을 잡았으며, 청일전쟁 이후 언론 활동과 교육 사업에 종사했다. 중화민국이 성립되자 베이징대학의 초대 총장을 맡아 근대적 교육 체제 건립에 힘썼다. 말년에는 캉여우웨이 등이 유교의 종교화를 시도한 공교회 설립에 참여하고, 위안스카이의 황제 복귀 운동에 동조하는 보수적 모습을 보였다.

옌푸는 헉슬리의 『진화와 윤리』을 『천연론』이란 제목으로 번역하였고, 애덤 스미스의 『국부론』, 밀의 『자유론』, 몽테스키외의 『법의 정신』 등을 한문으로 옮겨 근대 중국에 큰 영향을 끼쳤다. 『천연론』은 사회진화론을 체계적으로 소개한 최초의 저서로, '진화(evolution)'의 번역어인 '천연(天演)'은 중국뿐만 아니라 한국, 일본, 베트남의 지식인들이 사회진화론을 이해하기 위한 기본 개념이 되었다. 주요 저작으로는 그의 문장과 번역이 모두 수록된 『옌푸전집(嚴復全集)』이 있다.

천두슈(陳獨秀, 1879~1942)

자는 중보(仲甫), 호는 실암(實庵). 1879년 안후이성 화이닝에서 태어났다. 어려서부터 조부에게 전통 경전과 사서오경(四書五經)을 공부하여 1896년 과거에 급제, '수재(秀才)'가 되었다. 이듬해 난징에서 거행된 향시에 응하였으나 붙지 못하고 오히려 캉여우웨이와 량치차오의 변법사상을 받아들이게 된다. 1902년을 시작으로 네 차례에 걸쳐 일본 유학을 했으며 일본에서 유물론과 공산주의 이론을 학습했다. 1915년 9월 상하이에서 『청년잡지』(2권부터 『신청년』으로 개명)를 창간했고, 1917년 베이징대학 문과대학장을 역임하였다. 1921년 중국공산당 창립 시에 중앙총서기로 당선되어 활동하였으며, 1932년 국민당 정부에 체포되어 13년 형을 선고받았으나 1937년 가석방되었다. 1942년 3월 쓰촨성 장진에서 병사하였다.

주요 저작으로 『독수문존(獨秀文存)』, 『천두슈선생강연록(陳獨秀先生講演錄)』 등이 있다.

리다자오(李大釗, 1889~1927)

리다자오는 허베이성(河北省) 출신으로 자는 수상(守常)이다. 천두슈와 함께 1921년 중국공산당 창립 핵심 멤버이다. 1922년 상하이에서 쑨원(孫文)과 국공합작(國共合作)에 대해 담판, 1924년 '제1차 국공합작'을 실현시켰다. 리다자오는 제국주의와 군벌을 지속적으로 반대하며 그들과 정면으로 맞섰고, 결국 1927년 동북 군벌인 장쭤린(張作霖)에 의해 1927년 4월 교수형에 처해졌다. 그가 1919년에 발표한 「나의 마르크스주의관(我的馬克思主義觀)」은 중국의 사상계에 커다란 파장을 불러일으켰으며, '5 · 4 신문화운동'을 통해 민중을 계몽하는 데 온 힘을 다하였다. 주요 글로 「염세심과 자각심(厭世心與自覺心)」, 「공자와 헌법(孔

子與憲法)」, 「신중화민족주의(新中華民族主義)」, 「대아시아주의(大亞細亞主義)」, 「동서문명의 근본적인 차이(東西文明根本之異点)」, 「나의 마르크스주의관(我的馬克思主義觀)」, 「10월 혁명과 중국 인민(十月革命與中國人民)」, 「사학과 철학(史學與哲學)」 등이 있다.

후스(胡適, 1891~1962)

자는 적지(適之), 본명은 사미(嗣穈). 미국 유학 시험을 볼 때 이름을 적(適), 자를 적지(適之)로 고쳤다. 1891년 상하이에서 태어났다. 어려서부터 경서와 고전 소설을 즐겨 읽었으며, 1910년 청화학당의 국비 유학생으로 선발되어 미국 코넬대학에서 유학하였다. 1915년 콜럼비아대학 철학과에서 실용주의 대가 존 듀이를 지도교수로 철학 박사학위를 받았다. 1918년 『신청년』에 「문학개량추의」를 발표하여 구어문을 제창하며 문학 혁명에 힘을 쏟았다. 1919년 『중국철학사대강』 1권을 출판하였다. 1922년 딩원장과 『노력주보』를, 1931년에는 푸스넨과 『독립평론』을 창간했다. 1938년부터 1942년까지 주미대사를 역임했으며, 1946년에는 베이징대학 총장이 되었다. 1949년 미국으로 건너갔다가 1958년 타이완으로 가서 중앙연구원 원장이 되었다. 1962년 2월 심장병으로 사망하였다.
주요 저작으로 『후스문존(胡適文存)』, 『노산유기(廬山遊記)』, 『후스일기(胡適日記)』, 『사십자술(四十自述)』 등이 있다.

펑여우란(馮友蘭, 1895~1990)

펑여우란은 안후이성 출신으로, 어려서는 진사 합격자이자 관료였던 부친에 의해 충실한 한학(漢學) 교육을 받았다. 베이징대학과 미국 콜

럼비아대학에서 수학하였기 때문에 중국철학과 서양철학 모두에 정통한 인물이다. 그는 동양의 전통 철학을 신실재론과 실용주의라는 서양철학의 관점에서 재해석하였고, 또한 동양철학의 관점에서 서양철학의 주요 문제를 해결하려고 시도하였다. 20대에 『인생철학(人生哲學)』을 발표했고, 30대에는 『중국철학사(中國哲學史)』(1934)를 발간했다. 중일 전쟁 시기인 40대엔 『정원육서(貞元六書)』를 저술하였다. 문화대혁명 이후 1980년대 『중국철학사신편(中國哲學史新編)』(1989)을 저술하였다.

딩원장(丁文江, 1887~1936)

자는 재군(在君), 필명은 종엄(宗淹). 1887년 장쑤성 타이싱에서 태어났다. 어려서 일본과 영국에서 유학했으며, 1906년 캠브리지대학에 입학했으나 반년 만에 그만두고 1908년 글라스고우(Glasgow) 대학에서 동물학과 지질학을 공부했다. 1911년 귀국해 경사학부(京師學部)에서 유학생을 대상으로 개최한 시험에 합격해 격치진사가 되었으며, 상하이 남양공학(南洋公學)에서 동물학, 화학, 지질학, 영어와 서양사 등을 가르쳤다. 1919년 량치차오 등과 함께 유럽 시찰을 떠났으며 파리회의에도 참석했다. 1922년 5월 후스 등과 함께 『노력주보』를 창간했으며, 1923년 〈과학과 인생관〉 논쟁 기간에 과학파의 선봉이 되어 『노력주보』에 과학파의 글들을 적극적으로 소개했다. 1922년 '중국지질학회'를 창립했으며, 1931년 베이징대학 지질학과 교수로 초빙되었다. 1936년 1월 후난성 헝양현에서 가스 중독으로 사망했다. 주요 저작으로 『서하객년보(徐霞客年譜)』, 『중국관판광업사략(中國官辦鑛業史略)』, 『양자강하유지지질(揚子江下游之地質)』 등이 있다.

우즈훼이(吳稚暉, 1865~1953)

본명은 조(眺), 자는 경항(敬恒). 1865년 장쑤성 젠후의 상인 집안에서 태어났다. 7세부터 사숙에 들어가 공부하였으며, 장쑤 남청서원, 쑤저우 자양서원에서 공부하였다. 1897년 티엔진 북양학당, 1898년 상하이 남양공학에서 학생들을 가르쳤다. 1901년 일본으로 건너가 공부한 후 귀국해 차이위안페이, 장빙린 등과 함께, '중국교육회', '애국학사'를 조직하였다. 1903년 『소보』를 통해 혁명을 고취하다 7월 '소보안'이 터지자 영국으로 도피했다. 런던에서 쑨원과 만난 후 1905년 겨울에 중국동맹회에 가입하였으며, 1906년에는 파리에서 리스쩡(李石曾)과 함께 세계사를 창립하고 기관지 『신세기』를 발간하며 무정부주의 운동에 뛰어들었다. 1920년 베이징에 설립된 중법대학(中法大學)의 책임자가 되어 프랑스에 다녀왔으며, 1923년 〈과학과 인생관〉 논쟁에 참가했다. 그는 평생 동안 과학 창달을 위해 애썼으며 〈과학과 인생관〉 논쟁이 시작되기 전인 1916년 『신청년』 잡지에 「청년과 도구」라는 글을 발표해 과학 공예 교육 부흥을 주장했다. 이후 국민당 정부에서 일하다 1949년 대만으로 건너가 1953년 병사했다. 논문 및 저작은 『우즈훼이 선생 전집』과 『우즈훼이 학술 논저』에 실려 있다.

장쥔마이(張君勱, 1887~1969)

본명은 가삼(嘉森), 자는 사림(士林). 1887년 장쑤성 지아딩(嘉定)에서 태어났다. 6세에 사숙에 들어가 사서오경을 배웠으며, 12세에 서양식 학교인 광방언관에 들어가 영어와 수학 등을 배웠다. 1902년 수재(秀才)가 되었으며, 이듬해 진단학원에 입학했다. 1906년 일본으로 국비 유학을 떠나 와세다대학에서 정치, 경제, 과학을 공부했다. 1913년에는 베를린대학에 입학해 정치학과 국제법을 배웠으며, 1915년 귀국해 상하이『시사신보(時事新報)』 편집장이 되었다. 1917년 베이징대학 교수가 되었으며, 1918년에는 량치차오, 딩원장 등과 함께 유럽으로 건너가 세계대전 후 각국의 상황을 시찰하였다. 시찰 도중 프랑스 철학자 베르그송을 예방하였으며, 독일에 3년간 머무르면서 독일 철학자 오이켄과 교류하며 공저『중국과 유럽의 인생문제』를 출간했다. 1958년 탕쥔이, 모우쫑산, 쉬푸관 등과 함께「중국문화를 위해 세계 인사에게 알리는 선언-중국학술 및 중국문화와 세계문화 미래의 공동 인식」을 발표하였으며, 1960년부터「신유가 철학의 기본범주」,「유가 윤리학의 부흥」 등의 글을 지속적으로 발표하였다. 1968년 사망하였다.
주요 저작으로는『아인슈타인 상대성 이론과 비평』,『심과 물』,『미래의 중국문화』,『민족부흥의 학술기초』,『의리학 십강 강요』,『신유가 사상사』,『신유가 사상 발전 칠대요의』 등이 있고, 논문집으로는『장쥔마이 신대륙 언론집』,『중서인(中西印) 철학문집』 등이 있다.

주

1장 근대 중국과 대동사상의 전환

1 馮契, 『中國近代哲學的革命進程』, 中國:上海人民出版社, 1999, 5쪽.

2 高瑞泉, 『中國現代精神傳統』, 中國: 東方出版中心, 1999, 254쪽.

3 칼 만하임(K. Mannheim), 황성모 역, 『이데올로기와 유토피아』, 삼성출판사, 1986, 287쪽.

4 현대중국의 대표적 철학자인 펑여우란(馮友蘭)은 『중국철학사』에서 중국의 철학적 발전 과정을 '자학시대(子學時代)'와 '경학시대(經學時代)'로 구분하였다. '자학시대'는 춘추전국시대의 제자백가 시기를 가리키며, '경학시대'는 한대(漢代)부터 청(淸)나라까지 경학을 위주로 학문이 전개된 시대를 말한다.

5 杜維明, 『現代精神與儒家傳統』, 中國: 三聯書店, 1997, 337쪽 참조.

6 陳正炎 · 林其錟 저, 李成珪 역, 『중국의 유토피아 사상』, 지식산업사, 1990.(原題: 『中國古代大同思想研究』)

7 候外廬 編, 中國: 北京科學出版社, 1959.

8 陳正炎 외, 『中國古代大同思想研究』, 中國: 中華書局, 1988.

9 陳正炎 외, 위의 책, 9쪽.

10 『莊子』, 「在宥」: "頌論形軀, 合乎大同, 大同而無己".

11 「禮運」편의 저자와 연대를 고증하는 일은 쉽지 않다. 한대와 송대 유가들은 이를 공자의 말이라 보았고, 근대에 이르러선 한대 유가의 기록으로 보고 있다. 일반적으로 「禮運」은 대략 전국(戰國) 말기나 진한 교체기에 유가가 공자의 이름을 가탁하여 작성한 것으로 보고 있다. 張岱年, 「中國古典哲學概念範疇要論」, 『張岱年全集』 4卷, 中國: 河北人民出版

社, 1996, 628쪽.

12 선양(禪讓)은 왕위를 자식이나 자손에게 물려주지 않고, 사람들의 의견을 물어 현인(賢人)에게 양위하는 것을 말한다. 요임금이 순임금에게 천자의 자리를 물려준 것이 대표적인 사례이다.

13 『禮記』, 「禮運」: "大道之行也, 天下爲公, 選賢與能, 講信修睦. 故人不獨親其親, 不獨子其子: 使老有所終, 壯有所用, 幼有所長, 矜寡孤獨廢疾者皆有所養. 男有分, 女有歸. 貨惡其棄于地也, 不必藏于己: 力惡其不出于身也, 不必爲己. 是故謀閉而不興, 盜竊亂賊而不作, 故外戶而不閉. 是謂大同."

14 牟宗三, 『政道與治道』, 臺灣: 學生書局, 1983, 10쪽.

15 康有爲, 『大同書』 「去產界公生業」: "今欲致大同, 必去人之私産而後可, 凡農工商之業, 必歸之公."

16 『禮記』, 「禮運」: "今大道旣隱, 天下爲家. 各親其親, 各子其子, 貨力爲己. 大人世及以爲禮, 城郭溝池以爲固, 禮義以爲紀, 以正君臣, 以篤父子, 以睦兄弟, 以和夫婦, 以設制度, 以立田里, 以賢勇智, 以功爲己. 故謀用是作, 而兵由此起: 禹, 湯, 文, 武, 成王, 周公由此其選也. 此六君子者, 未有不謹於禮者也. 以著其義, 以著其義, 以考其信, 著有過, 刑仁講讓, 示民有常: 如有不有此者, 在勢者去, 衆以爲殃. 是爲小康."

17 이상익, 『유가 사회철학연구』, 심산, 2001, 81~92쪽.

18 칼 만하임, 『이데올로기와 유토피아』, 314쪽.

19 『論語』, 「公冶長」: "老者安之,朋友信之, 少者懷之."

20 『論語』, 「憲問」.

21 『中庸』: "唯天下之至誠, 爲能盡其性: 能盡其性, 則能盡人之性: 能盡人之性, 則能盡物之性: 能盡物之性, 則可以贊天地之化育: 可以贊天地之化育, 則可以與天地參矣."

22 梁啓超, 「'知不可而爲之'主義與'爲而不有'主義」, 『梁啓超哲學思想論文選』, 中國: 北京大學出版社, 1984, 316쪽.

23 『荀子』, 「正論」: "決德而定次, 量能而授官, 皆使民載其事而各得其宜."

24 요(堯), 순(舜), 우(禹) 삼대를 가리키는 것이다.

25 Thomas A. Metzger, 「烏托邦主義與孔子思想的精神價值」, 中國: 『中國哲學』, 2000年 6月.

26 杜維明, 『現代精神與儒家傳統』, 中國: 三聯書店, 1997, 337쪽.

27 『梁啓超論淸學史二種』, 中國: 復旦大學出版社, 1985, 67쪽.

28 高瑞泉, 『中國現代精神傳統』, 270쪽.

29 아래 내용은 高瑞泉, 『中國現代精神傳統』의 272~282쪽의 내용을 정리한 것이다. 인용한 원문은 여기에서 사용한 원전을 그대로 표기하였다.

30 「社會主義的分析」, 『中山叢書』 3집, 14쪽.

31 『中山叢書』 3집, 73쪽.

32 『無政府主義在中國』 1집, 190쪽.

33 『原儒. 原外王』

34 「民生主義」, 「中山叢書」 1집, 27쪽.

35 「社會主義的分析」, 『中山叢書』 3집, 26~27쪽.

36 『無政府主義在中國』 1집, 23쪽.

37 『原儒. 原外王』

38 高瑞泉, 『中國現代精神傳統』, 284쪽.

39 로버트 노직(R. Nozick)이 『무정부, 국가, 유토피아』에서 비판했던 요지이다. 高瑞泉, 『中國現代精神傳統』, 286쪽.

2장 캉여우웨이의 대동사상

1 梁啓超, 『淸代學術概論』, 東方出版社, 1996, 72쪽.

2 康有爲, 『論語注』, 中華書局, 1984, 206쪽.

3 『論語注』, 206쪽.

4 『論語注』, 281쪽.

5 춘추공양학의 견해를 그대로 따른 것이다. 蕭公權 저, 최명 역, 『중국정치사상사』, 서울대학교 출판부, 1998, 1114쪽.

6 「萬木草堂口說」, 『康有爲全集』 1卷.

7 『春秋筆削大義微言考序』: "孔子之道, 其本在仁, 其理在公, 其法在平, 其制在文, 其體在各明名分, 其用在與時進化."

8 『春秋董氏學』 3卷.

9 『孔子改制考』 序.

10 『孔子改制考』 序.

11 『新學僞經考』 序.

12 梁啓超, 『淸代學術槪論』, 72쪽.

13 『論語注』, 206쪽.

14 『論語注』, 177쪽.

15 『論語注』, 281쪽.

16 『論語注』, 213쪽.

17 『孟子微 · 中庸注 · 禮運注』, 208쪽.

18 梁啓超, 『淸代學術槪論』, 73쪽.

19 E. Bellamy, 원제는 『Looking Backward, 2000-1887』. 1891년 12월부터 이듬해 4월까지 『回頭看紀略』란 제목으로 『萬國公報』(제35호-제39호)에 실렸다. 이후 단행본 『百年一覺』(上海廣學會, 1894)으로 출판되었다.

20 『大同書』, 中國: 古籍出版社, 1956, 69쪽, 235쪽.

21 『大同書』 甲部 「入世界觀衆苦」.

22 梁啓超, 『南海康先生傳』.

23 『論語』, 「微子」.

24 『孟子微 · 中庸注 · 禮運注』, 9쪽.

25 에테르(以太): 당시 사람들은 빛을 전달하는 전매체로 모종의 탄성을 지닌 물질이 있다고 보고, 이를 '에테르'라고 불렀다. 중국엔 1898년 『淸議報』에 처음 소개되었다. 20세기 들어 이 존재를 확인하는 실험들은 모두 실패로 끝났다.

26 『大同書』, 80쪽.

27 『大同書』, 68쪽.

28 尙明, 『中國近代人學與文化哲學史』, 北京: 人民出版社, 2000, 35쪽.

29 『大同書』, 134쪽.

30 『대동서』의 전체 내용이 모두 출판된 것은 캉여우웨이 사후 10년 후인

1937년에 이르러서이다.

31 『周易』 蒙卦: 蒙, 亨, 以亨行, 時中也.

32 「春秋筆削大義微言考序」.

33 『梁啓超論淸學史二種』, 中國: 復旦大學出版社, 1985, 67쪽.

34 李澤厚, 『中國近代思想史論』, 安徽文藝出版社, 1994. 리쩌허우는 훗날 『고별혁명』(김태성 역, 북로드, 2003)에서 캉여우웨이의 개량주의에 대해 긍정적인 재평가를 내린다.

35 『大同書』, 69쪽.

3장 량치차오의 이상국가

1 「신민설(新民說)」은 『신민총보(新民叢報)』(1902~1907)의 창간호부터 연재되었다.

2 『梁啓超全集』 1卷, 中國: 北京出版社, 1999, 413~414쪽.

3 『梁啓超全集』 2卷, 656쪽.

4 「新民說」 제2절.

5 이혜경, 『천하관과 근대화론: 량치차오를 중심으로』, 문학과지성사, 2002, 214쪽.

6 이혜경, 위의 책, 313쪽.

7 조경란, 『중국 근현대 사상의 탐색-캉유웨이에서 덩샤오핑까지』, 삼인, 2003, 38쪽.

8 안소니 기든스(A. Giddens), 진덕규 역, 『민족국가와 폭력』, 삼지원, 1991, 7쪽.

9 YANG Xiao, 「량치차오의 정치 · 사회철학」, 『현대중국철학』, 서광사, 44-45쪽.

10 「新民說」, "論國家思想".

11 「新民說」, "論國家思想".

12 馮友蘭, 『中国哲学简史』, 中國: 北京大学出版社, 1996, 168~169쪽.

13 『孟子』 「梁惠王上」.

14 馮友蘭, 박성규 역, 『중국철학사』(상), 까치, 1999, 11쪽.

15 『梁啓超全集』 2권, 730쪽.

16 YANG Xiao, 「량치차오의 정치 · 사회철학」, 55쪽 참조.

17 「新民說」, "論權利思想".

18 梁啓超, 강중기 · 양일모 외 역, 『음빙실자유서(飮氷室自由書)』, 푸른역사, 2017, 75쪽.

19 『淸議報』 제33책, 『음빙실자유서』, 103~104쪽.

20 『음빙실자유서』, 73~74쪽.

21 조경란, 위의 책, 38쪽.

22 『梁啓超全集』 4권, 56쪽.

23 「新民說序」

24 조경란, 『20세기 중국 지식의 탄생』, 책세상, 2015, 109쪽 참조.

25 이혜경, 위의 책, 84쪽 재인용.

26 『梁啓超全集』 5卷, 2845쪽.

27 『梁啓超全集』 5卷, 2845쪽.

4장 장빙린의 부정적 유토피아론

1 湯志均, 『近代經學與政治』, 中國: 中華書局, 1989, 307쪽.

2 조성환, 「근대중국의 경학사조와 캉여우웨이, 장빙린의 정치사상」, 『동양정치사상사』, 8권 2호, 2009, 125쪽.

3 이연도, 「근대중국의 제국담론 고찰」, 『중국학보』 68집, 2013, 352~355쪽 참조.

4 조성환, 위 논문, 126~127쪽. 아래 문단은 이를 정리한 내용이다.

5 「駁康有爲論革命書」, 『章太炎政論選集』 (上下册), 湯志鈞 編, 中國: 中華書局, 1977, 199쪽.

6 「五無論」, 『章太炎全集』 4卷, 中國: 上海人民出版社, 1985, 429~430쪽.

7 「五無論」, 430쪽.

8 「與馬良書」, 『章太炎全集』 4卷, 185쪽.

9 「代議然否論」,『章太炎全集』 4卷, 300쪽.

10 「五無論」, 431쪽.

11 「代議然否論」, 306쪽.

12 오철숙, 「장빙린의 공화정체론」,『인문학연구』 75호, 2008, 210쪽.

13 「中華民國聯合會第一次大會演說辭」,『章太炎政論選集』, 533쪽.

14 「代議然否論」, 306쪽.

15 「代議然否論」, 306쪽.

16 오철숙, 위 논문, 215~216쪽.

17 「代議然否論」, 307쪽.

18 「代議然否論」, 같은 곳.

19 「東京留學生歡迎會演說辭」,『章太炎政論選集』, 278쪽.

20 「明農」,『訄書』, 中國: 上海古籍出版社, 2000, 612쪽.

21 김영진,『불교와 무의 근대』, 그린비, 2012, 190~191쪽. 아래 문단은 이를 인용한 것이다.

22 「五無論」, 430쪽.

23 「五無論」, 430~431쪽.

24 「五無論」, 429쪽.

25 「五無論」, 432쪽.

26 「五無論」, 434쪽.

27 김영진, 위의 책, 203~204쪽.

28 「俱分進化論」,『章太炎全集』 4卷, 386쪽.

29 陳少明 저, 김영진 역,『近代中國思想史略論』, 그린비, 2008, 250쪽.

5장 쑨원의 삼민주의

1 조경란,『20세기 중국 지식의 탄생』, 132쪽 참조.

2 「遺囑」,『孫中山選集』 下卷, 421쪽.

3 「이홍장에게 올리는 글(上李鴻章書)」,『孫中山選集』 上卷, 7~8쪽.

4 「홍중회선언」,『孫中山選集』 上, 19쪽.

5 「중국의 현재와 미래」,『中國哲學史資料選集』近代部分, 600쪽.

6 『孫中山選集』上卷, 71쪽.

7 시프린,「쑨원평전」, 58쪽.

8 『孫中山選集』上卷, 81쪽.

9 「欲改造新國家當實行三民主義」, 高瑞泉, 앞의 책. 273쪽 재인용.

10 溝口雄三 저, 최진석 역,『개념과 시대로 읽는 중국사상 명강의』, 소나무, 2004, 232쪽.

11 「三民主義 · 民權主義」

12 「欲改造新國家當實行三民主義」, 高瑞泉, 앞의 책, 273쪽 재인용.

13 「三民主義 · 民權主義」

14 『孫中山選集』上卷, 339쪽.

15 『孫中山選集』下卷, 715쪽.

16 『孫中山選集』上卷, 525쪽.

17 『孫中山選集』上卷, 82쪽.

18 「三民主義」,『孫中山選集』下卷, 590쪽.

19 『孫中山選集』下卷, 526쪽.

20 「三民主義 · 民權主義」

21 『孫中山選集』下卷, 526쪽.

22 『孫中山選集』下卷, 797쪽.

23 『孫中山選集』下卷, 802~803쪽.

24 『孫中山選集』上卷, 141쪽.

25 『孫中山選集』上卷, 141~142쪽.

26 『孫中山選集』下卷, 779쪽.

27 조경란, 위의 책, 126쪽.

28 『孫中山選集』下卷, 805쪽.

6장 량수밍의 향촌건설이론

1 王宗昱,「是儒家還是佛家 - 訪梁漱溟先生」,『中國文化與中國哲學』第一

輯, 東方出版社, 1986, 29쪽.

2 王東林, 『梁漱溟問答錄』, 中國: 湖南出版社, 30쪽.

3 가장 결정적인 원인은 1918년 겨울 그의 아버지 梁濟의 자살이었다. 梁濟는 유서에서 자신의 자살이 죽음과도 같은 잠에 빠져 있는 중국의 전통문화를 깨우기 위함이라고 밝히고 있다. 아버지의 자살은 량수밍에게 큰 충격을 주었으며, 불교에 심취해 있던 그가 유가로 돌아선 결정적 계기가 되었다.

4 『儒佛異同論』

5 『梁漱溟問答錄』, 211쪽.

6 『梁漱溟全集』 1卷, 中國: 山東人民出版社, 1989, 383쪽.

7 『梁漱溟全集』 1卷, 167쪽.

8 梁漱溟, 『東西文化及其哲學』, 中國: 商務印書館, 1987, 469쪽.

9 량수밍이 말하는 '理性'은 서양의 'reason'과는 다른 의미이다. 서양의 'reason'이 인간의 理智的 능력이라면, 량수밍의 '理性'은 이보다는 도덕정감 즉 '是非之心'을 가리킨다.

10 梁漱溟, 『中國文化要義』, 中國: 河北教育出版社, 1996, 525쪽.

11 Guy S. Alitto, 王宗昱 · 冀建中 譯, 『最後的儒家』, 中國: 江蘇人民出版社, 1996, 296쪽.

12 「鄕村建設理論」, 『梁漱溟全集』 2卷, 161쪽.

13 최홍석, 「량수밍의 향촌건설운동에 관한 연구」, 『退溪學』 제14집, 퇴계학연구소, 2004, 99쪽.

14 최홍석, 위 논문, 103쪽.

15 『梁漱溟全集』 7卷, 690~691쪽.

16 『梁漱溟全集』 2卷, 412쪽.

7장 슝스리의 외왕학과 이상사회론

1 고재욱, 「슝스리와 현대 신유학」, 『처음 읽는 중국현대철학』, 2016, 85쪽.

2 黃冠閔,「公天下: 烏托邦或世界公民?——熊十力外王學的修辭」, 香港大學『現當代中文語境中的烏托邦與烏托邦精神: 文本, 思想, 空間』, 國際學術研討會, 2015. 3. 20. 아래는 이 글의 내용을 인용한 것이다.

3 「讀經示要」,『熊十力全集』3卷, 中國: 湖北教育出版社, 2001, 1013쪽.

4 「讀經示要」, 1035쪽.

5 「讀經示要」, 1031쪽.

6 「讀經示要」, 1031쪽.

7 「論六經」,『熊十力全集』5卷, 708쪽.

8 梁漱溟,『憶熊十力先生』, 台北: 明文書局, 1989, 17쪽.

9 梁漱溟,『憶熊十力先生』, 27쪽.

8장 마오쩌둥 사상

1 '마오쩌둥사상(毛澤東思想)'이란 용어가 처음 사용된 것은 1943년 옌안 정풍운동(延安整風運動) 당시 왕지아상(王稼祥)에 의해서이다.

2 조봉래,「마오쩌둥과 마르크스주의의 중국화」,『처음 읽는 중국현대철학』, 2016, 323쪽.

3 『鄧小平文選』2卷, 中國: 人民出版社, 1994, 295쪽 참조.

4 인민공사는 농공상학병(農工商學兵)의 결합으로 이루어져 있다. 공동체는 상공업과 교육과 더불어 행정기구의 기초 단위 구성, 자기방위 조직 등도 갖추고 있다. 파리코뮌 이후 가장 코뮌적 요소가 강한 공동체이다.

5 廖蓋隆 편, 정석태 역,『중국공산당사』, 녹두, 1993년, 319~321쪽 참조.

6 B. Womack, *The Foundations of Maozedong's Political Thought, 1917-1935*, Univ of Hawaii Pr, 1982, 34 · 77쪽 참조.

7 광저우(廣州) 등 대도시를 거점화하고자 했던 무장 봉기가 계속 실패하자 마오쩌둥은 1000여 명의 잔여 병력을 이끌고 징강산으로 들어간다. 이를 기반으로 유격전을 전개했는데, 이 시기를 '징강산투쟁(井崗山鬪爭)'이라고 부른다.

8 조봉래, 위의 책, 303쪽.

9 畢劍橫 저, 이철승 역, 『마오쩌둥 사상과 중국철학』, 예문서원, 2000, 120쪽.

10 1940년 1월 섬감영변구(陝甘寧邊區: 섬서 · 감숙 · 영하 변경구역) 문화협회 제1차 대표대회에서 발표되었다.

11 조봉래, 위의 책, 318쪽.

12 李澤厚 저, 김형종 역, 『中國現代思想史論』, 한길사, 2005, 263쪽.

13 李澤厚, 『中國現代思想史論』, 266쪽.

14 마오쩌둥 저, 김승일 역, 『마오쩌둥선집(毛澤東選集)』 2, 범우사, 2002, 169쪽.

15 李澤厚, 『中國現代思想史論』, 288쪽.

16 모리스 마이스너 저, 김수영 역, 『마오의 중국과 그 이후』 1, 이산, 2006, 279쪽.

17 모리스 마이스너, 위의 책, 272쪽 참조.

18 모리스 마이스너, 위의 책, 282쪽.

19 畢劍橫, 위의 책, 151쪽.

20 이희옥, 『중국의 새로운 사회주의 탐색』, 창비, 2004, 16쪽.

21 이희옥, 위의 책, 52쪽 재인용.

9장 현대중국의 이상사회론: 덩샤오핑 이론에서 화해사회주의

1 1917년 8월 23일 마오쩌둥은 리진시(黎錦熙)에게 보낸 편지에서 철학과 윤리학의 보급을 통해 인민들이 '태평세'의 대동세계에 들어갈 수 있게 해야 한다고 말한다. 1919년 12월엔 이를 구체적으로 현실화한 '신촌'을 악록산(岳麓山)에 건설할 것을 제안한다. 그가 여기에서 제안한 '신촌'은 공공 육아원과 공공학교, 박물관, 공공작업장, 공공농장 등으로 캉여우웨이의 『대동서』에 묘사된 이상사회의 모습과 흡사하다.

2 중국공산당 기관지인 「人民日報」는 2012년 5월 17일 사회과학원 전문가들의 기고 형태로 게재한 "국제금융위기에서 바라본 서방의 신자유주의"를 통해, 서구 자본주의의 위기가 신자유주의에서 비롯된 것이라고

강력하게 비판하였다. 이는 국가 주도의 발전 전략을 추진하고 있는 '중국식사회주의'에 대한 서구의 비판이 실상 신자유주의 확산 전략이라는 판단에 따른 대응이었던 것으로 보인다. 「경향신문」(2012.5.18.)

3 '소강사회 건설'이란 용어가 처음으로 사용된 것은 1979년 12월로, 덩샤오핑이 일본 수상 요시다 시게루와 만나 중국의 현대화 구상을 설명했을 때이다.

4 조봉래, 「마오쩌둥과 마르크스주의의 중국화」, 324쪽.

5 『鄧小平文選』 2卷, 中國: 人民出版社, 1994, 3쪽.

6 1982년 9월의 발언이다. 덩샤오핑 저, 김승일 역, 『덩샤오핑문선』 上, 범우사, 1994, 32쪽.

7 『덩샤오핑문선』 上, 54쪽.

8 마오쩌둥, 「연합정부를 논함」, 이철승, 『마오쩌둥: 현대중국의 초석과 철학사상』, 태학사, 2007, 240쪽 참조.

9 "모든 사업은 인민의 부와 행복에 도움이 되느냐 안 되느냐, 국가의 발전에 도움이 되느냐 안 되느냐 하는 것으로 그 사업이 잘 되었는가 못 되었는가를 평가하는 표준으로 삼아야 한다." 『덩샤오핑문선』 上, 47쪽.

10 『덩샤오핑문선』 下, 34쪽.

11 『덩샤오핑문선』 下, 249쪽.

12 『덩샤오핑문선』 上, 98쪽.

13 「중앙고문위원회 제3차 전체회의에서의 연설문」(1984년 10월), 『덩샤오핑문선』 上, 135쪽.

14 『덩샤오핑문선』 上, 119쪽.

15 「중국공산당 제12차 전국대표대회 개막사」(1982년 9월), 『덩샤오핑문선』 上, 23쪽.

16 「사회주의의 물질문명과 정신문명을 건설하자」, 『덩샤오핑문선』 上, 54쪽.

17 「中國共產黨第十二次代表大會文件滙」

18 조봉래, 「對中國現代化過程中出現的文化建設思想的理論分析」, 『강원인문논총』 제17집, 2007, 65쪽.

19 「우리나라 정책방침의 두 가지 기본점」, 『덩샤오핑문선』 下, 90쪽.

20 「홍콩 특별행정구 기본법 기초위원회 위원 접견 연설」, 『덩샤오핑문선』 下, 56쪽.

21 張立文, 『和合學-21世紀文化戰略的構想』, 中國: 人民大學出版社, 2006, 序文.

22 상하이(上海)와 구이저우(贵州)의 1인당 GDP는 각각 27561원(元)과 2479원(元)으로, 10배 이상의 차이가 난다.(1999년 기준) 陳耀, 『西部開發大戰略與新思路』, 中共中央黨校出版社, 2000, 290쪽 참조.

23 관료의 부패 문제에 관해서는 吳正前, 「警惕'腐敗意識'」, 人民網(日報), 2001. 4. 24, 政論時評 참조.

24 "中共中央關於加强黨的執政能力建設的决定", www.people.com.cn, 「人民網」 理论, 2004. 11. 17. 참조.

25 정동근, 『후진타오와 화해사회』, 동아시아, 2007, 172쪽.

26 정재일, 「후진타오의 '사회주의조화사회 건설' 연구」, 『중국연구』 40권, 2007, 352쪽, 재인용.

27 정동근, 위의 책, 175쪽.

28 『論語 · 季氏』.

참고문헌

1. 원전류

來可泓 撰, 『論語直解』, 復旦大學出版社, 上海, 1996.

徐洪興 撰, 『孟子直解』, 復旦大學出版社, 上海, 1997.

王先謙 撰, 『荀子集解』, 中華書局, 北京, 1988.

陈奇猷 撰, 『韓非子集釋』, 上海人民出版社, 上海, 1974.

孫詒讓 撰, 『墨子閒詁』, 中華書局, 北京, 2001.

郭慶藩 撰, 『莊子集釋』, 中華書局, 北京, 1997.

康有爲, 『大同書』, 古籍出版社, 1956.

______, 『孟子微 · 中庸注 · 禮運注』, 中華書局, 1987.

______, 『諸天講』, 中華書局, 1990.

姜義華 編, 『康有爲全集』(1-3卷), 上海古籍出版社, 1987~1992.

________, 『章太炎語粹』, 華夏出版社, 1993.

姜玢 編, 『章太炎文選』, 上海遠東出版社, 1996.

鄧小平, 『鄧小平文選』(1-3卷), 人民出版社, 1993~1994.

梁啓超, 『飮氷室合集』, 中華書局, 1996.

梁漱溟, 『梁漱溟全集』(1-8卷), 山東人民出版社, 1989~1993.

樓宇烈 整理, 『康有爲學術著作選』(七種), 中華書局, 1984~1992.

毛澤東, 『毛澤東選集』(1-4卷), 人民出版社, 1991.

上海市文物保管委員會文獻研究部 編, 『康有爲遺稿:萬木草堂詩集』, 上海人民出版社, 1996.

________________________________, 『康有爲遺稿:戊戌變法前後』, 上海人民出版社, 1986.

______________________________, 『康有爲遺稿:列國游記』, 上海人民出版社, 1995.
孫文, 『孫中山全集』, 中華書局, 1981.
梁啓超, 「南海康先生傳」, 『追憶康有爲』, 廣播電視出版社, 1997.
______, 『梁啓超哲學思想論文選』, 北京大學出版社, 1984.
______, 『清代學術概論』, 東方出版社, 1996.
梁漱溟, 『東西文化及其哲學』, 商務印書館, 1987.
嚴復, 『嚴復集』(1-5冊), 王栻 主編, 中華書局, 1986.
嚴復 譯著, 馮君豪 注解, 『天然論』, 中州古籍出版社, 1998.
熊十力, 『十力語要』, 中華書局, 1996.
______, 『熊十力論著集』, 中華書局, 1992~1996.
______, 『熊十力全集』, 湖北教育出版社, 2001.
______, 『原儒』, 台湾明文书局, 1997.
______, 『讀經示要』, 台湾明文書局, 1984.
______, 『論六經』, 台湾明文書局, 1998.
李似珍 評注, 『大同書』, 中州古籍出版社, 1998.
湯志鈞 編, 『康有爲政論集』, 中華書局, 1981.
章炳麟, 『章太炎全集』, 上海人民出版社, 1982.
湯志均 編, 『章太炎政論選集(上·下)』, 中華書局, 1977.
錢鍾書·朱維錚 編, 『康有爲大同論二種』, 三聯書店, 1988.
周振甫 編, 『譚嗣同文選注』, 中華書局, 1983.
中共中央文獻研究室 編, 『建國以來毛澤東文稿』(1-7冊), 人民出版社, 1992.
中共中央文獻編輯委員會 編, 『江澤民文選』(1-3卷), 人民出版社, 2006.
馮友蘭, 『三松堂全集』, 何南人民出版社, 2000.

2. 단행본

김병채 외, 『현대신유학과 중국특색의 사회주의』, 한양대 출판부, 2008.
김영진, 『불교와 무의 근대』, 그린비, 2012.

서진영, 『중국혁명사』, 한울, 1992.
______, 『현대 중국정치론: 변화와 개혁의 중국정치』, 나남출판, 1997.
송영배, 『유교적 전통과 중국혁명』, 철학과현실사, 1992.
왕후이, 『죽은 불 다시 살아나: 현대성에 저항하는 현대성』, 김택규 역, 삼인, 2005.
______, 『탈정치시대의 정치』, 성근제 외 역, 돌베개, 2014.
이상익, 『유가 사회철학연구』, 심산, 2001.
이승환, 『유가사상의 사회철학적 재조명』, 고려대학교 출판부, 1998.
이창휘 · 박민희, 『중국을 인터뷰하다』, 창비, 2013.
이철승, 『마오쩌둥: 현대 중국의 초석과 철학사상』, 태학사, 2007.
이혜경, 『천하관과 근대화론: 량치차오를 중심으로』, 문학과지성사, 2002.
이희옥, 『중국의 새로운 사회주의 탐색』, 창비, 2004.
장재진, 『근대 동아시아의 종교다원주의와 유토피아』, 산지니, 2011.
정동근, 『후진타오와 화해사회』, 동아시아, 2007.
조경란, 『20세기 중국지식의 탄생』, 책세상, 2015.
______, 『중국근현대 사상의 탐색-캉유웨이에서 덩샤오핑까지』, 삼인, 2003.
______, 『현대 중국사상과 동아시아』, 태학사, 2008.
조광수, 『중국의 아나키즘』, 신지서원, 1998.
조세현, 『동아시아 아나키즘, 그 반역의 역사』, 책세상, 2001.
중국현대철학연구회, 『처음 읽는 중국현대철학』, 동녘, 2016.
천성림, 『근대중국사상세계의 한 흐름』, 시서원, 2002.
한국정치사상학회 편, 『이상국가론 동양과 서양』, 연세대 출판부, 2004.

葛懋春 編, 『無政府主義思想資料選』, 北京大學出版社, 1984.
葛懋春 · 蔣俊 · 李興芝 編, 『無政府主義思想資料選』, 北京大學出版社, 1984.
姜義華, 『章太炎思想研究』, 上海人民出版社, 1985.
______, 『章太炎評傳』, 百花洲文藝出版社, 1995.
康帕內拉(Kampanella), 陣大維 譯, 『太陽城』, 商務人書館, 1960.
景海峰, 『熊十力』, 台湾東大圖書公司, 1991.

高瑞泉,『中國現代精神傳統』, 東方出版中心, 1999.
高平叔 編,『蔡元培全集』, 中華書局, 1984~1989.
________,『蔡元培哲學論著』, 河北人民出版社, 1985.
孔祥吉,『康有爲變法奏議研究』, 遼寧教育出版社, 1988.
郭湛波,『近五十年中國思想史』, 山東人民出版社, 1997.
郭成棠,『陳獨秀與中國共產主義運動』, 聯經出版社, 1992.
郭齊勇,『熊十力及其哲学』, 中国展望出版社, 1985.
______,『熊十力思想研究』, 天津人民出版社, 1994.
______,『熊十力與中國傳統文化』, 台湾遠流出版公司, 1990.
郭齊勇 · 龚建平,『梁漱溟哲學思想』, 湖北人民出版社, 1996.
鄺柏林,『康有爲的哲學思想』, 中國社會科學出版社, 1980.
歐文, 柯象峰 譯,『歐文選集』, 商務印書館, 1997.
克魯泡特金, 李平漚 譯,『互助論』, 商務印書館, 1997.
諾齊克(R. Nozick),『無政府, 國家与烏托邦』, 何懷宏 譯, 社會科學出版社, 1991.
唐文權 · 羅福惠,『章太炎思想研究』, 華中師範大學出版社, 1986.
唐宝林 编 ,『陳獨秀語粹』, 華夏出版社, 1993.
董士偉,『康有爲評傳』, 白花州文藝出版社, 1994.
杜維明,『現代精神與儒家傳統』, 三聯書店, 1997.
羅榮渠 編,『從"西化"到現代化』, 北京大學出版社, 1990.
羅榮渠 · 牛大勇 編,『中國現代化歷程的探索』, 北京大學出版社, 1996.
樓宇烈整理,『康南海自編年譜』, 中華書局, 1992.
劉健清 · 李振亞 編,『中國近現代政治思想史』, 南開大學出版社, 1993.
李淵庭 · 閻秉華 編,『梁漱溟先生年譜』, 廣西師範大學, 1991.
李澤厚,『康有爲譚嗣同思想研究』, 上海人民出版社 , 1958.
馬自毅 選注,『康有爲詩文選』, 華東師範大學出版社, 1995.
馬洪林,『康有爲大傳』, 遼寧人民出版社, 1988.
牟宗三,『政道與治道』, 學生書局, 1983.
______,『中國哲學十九講』, 上海古籍出版社, 1997.

房德鄰,『儒學的危機與嬗變-康有爲與近代儒學』, 臺灣文津出版社, 1992.
柏拉圖, 郭斌和 譯,『理想國』, 商務人書館, 1986.
傅立葉, 趙俊欣 譯,『傅立葉選集』, 商務印書館, 1997.
謝龍 編,『中西哲學與文化比較新論:北京大學名教授講演錄』, 人民出版社, 1994.
三石善吉, 李遇玫 譯,『中國的千年王國』, 上海三聯書店, 1997.
桑兵,『清末新知識界的社團與活動』, 三聯書店, 1995.
善峰,『梁漱溟社會改造構想硏究』, 山東大學, 1996.
聖西門, 王燕生 譯,『聖西門選集』, 商務印書館, 1997.
蕭公權, 汪榮祖 譯,『近代中國與新世界:康有爲變法與大同思想硏究』, 江蘇人民出版社, 1997.
孫應祥,『嚴復年譜』, 福建人民出版社, 2003.
宋志明,『熊十力評傳』, 白花州文藝出版社, 1993.
沈雲龍,『康有爲評傳』, 臺灣傳記文學出版社, 1978.
愛德華.貝拉米(Edward Bekkamy), 林天斗 譯,『回顧』, 商務人書館, 1963.
約翰.凡.安德里亞(J.V.Andreae), 黃宗漢 譯,『基督城』, 商務人書館, 1991.
楊國榮,『王學通論—从王陽明到熊十力』, 上海三聯書店, 1990.
吳廷嘉,『戊戌思潮縱橫論』, 中國人民大學出版社, 1988.
王暉,『現代中國思想的興起』, 三聯書店, 2004.
汪東林,『梁漱溟問答錄』, 湖南出版社, 1992.
______,『梁漱溟與毛澤東』, 吉林人民出版社, 1989.
王韶興 編,『鄧小平理論: 結構 · 體系 · 特色』, 山東人民出版社, 1997.
王栻,『維新運動』, 上海人民出版社, 1986.
王有爲,『章太炎傳』, 廣東人民出版社, 1984.
王中江,『進化主義在中國』, 首都師範大學出版社, 2002.
王學勤,『陳獨秀與中國共產黨』, 東南大學出版社, 1991.
王曉秋 編,『戊戌維新與近代中國的改革』, 社會科學文獻出版社, 2000.
王曉秋 · 尙小明 編,『戊戌維新與清末新政』, 北京大學出版社, 1998.
姚奠中 編,『章太炎學術年譜』, 山西古籍出版社, 1996.

熊月之,『章太炎』, 上海人民出版社, 1982.
威廉.莫里斯(William Morris), 黃嘉德 譯,『烏何有之鄕』, 商務人書館, 1981.
魏知信,『陳獨秀思想硏究』, 南京大學出版社, 1987.
劉名華,『大同夢』, 上海文藝出版社, 1999.
劉師培,『劉申叔遺書』, 江蘇古籍出版社影印本, 1997.
劉善章 · 劉忠世 編,『康有爲硏究論集』, 靑島出版社, 1998.
李秀林,『中國現代化之哲學探討』, 人民出版社, 1990.
李毅,『中國馬克思主義與現代新儒學』, 遼寧大學出版社, 1994.
李振綱 · 方國根,『和合之境-中國哲學與21世紀』, 華東師範大學出版社, 2001.
李澤厚,『中國近代思想史論』, 安徽文藝出版社, 1994.
任建樹,『陳獨秀大傳』, 上海人民出版社, 1999.
蔣 慶,『政治儒學』, 三聯書店, 2003.
張君勱 · 丁文江 外,『科學與人生觀』, 山東人民出版社, 1997.
張枬 · 王忍之 編,『辛亥革命前十年間時論選集』(全五冊), 三聯書店, 1977.
張東蓀 · 胡適 等,『五四前後東西文化問題論戰文選』, 中國社會科學出版社, 1985.
張立文,『和合與東亞意識-21世紀東亞和合哲學的價値共享』, 華東師範大學出版社, 2001.
______,『和合學槪論-21世紀文化戰略的構想』, 首都師範大學出版社, 1996.
傅靑元 編,『對有中國特色社會主義的哲學分析』, 四川人民出版社, 1997년.
鄭家棟,『本体與方法—從熊十力到牟宗三』, 遼寧大學出版社, 1992.
鄭大華,『梁漱溟學術思想評傳』, 北京圖書館, 1999.
______,『梁漱溟與現代新儒學』, 文津出版社, 1983.
丁文江 · 趙豊田 編,『梁啓超年譜長編』, 上海人民出版社, 1983.
齊春曉 · 曲廣華 著,『晩淸巨人傳:康有爲』, 哈爾濱出版社, 1996.
趙德志,『現代新儒家與西方哲學』, 遼寧大學出版社, 1994.
曹世鉉,『淸末民初無政府派的文化思想』, 社會科學文獻出版社, 2003.
曹躍明,『梁漱溟思想硏究』, 天津人民出版社, 1995.
鍾堅培,『康有爲思想硏究』, 廣東高等教育出版社, 1988.

朱洪,『陳獨秀傳』, 安徽人民出版社, 1998.
朱維錚 編,『劉師培辛亥前文選』, 三聯書店, 1998.
朱汉国,『梁漱溟鄉村建設硏究』, 山西教育出版社, 1996.
竹內弘行,『後期康有爲-亡命,辛亥,復辟,五四』, 日本京都內朋社, 1987.
中共中央文獻硏究室編,『毛澤東年譜』(1893-1949), 中央文獻出版社, 1993.
陳耀,『西部開發大戰略與新思路』, 中共中央黨校出版社, 2000,
陳正炎·林其錟,『中國古代大同思想硏究』, 中華書局, 1988.
陳平遠 編,『追憶章太炎』, 中国廣播出版社, 1997.
蔡仁厚,『熊十力先生學行年表』, 台湾明文書局, 1987.
托馬斯·莫爾, 戴鎦齡 譯,『烏托邦』, 商務人書館, 1959.
湯志鈞,『康有爲與戊戌變法』, 中華書局, 1984.
______,『戊戌變法史』, 人民出版社, 1984.
______,『章太炎年谱長篇』, 中華書局, 1979.
坂出祥伸,『康有爲-烏托邦的開花』, 日本東京集英社, 1985.
馮契,『中國近代哲學的革命進程』, 上海人民出版社, 1999.
何一民,『維新之夢-康有爲傳』, 四川人民出版社, 1995.
何顯明·雍濤,『毛澤東哲學與中國文化精神』, 廣西人民出版社, 1993.
夏曉虹 編,『追憶康有爲』, 中國廣播電視出版社, 1997.
許全興,『毛澤東與孔夫子』, 人民出版社, 北京, 2003.
許全興·陳戰難·宋一秀,『中國現代哲學史』, 北京大學出版社, 1992.
赫茨勒 (J. O. Hertzler), 張兆麟 譯,『烏托訪思想史』, 商務印書館, 1990.
胡繩 編,『中國共産黨的70年史』, 中共黨史出版社, 1991.
黃學軍 編,『社會主義思想道德文化建設概論』, 山東人民出版社, 1996년.
侯樹棟·齊士澤·劉春建,『毛澤東哲學思想的民族性探源』, 求實出版社, 1989.
候外廬,『中國歷來大同理想』, 北京科學出版社, 1959.

G. Katbe 編,『現代人論烏托邦』, 孟祥森譯, 台北: 商務人書館, 1980.
Guy S. Alitto, 王宗昱 譯,『最後的儒家』, 江蘇人民出版社, 1996.
Schwartz Benjamin, 葉鳳美 譯,『尋求富强:嚴復與西方』(In search of Wealth and

Power: Yan Fu and the West), 江蘇人民出版社, 1996.

康有爲, 김동민 역주, 『공자개제고』(전5권), 세창출판사, 2013.
康有爲, 이성애 역, 『대동서』, 민음사, 1991.
鄧小平, 김승일 역, 『덩샤오핑문선』, 범우사, 1994.
梁啓超, 강중기 · 양일모 역, 『음빙실자유서(飮氷室自由書)』, 푸른역사, 2017.
梁啓超, 이종민 역, 『구유심영록』, 산지니, 2016.
梁啓超, 이종민 역, 『신중국미래기』, 산지니, 2016.
梁啓超, 이혜경 주해, 『신민설』, 서울대 출판문화원, 2014.
毛澤東, 김승일 역, 『마오쩌둥선집』, 범우사, 2002.
尾崎庄太郎 외, 정민 역, 『마오쩌둥사상 연구(1)』, 한울, 1985.
蕭公權, 최명 역, 『中國政治思想史』, 서울대학교 출판부, 1998,
廖蓋隆 編, 정석태 역, 『중국공산당사』, 녹두, 1993.
李澤厚, 김태성 역, 『고별혁명(告別革命)』, 북로드, 2003.
李澤厚, 김형종 역, 『중국현대사상사론』, 한길사, 2005.
李澤厚, 임춘성 역, 『중국근대사상사론』, 한길사, 2005.
李澤厚, 정병석 역, 『중국고대사상사론』, 한길사, 2005.
丁學良, 이희옥 외 역, 『중국모델의 혁신』, 성균관대 출판부, 2012.
陳少明 저, 김영진 역, 『近代中國思想史略論』, 그린비, 2008.
馮友蘭, 정인재 역, 『현대중국철학사』, EJB, 2006.
畢劍橫, 이철승 역, 『마오쩌둥사상과 중국철학』, 예문서원, 2000.
E. Bloch, 박설호 역, 『희망의 원리』, 솔 출판사, 1995.
Karl Mannheim, 황성모 역, 『이데올로기와 유토피아』, 삼성출판사, 1986.
Leo Strauss, 양승태 역, 『정치철학이란 무엇인가』, 아카넷, 2002.
Marc Blecher, 전병곤 외 역, 『반조류의 중국』, 돌베개, 2001.
Maurice Meisner, 김수영 역, 『마오의 중국과 그 이후』, 이산, 2006.
Wm. Theodore de Bary, 표정훈 역, 『중국의 '자유' 전통』, 이산, 2004.

3. 논문류

양순창, 「중국 개혁개방이래 사회주의 정신문명 건설의 경과와 한계」, 『대한정치학회보』 10집 제1호, 2002.

양일모, 「중국의 근대성 문제와 『天然論』」, 『중국학보』 53집, 2006.

오철숙, 「장빙린의 공화정체론」, 『인문학연구』 75호, 2008.

이연도, 「章炳麟의 이상사회론 탐구」, 『중국학보』 79집, 2017.

______, 「근현대 중국 이상사회론의 철학적 탐구」, 『인문과학연구』 33집, 2012.

______, 「대동과 유토피아: 캉여우웨이 사상의 특색」, 『한국철학논집』 18집, 2006.

______, 「량치차오의 '국가'와 '자유' 개념 고찰」, 『중국학보』 81집, 2017.

______, 「정치유학의 의미와 문제: 대동, 소강설을 중심으로」, 『중국학보』 60집, 2009.

이철승, 「중국마르크스주의 철학에 나타난 진리관 문제 - 마오쩌둥과 덩샤오핑의 '실시구시'론 비교를 중심으로」, 『시대와 철학』 제12권 1호, 2001.

정재일, 「후진타오의 '사회주의조화사회 건설' 연구」, 『중국연구』 40권, 2007.

정종환, 「덩샤오핑의 중국식사회주의에 대하여」, 『범한철학』 12집, 1996.

조봉래, 「對中國現代化過程中出現的文化建設思想的理論分析」, 『강원인문논총』 17집, 2007.

조성환, 「근대중국의 경학사조와 캉여우웨이, 장빙린의 정치사상」, 『동양정치사상사』, 8권 2호, 2009.

최홍석, 「량수밍의 향촌건설운동에 관한 연구」, 『退溪學』 제14집, 퇴계학연구소, 2004.

高煜, 王忠民, 「市場經濟:歐洲的發展與中國的改革」, 西北大學學報(哲學社會科學版), 2003.

孔德元, 「社會主義在中國的暦史思考」, 煙台師範學院學報(哲學社會科學版), 2000.

孔祥吉, 「關于康有爲的一篇重要佚文-『答人論議院書』, 光明日報, 1982, 8. 2.

郭金樹,「試論毛澤東哲學思想對中國傳統哲學的繼承」, 社會科學論壇, 2003.
郭齊勇,「論熊十力的中国文化觀—「讀經示要」「原儒」讀後」,『孔子研究』, 1987, 第3期.
______,「先秦儒家論公私與正義」,『儒家文化研究』 第二輯, 2008.
官錫強, 莫亦飛,「構建社會主義市場經濟的倫理精神基本格局」, 廣西大學學報(哲學社會科學版), 2004.
戴兆國,「馬克思倫理精神的現代性審視」, 安徽師範大學學報(人文社會科學版), 2004.
董四代, 賈乾初,「大同, 小康與中國特色社會主義的曆史和現實」, 廊坊師範學院學報, 2004.
馬燕平,「中國傳統文化與毛澤東的政治思想」, 山西省社會科學院, 2004.
文藝文,「鄧小平哲學思想的傳統文化遡源」, 許昌學院學報, 2003.
邵漢明,「毛澤東思想, 鄧小平理論與中國傳統文化的關係研究述要」, 天津社會科學, 2003.
蘇會芝,「江澤民社會主義文化觀的哲學思考」, 陝西社會主義學院學報, 2005.
孫淑鳳,「略論毛澤東哲學思想的中國特色」, 石油大學學報, 1994.
楊向奎,「康有爲與今文經學」,『中國哲學史研究』, 1983.
冉鐵星,「試論新時期倫理精神的轉換及對構建德育新格局的影響」,『教育理論與實踐』, 1997.
王瑞娟,「鄧小平對傳統民本思想的超越」,『理論探索』, 2004.
王勝利,「中國社會現代化的主要問題及出路」, 西北農林科技大學學報(社會科學版), 2003.
王宗昱,「是儒家, 還是佛家-訪梁漱溟先生」,『中國文化與中國哲學』第一輯, 東方出版社, 1986.
魏明,「康有爲的大同思想與和諧社會」, 青島行政學院學報, 2007.
李方祥,「鄧小平哲學思想的傳統文化溯源」, 黨史研究與教學, 2004.
李燕華,「論毛澤東對中國傳統哲學的發展與超越」, 河南師範大學學報, 2003.
蔣秀碧,「試論中國古代思想對毛澤東哲學思想的影響」, 攀技花學院學報, 2004.

張汝倫,「康有爲與進化論」,『學人』 제15집, 江蘇文藝出版社, 2000.
章海山,「略論作爲經濟倫理的公平範疇」, 中山大學學報(社會科學版), 1999.
章海山 · 顏衛青,「經濟公平與效率的道德參數」,『道德與文明』, 2003.
趙金元,「試論鄧小平對中國傳統大同思想的超越」,『毛澤東思想研究』, 1996.
陳來,「熊十力哲学的体用论」,『哲学研究』, 1986.
陳寶,「鄧小平理論對近代文化傳統的繼承和發展」, 淮北煤師院學報, 2000.
陳少明,『價値的形上學思考—論「新唯識論」的本體論』,『現代新儒學研究論文集』(二), 中国社會科學出版社, 1991.
湯志鈞,「論康有爲和保皇會」,『近代史研究』, 1981.
黃冠閔,「公天下: 烏托邦或世界公民?——熊十力外王學的修辭」, 香港大學『現當代中文語境中的烏托邦與烏托邦精神: 文本, 思想, 空間』, 國際學術研討會, 2015.
黃明同,「儒家大同理想與孫中山的大同情結」,『國際儒學論壇論文集』, 2006.
Thomas A. Metzger,「烏托邦主義與孔子思想的精神價値」,『中國哲學』, 2000.

4. 사전류

李盛平 主編,『中国近现代人名大辞典』, 中国国际广播出版社, 1989.
王章 · 惠中 主編,『中國近現代社會思潮辭典』, 南京大學出版社, 1996.

5. 비문헌류

"以國際金融危機看西方新自由主義",「人民日報」, 2012. 5. 17.
"中共中央關於加强黨的執政能力建設的決定",「人民網」理论, www.people.com.cn, 2004. 11. 17.
吳正前, "警惕'腐敗意識'",「人民網」(日報), 2001. 4. 24, 政論時評.

찾아보기

근현대 중국 이상사회론

초판 1쇄 발행 2018년 6월 30일

지은이 이연도
펴낸이 강수걸
편집장 권경옥
편집 정선재 윤은미 김향남 이송이 이은주
디자인 권문경 조은비
펴낸곳 산지니
등록 2005년 2월 7일 제333-3370000251002005000001호
주소 부산시 해운대구 수영강변대로 140 BCC 613호
전화 051-504-7070 | 팩스 051-507-7543
홈페이지 www.sanzinibook.com
전자우편 sanzini@sanzinibook.com
블로그 http://sanzinibook.tistory.com

ISBN 978-89-6545-537-0 94150
978-89-92235-87-7 (세트)

* 책값은 뒤표지에 있습니다.
* 이 저서는 2014년도 정부(교육부)의 재원으로 한국연구재단의 지원을 받아 수행된 연구입니다.(NRF-2014S1A6A4A02027395)